Die Europäische Union vor neuen Herausforderungen

Gerald G. Sander
Ivo Maryška
(Hrsg.)

Die Europäische Union vor neuen Herausforderungen

Verfassung – Osterweiterung – Welthandel

PETER LANG
Frankfurt am Main · Berlin · Bern · Bruxelles · New York · Oxford · Wien

Bibliografische Information Der Deutschen Bibliothek
Die Deutsche Bibliothek verzeichnet diese Publikation in der Deutschen Nationalbibliografie; detaillierte bibliografische Daten sind im Internet über <http://dnb.ddb.de> abrufbar.

ISBN 3-631-52596-6

www.peterlang.de

Vorwort

Der vorgelegte Sammelband vereint Referate, die auf drei Tagesseminaren des Kreisverbandes Tübingen der Europa-Union Deutschland und des Europa-Zentrums Baden-Württemberg, Stuttgart, in den Jahren 2002 bis 2004 zur EU-Osterweiterung, zum Verfassungskonvent sowie zu Grenzen und Identität Europas gehalten wurden. Ergänzt werden sie durch weitere Manuskripte, u.a. qualifizierte Abschlussarbeiten des Studiengangs „Master of European Studies" an der Universität Tübingen. Neben Wissenschaftlern kommen auch Praktiker zu Wort, die auf Seiten der Beitrittskandidaten den Erweiterungsprozess begleitet haben, oder an den Verhandlungen des Konvents beteiligt gewesen sind.

Der Band greift aktuelle und für die zukünftige Entwicklung der europäischen Integration bedeutsame Themen auf. Am 1. Mai 2004 ist mit der Erweiterung ein wichtiger Schritt zur Erfüllung des Auftrags der Präambel des Vertrags über die Europäische Union vom 7. Februar 1992 getan worden, nämlich die „historische Notwendigkeit der Überwindung der Teilung des europäischen Kontinents und der Notwendigkeit, feste Grundlagen für die Gestalt des zukünftigen Europa zu schaffen". Eine künftige Verfassung muss für diese erweiterte Union ein solides Fundament schaffen, dass die EU auch den Bürgern näher bringt. Darüber hinaus ist die EU ein bedeutender Akteur im Globalisierungsprozess. Angesichts der Verhandlungen im Rahmen der sog. Entwicklungsrunde widmen sich abschließende Beiträge den Positionen der EU im Welthandel.

Stuttgart/Pilsen, im Juli 2004 — *Gerald G. Sander/Ivo Maryška*

Inhalt

Europa auf dem Weg zu einer gemeinsamen Verfassung – Der „EU-Verfassungskonvent“ aus kommunaler Perspektive

*Peter Simon**

Europa muss transparenter, demokratischer und bürgernäher werden!

Getragen von dieser Erkenntnis haben die Staats- und Regierungschefs der Europäischen Union eine Versammlung von über 100 Frauen und Männern aus allen Mitgliedstaaten der EU sowie den Beitrittskandidatenländern einberufen, die im Februar 2002 erstmals zusammentrat. Unter Leitung des ehemaligen französischen Staatspräsidenten *Giscard d'Estaing* tagte dieser „Europäische Konvent“ knapp sechzehn Monate. Recht schnell kam man überein, dass es nicht Ziel der Versammlung sein konnte, den bereits bestehenden europäischen Verträgen einen weiteren hinzuzufügen, sondern dass man bereit war, den „großen Wurf“ zu wagen und den Entwurf für eine gemeinsame Verfassung der Europäischen Union auszuarbeiten. Ein solcher wurde nunmehr den Staats- und Regierungschefs auf der Sitzung des Europäischen Rats in Thessaloniki am 20. Juni 2003 übergeben.

Für die deutschen Kommunen waren die Arbeiten des Verfassungskonventes von besonderer Bedeutung: In Deutschland ist im Gegensatz zu vielen anderen europäischen Ländern die kommunale Selbstverwaltung traditionell stark verankert. Oft unerkannt, da teilweise in nationale Gesetze gekleidet, bestimmen ungefähr 70 Prozent der europäischen Richtlinien und Verordnungen bereits heute die gesetzlichen Rahmenbedingungen des kommunalpolitischen Handelns unserer Gemeinderäte und Verwaltungen mit.

Auch für das politische Handeln vor Ort standen somit im Konvent wesentliche Weichenstellungen an. Es galt, die kommunale Selbstverwaltung besser als bisher in der künftigen Verfassung zu verankern.

Mit dem vorgelegten Verfassungsentwurf ist dies in einigen wesentlichen Bereichen gelungen. Eine Reihe kommunaler Kernpunkte des Entwurfes werden die Stellung der Städte und Gemeinden im europäischen Gesamtgefüge nicht unerheblich verbessern.

---

* Vortrag gehalten auf dem Tagesseminar der Europa-Union Tübingen am 9. Mai 2003.

So verpflichtet die künftige Verfassung die Europäische Union, die verfassungsrechtliche Struktur der Mitgliedstaaten einschließlich der kommunalen Selbstverwaltung zu achten:

> *Artikel 5: Beziehungen zwischen der Union und den Mitgliedstaaten*
>
> (1) Die Union achtet die nationale Identität der Mitgliedstaaten, die in deren grundlegender politischer und verfassungsrechtlicher Struktur einschließlich der regionalen und kommunalen Selbstverwaltung zum Ausdruck kommt (...)

Die in die Verfassung übernommene Charta der Grundrechte führt in ihrer Präambel hierzu weiterhin aus, dass auch die Organisation der staatlichen Gewalt auf lokaler Ebene seitens der Europäischen Union zu achten ist:

> „Die Union trägt zur Erhaltung und zur Entwicklung dieser gemeinsamen Werte unter Achtung der Vielfalt der Kulturen und Traditionen der Völker Europas sowie der nationalen Identität der Mitgliedstaaten und der Organisation ihrer staatlichen Gewalt auf nationaler, regionaler und lokaler Ebene bei."

Aus kommunaler Sicht begrüßenswert ist, dass dem Subsidiaritätsprotokoll der Verfassung zufolge künftig Konsultationen im Vorfeld europäischer Rechtssetzung als Regelfall durchgeführt und die lokale Dimension in den Gesetzgebungsverfahren in einschlägigen Fällen berücksichtigt werden soll.

> „Die Kommission führt umfangreiche Anhörungen durch, bevor sie einen Gesetzgebungsakt vorschlägt. Dabei ist gegebenenfalls der regionalen und lokalen Dimension der in Betracht gezogenen Maßnahmen Rechnung zu tragen. In außergewöhnlich dringenden Fällen führt die Kommission keine Konsultationen durch. Sie begründet ihre Entscheidung in ihrem Vorschlag."

In diesem Zusammenhang ist weiterhin bemerkenswert, dass der Verfassungsentwurf auch einen „Grundsatz der partizipatorischen Demokratie" enthält, wonach Konsultation ein verpflichtender Bestandteil der europäischen Gesetzgebung und Politik ist. Aus kommunaler Sicht ist hierbei wichtig, dass die besondere Funktion der Konsultation der „repräsentativen Verbände" anerkannt wird, zu denen nach der Entstehungsgeschichte der Norm insbesondere auch die Kommunalverbände zu zählen sind. Darüber hinaus wird die Europäische Union zu einem regelmäßigen Dialog mit den Verbänden verpflichtet.

Artikel 46: Grundsatz der partizipativen Demokratie

> (2) Die Organe der Union pflegen einen offenen, transparenten und regelmäßigen Dialog mit den repräsentativen Verbänden und der Zivilgesellschaft.
>
> (3) Um die Kohärenz und die Transparenz des Handelns der Union zu gewährleisten, führt die Kommission umfangreiche Anhörungen der Betroffenen durch.

Auch bezüglich der Anforderungen an Gesetzgebungsvorschläge der Europäischen Kommission enthält der Verfassungsentwurf aus kommunaler Sicht erfreuliches: So wird im Subsidiaritätsprotokoll der Verfassung festgelegt, dass die finanzielle und administrative Belastung bei EU-Gesetzen für lokale Behörden so gering wie möglich und in einem angemessenen Verhältnis zum angestrebten Ziel zu halten ist.

> „Die Kommission begründet ihren Vorschlag im Hinblick auf die Grundsätze der Subsidiarität und der Verhältnismäßigkeit. Jeder Gesetzgebungsvorschlag sollte einen Bogen mit detaillierten Angaben enthalten, die es ermöglichen zu beurteilen, ob die Grundsätze der Subsidiarität und der Verhältnismäßigkeit eingehalten wurden. Dieser Bogen sollte Angaben zu den voraussichtlichen finanziellen Auswirkungen sowie – im Fall eines Europäischen Rahmengesetzes – zu den Auswirkungen auf die von den Mitgliedstaaten zu erlassenden Rechtsvorschriften, einschließlich gegebenenfalls der regionalen Rechtsvorschriften, enthalten. Die Feststellung, dass ein Ziel der Union besser auf Unionsebene erreicht werden kann, muss auf qualitativen und – soweit möglich – quantitativen Kriterien beruhen. Die Kommission berücksichtigt dabei, dass die finanzielle Belastung und der Verwaltungsaufwand der Union, der Regierungen der Mitgliedstaaten, der regionalen und lokalen Behörden, der Wirtschaft und der Bürgerinnen und Bürger so gering wie möglich gehalten werden und in einem angemessenen Verhältnis zu dem angestrebten Ziel stehen müssen."

Für die kommunale Seite kommt zudem der Neufassung des so genannten „Subsidiaritätsprinzips" eine besondere Bedeutung zu:

Durch eine Präzisierung des Subsidiaritätsprinzips und eine Stärkung seiner Durchsetzbarkeit ist künftig deutlich besser als bisher gewährleistet, dass die Europäische Union in ihr nicht ausschließlich übertragenen Bereichen nur dann tätig wird, sofern und soweit das angestrebte Ziel nicht ausreichend auf nationaler, regionaler oder sogar lokaler Ebene erreicht werden kann.

Artikel 9: Grundprinzipien

> (3) Nach dem Subsidiaritätsprinzip wird die Union in den Bereichen, die nicht in ihre ausschließliche Zuständigkeit fallen, nur tätig, sofern und soweit die Ziele der in Betracht gezogenen Maßnahmen von den Mitgliedstaaten weder auf zentraler noch auf regionaler oder lokaler Ebene ausreichend erreicht werden können, sondern vielmehr wegen ihres Umfangs oder ihrer Wirkungen auf Unionsebene besser erreicht werden können.
>
> Die Organe der Union wenden das Subsidiaritätsprinzip nach dem Protokoll über die Anwendung der Grundsätze der Subsidiarität und der Verhältnismäßigkeit im Anhang zur Verfassung an. Die nationalen Parlamente achten auf die Einhaltung des Subsidiaritätsprinzips nach dem in diesem Protokoll vorgesehenen Verfahren.

Hinsichtlich der verbesserten Durchsetzbarkeit des Subsidiaritätsprinzips ist aus kommunalem Blickwinkel besonders zu begrüßen, dass eine Stärkung des Ausschusses der Regionen und regionalen Gebietskörperschaften (AdR) zu erwarten ist, da der AdR ein Klagerecht vor dem EuGH bei Subsidiaritätsverstößen in den Fällen haben soll, in denen er in Gesetzgebungsverfahren zuvor angehört wurde. Der Entwurf des Subsidiaritätsprotokolls zur Verfassung regelt dieses neue Recht wie folgt:

> „Der Gerichtshof ist für Klagen wegen Verstoßes eines Gesetzgebungsakts gegen das Subsidiaritätsprinzip zuständig, die nach den Modalitäten des Artikels III-270 der Verfassung von einem Mitgliedstaat erhoben oder gemäß der jeweiligen innerstaatlichen Rechtsordnung von einem Mitgliedstaat im Namen seines nationalen Parlaments oder einer Kammer dieses Parlaments übermittelt werden.
>
> Gemäß dem genannten Verfassungsartikel können entsprechende Klagen auch vom Ausschuss der Regionen in Bezug auf Gesetzgebungsakte, für deren Annahme die Anhörung des Ausschusses der Regionen nach der Verfassung vorgeschrieben ist, erhoben werden."

In dem für die Kommunen äußerst wichtigen Bereich der „Daseinsvorsorge" wurden die bisherigen Vertragsvorschriften ebenfalls ergänzt. Hier ist zunächst auf eine Neuregelung der Frage der Gesetzgebungskompetenz hinzuweisen, welche in den ersten Stellungnahmen der kommunalen Spitzenverbände durchaus kritisch gesehen wird. Danach sollen künftig die Grundsätze und Bedingungen unter welchen Leistungen der Daseinsvorsorge in den einzelnen Mitgliedstaaten erbracht werden, durch Europäische Gesetze festgelegt werden. Bemerkenswert ist, dass diese neue Regelung erst nach dem Europäischen Rat von Thessaloniki/Griechenland (19./20. Juni 2003) seitens des Präsidiums in den Verfassungstextentwurf aufgenommen wurde – in einer Phase also, in welcher der Konvent entsprechend der Schlussfolgerungen des Ratsvorsitzes lediglich noch „rein technische Arbeiten" ausführen sollte!

> *Artikel III-6*
>
> Unbeschadet der Artikel III-55, III-56 und III-136 und in Anbetracht des von allen in der Union anerkannten Stellenwerts der Dienste von allgemeinem wirtschaftlichem Interesse sowie ihrer Bedeutung bei der Förderung des sozialen und territorialen Zusammenhalts tragen die Union und ihre Mitgliedstaaten im Rahmen ihrer jeweiligen Befugnisse im Anwendungsbereich der Verfassung dafür Sorge, dass die Grundsätze und Bedingungen, insbesondere jene wirtschaftlicher und finanzieller Art, für das Funktionieren dieser Dienste so gestaltet sind, dass diese ihren Aufgaben nachkommen können. Diese Grundsätze und Bedingungen werden durch Europäische Gesetze festgelegt.

Eine weitere Neuerung im Bereich der Daseinsvorsorge ergibt sich aus der Einbeziehung der Charta der Grundrechte der Europäischen Union in den Verfassungstextentwurf:

So enthält Art. 36 der Charta eine Art „Garantie" für den Zugang zu Dienstleistungen der Daseinsvorsorge, die durch Übernahme der Charta als Teil II des Verfassungsentwurfs gleichsam Bestandteil der künftigen Verfassung werden soll.

> *Artikel II-36: Zugang zu Dienstleistungen von allgemeinem wirtschaftlichen Interesse*
>
> Die Union anerkennt und achtet den Zugang zu Dienstleistungen von allgemeinem wirtschaftlichen Interesse, wie er durch die einzelstaatlichen Rechtsvorschriften und Gepflogenheiten im Einklang mit der Verfassung geregelt ist, um den sozialen und territorialen Zusammenhalt der Union zu fördern.

Nicht zuletzt vom Verlauf der im Oktober 2003 beginnenden Regierungskonferenz zu den Konventsergebnissen wird es abhängen, ob und inwieweit die Ergebnisse des Konvents letztlich Verfassungsrealität werden. Eines lässt sich aber jetzt schon mit Sicherheit sagen:

Der vom Konvent vorgelegte Verfassungsentwurf ist ein weiterer Schritt im Zusammenwachsen Europas. Es wird gewiss nicht der letzte sein. Bundesaußenminister *Fischer*, der zugleich Vertreter der Bundesregierung im Verfassungskonvent war, wertet den vorgelegten Verfassungsentwurf als „wirklich gelungenen Kompromiss“ und führte diesbezüglich aus:

> „Das Ergebnis ist ausgezeichnet und stellt einen wirklich gelungenen Kompromiss dar. Was ist ein gelungener Kompromiss? Erlauben Sie mir eine Definition: Ein Kompromiss ist gelungen, wenn alle damit leben können und keiner zufrieden ist.“

So gilt es auch für die deutschen Kommunen, sich im europäischen Konzert weiterhin konstruktiv mit einzubringen und sich für dringend notwendige Verbesserungen an manch bestehender einfachgesetzlicher Regelung ebenso deutlich einzusetzen wie für die Wahrung kommunaler Interessen im fortschreitenden europäischen Einigungsprozess selbst.

Der Konvent aus der Perspektive der deutschen Länder

*Florian Ziegenbalg**

Einführung

Mit dem Europäischen Verfassungskonvent von 2002/2003 war die Hoffnung auf einen neuen Integrationsschritt verbunden. Nicht zuletzt die deutschen Länder, die bislang bei den Reformverhandlungen keine direkt beteiligten Mitspieler waren, konnten im Konvent eine aktivere Rolle spielen.

Im Laufe der Geschichte der europäischen Integration wurden sehr verschiedene Verfahren zur Reform der Europäischen Gemeinschaften (EG)/Europäischen Union (EU) angewandt. Experten-Gruppen, „Weise Männer" und andere begrenzte Formationen arbeiteten als Denkfabriken für die nachfolgenden Regierungskonferenzen.[1] Bei keiner dieser Formationen waren jedoch die Regionen bzw. die deutschen Länder direkt beteiligt.

Erst die Einberufung des Konvents zur Erarbeitung einer Grundrechte-Charta der Europäischen Union im Juni 1999 zeigte neue Wege auf. Der Grundrechte-Konvent bestand neben 15 Regierungsvertretern aus 16 Mitgliedern des Europäischen Parlaments und 30 Vertretern der nationalen Parlamente sowie einem Vertreter der Kommission. Der Einfluss der Regierungen war somit nicht mehr dominierend. Aus Sicht der deutschen Länder war entscheidend, dass sie über einen Vertreter des Bundesrates (als Kammer eines nationalen Parlamentes) beteiligt waren und so ihre Anliegen vorbringen konnten. Bei den Regierungskonferenzen bildeten die Ländervertreter immer nur einen Teil der deutschen Delegation und blieben ohne Stimmrechte. Der Erfolg des Grundrechte-Konvents, der trotz mehrerer gravierender Streitpunkte innerhalb von weniger als einem Jahr einen überzeugenden Entwurf vorlegte, machte die Konventsmethode auch für eine allgemeine Reform attraktiv.[2]

---

* Vortrag gehalten auf dem Tagesseminar der Europa-Union Tübingen am 7. Mai 2004.

1 *Loth*, Entwürfe einer europäischen Verfassung. Eine historische Bilanz, Bonn 2002.

2 *Dix*, Grundrechte-Charta und Konvent – auf neuen Wegen zur Reform der EU?, in: Integration 1/2001, S. 40.

Nach dem unbefriedigenden Verlauf der Regierungskonferenz 2000,[3] deren Ergebnis der Vertrag von Nizza bildete, kamen erste Stimmen auf, die einen „Verfassungs"-Konvent zur Vorbereitung der Regierungskonferenz 2004 forderten.[4] Hierbei ist aber nicht zu übersehen, dass aufgrund der völlig andersartigen Aufgabe ein Verfassungskonvent mit dem Grundrechte-Konvent nur bedingt zu vergleichen ist. Für die deutschen Länder bot die Konventsmethode jedoch den Vorteil, über einen Bundesratsvertreter an den Beratungen direkt beteiligt zu sein und somit erweiterte Möglichkeiten zur Durchsetzung eigener Anliegen zu haben.

Die deutschen Länder im Integrationsprozess

Die deutschen Länder waren von Beginn an mit starkem Interesse am Integrationsprozess beteiligt. Alle wesentlichen Integrationsschritte wurden von den Ländern mitgetragen. Schon früh erkannten die Länder die Bedeutung, die vom Konzept des „Europa der Regionen"[5] für den gesamten Einigungsprozess ausgehen konnte.

Im Wesentlichen wurde und wird die Europapolitik der deutschen Länder von der Zielsetzung geprägt, die eigenen Spielräume und den eigenen Staatscharakter, den die Länder ja durch das Grundgesetz genießen, zu erhalten. Hierbei stand immer der Gedanke einer möglichst dezentralen, dem Subsidiaritätsprinzip entsprechenden europäischen Ordnung Pate. Die Länder und Regionen als Mittler zwischen der europäischen Ebene und den Bürgern sollten dem Schlagwort des Europas der Bürger neue Impulse geben. Hierzu bauten die Länder zum einen auf die Zusammenarbeit mit anderen Regionen – grenzüberschreitend und interregional.[6]

Zum anderen setzten die Länder auf Stärkung ihrer Mitwirkungsrechte im Rahmen der nationalen Europapolitik sowie auf europäischer Ebene. Seit dem

---

3 Vgl. *Giering*, Die institutionellen Reformen von Nizza, in: Weidenfeld (Hrsg), Nizza in der Analyse, Gütersloh 2001, S. 134-142.; *Junge Europäische Föderalisten* (Hrsg.), Der Vertrag von Nizza aus föderalistischer Sicht, Berlin 2001.

4 *Pernice*, Europäische Grundrechte-Charta und Konventsverfahren. Zehn Thesen zum Prozess der europäischen Verfassung nach Nizza, in: Integration 2/2001, S. 196.

5 Grundlegend *Hrbek/Weyand*, Betrifft: Das Europa der Regionen, München 1994.

6 Vgl. das Beispiel Baden-Württemberg. Hierzu *Clostermeyer*, Die Europapolitik Baden-Württembergs, in: Fischer/Frech (Hrsg.): Baden-Württemberg und seine Partnerregionen, Stuttgart/Berlin/Köln 2001, S. 35-47.

Ratifikationsgesetz zur Gründung der Europäischen Wirtschaftsgemeinschaft wurde den Ländern ein Mitspracherecht in europäischen Angelegenheiten des Bundes eingeräumt. Seit 1992 wurde dies verfassungsrechtlich über den Art. 23 GG abgesichert.[7] Die Bundesregierung hat demnach den Bundesrat über Rechtsetzungsvorhaben der EU zu informieren und seine Stellungnahmen zu berücksichtigen oder sie ist gar an sie gebunden, wenn im Schwerpunkt Gesetzgebungsbefugnisse der Länder, die Einrichtung ihrer Behörden oder ihre Verwaltungsverfahren betroffen sind. Sind ausschließliche Länderzuständigkeiten betroffen, so kann die Bundesrepublik im Rat durch einen Vertreter der Länder vertreten sein.

Über den Bundesrat haben die Länder innerstaatlich also wichtige Mitspracherechte. Dies kann jedoch nicht darüber hinwegtäuschen, dass damit grundsätzliche Kompetenzverluste nicht ausgeglichen werden können. Zum einen bleiben die Landesparlamente vom Bundesrats-Geschehen meist ausgeblendet.[8] Zum anderen können kollektive Rechte der föderalen Kammer Bundesrat kein gleichwertiger Ersatz für die Einschränkung der Handlungsfreiheit des einzelnen Landes sein.

Neben der Verbesserung der Mitspracherechte auf nationaler Ebene bemühten sich die Länder auch um bessere Vertretungsmöglichkeiten auf europäischer Ebene. Hierzu wurden ab Anfang der 1980er Jahre die Länderbüros in Brüssel geschaffen, die Sprachrohr und Interessenvertretung der Länder sein sollten.[9] Daneben betrieben die Länder gemeinsam mit anderen europäischen Regionen die Schaffung europäischer Verbände, die gemeinsame Interessen wirksamer durchsetzen sollten. Hier ist insbesondere die Versammlung der Regionen Europas (VRE) von Bedeutung. Die besondere Rolle der Regionen mit Gesetzgebungszuständigkeiten (neben den deutschen Ländern bspw. die Regionen in Belgien, die Autonomen Gemeinschaften in Spanien und die österreichischen Bundesländer) soll im Verbund der REGLEG zum Tragen kommen.

Neben diesen Zusammenschlüssen bestand allerdings auch der Wunsch nach einer institutionellen Vertretung der Regionalinteressen im Rahmen der Organe der EG/EU. Nicht zuletzt deshalb drangen die Länder im Zuge der Ver-

---

7 *Calliess*, Innerstaatliche Mitwirkung der deutschen Bundesländer nach Art. 23 GG und ihre Sicherung auf europäischer Ebene, in: Hrbek (Hrsg.), Europapolitik und Bundesstaatsprinzip. Die „Europafähigkeit" Deutschlands und seiner Länder im Vergleich mit anderen Föderalstaaten, Baden-Baden 2000, S. 13-26.

8 *Hrbek*, Die europapolitische Rolle der Landes- und Regionalparlamente in der EU. Einführung, in: Straub/Hrbek (Hrsg.), Die europapolitische Rolle der Landes- und Regionalparlamente in der EU, Baden- Baden 1998, S. 11-18.

9 *Hierl*, Die Informationsbüros. Wegbereiter und Wegbegleiter des Ausschusses der Regionen, in: ders. (Hrsg.), Europa der Regionen. Entstehung – Aufgaben – Perspektiven des Ausschusses der Regionen, Bonn 1995, S. 82-91.

handlungen über die Europäische Union (Maastricht) auf die Schaffung einer Regionalkammer.[10] Hierbei konnten sie sich jedoch nur teilweise durchsetzen. Der Ausschuss der Regionen, der im Vertrag von Maastricht geschaffen wurde, besitzt rein beratende Funktion. Seine Stellungnahmen entfalten keine rechtlichen Bindungen. Zudem erschwert die Konstruktion des Ausschusses eine wirksame Interessenvertretung, da er sich nicht nur aus Vertretern der Regionen, sondern auch der Kommunen zusammensetzt. Allein schon der sehr unterschiedliche Status der Regionen in den Mitgliedstaaten im Hinblick auf Zuständigkeiten, finanzielle und personelle Ressourcen führt zu sehr unterschiedlichen Interessenlagen innerhalb der Regionsvertreter. Die kommunalen Vertreter bringen wieder andere Interessen in den Ausschuss ein. Trotz dieser Widrigkeiten konnte der Ausschuss sich einen Platz im institutionellen Gefüge sichern, wenngleich er als Vertretungsorgan speziell für die deutschen Länder unzureichend ist.[11]

Dies zeigt, dass es für die Länder vor allem also darum gehen musste, im Bereich der Zuständigkeiten eigene Spielräume zu erhalten. Kompetenzverluste können niemals angemessen ausgeglichen werden. Daher war es oberstes Ziel der Länder im Rahmen der Integration eine möglichst am Subsidiaritätsprinzip ausgerichtete Kompetenzordnung zu erhalten. Die bestehende Kompetenzordnung geriet dabei von Länderseite immer stärker in die Kritik. Durch die zielbezogenen und weit formulierten Zuständigkeitsnormen des EG-Vertrages konnte in ihren Augen einem immer weiteren Ausgreifen der Gemeinschaftstätigkeit kein Einhalt mehr geboten werden. Das als Schutz gegen extreme Zentralisierungstendenzen gedachte Subsidiaritätsprinzip des EG-Vertrages erwies sich als weitgehend unwirksam.[12]

Die Länder mussten durch die intensive Nutzung der Binnenmarktklausel des Art. 95 EG-Vertrages[13] und der Flexibilitätsklausel des Art. 308 EG-Vertrag[14] weitere Einbrüche in ihre Zuständigkeitsbereiche hinnehmen. Zudem

---

10 *Schöbel*, Der Ausschuss der Regionen – eine erste Bilanz, Europäisches Zentrum für Föderalismus-Forschung Occasional Papers Nr. 14, Tübingen 1995, S. 7-10.

11 Vgl. *Blanke*, Der Ausschuss der Regionen. Normative Ausgestaltung, politische Rolle und verwaltungsorganisatorische Infrastruktur, Europäisches Zentrum für Föderalismus-Forschung Occasional Papers Nr. 25, Tübingen 2002.

12 *Hrbek*, Das Subsidiaritätsprinzip in der EU – Bedeutung und Wirkung nach dem Vertrag von Amsterdam, in: Europäisches Zentrum für Föderalismus-Forschung Tübingen (Hrsg.), Jahrbuch des Föderalismus 2000, S. 530.

13 Art. 95 ermächtigt die Gemeinschaft zu allen Maßnahmen der Rechtsangleichung, die zur Erreichung des Binnenmarktes erforderlich sind.

14 Art. 308 sieht vor dass der Rat auf Vorschlag der Kommission durch einstimmigen Beschluss ein Tätigwerden der Gemeinschaft auch in Bereichen, in denen dies der Vertrag nicht vorsieht, veranlassen kann.

schränkten in ihren Augen zu detaillierte Richtlinien eigene Handlungsspielräume zu oft ein.

Zusammenfassend waren die Länder also an einer Ausweitung ihrer Beteiligungsmöglichkeiten auf europäischer Ebene, mehr noch aber an einer Kompetenzabgrenzung interessiert, die ihre Zuständigkeiten sicherte. Dies sollte auch die politischen Prioritäten der Länder im Konvent nachhaltig beeinflussen.

Von Nizza nach Laeken

Bereits während der Regierungskonferenz 2000 wurde von den deutschen Ländern eine bessere Abgrenzung der Kompetenzen gefordert.[15] Zwar war es im Rahmen der stark auf institutionelle Fragen konzentrierten Beratungen nicht möglich, Kompetenzfragen zu behandeln, aber die Länder konnten es als Erfolg verbuchen, dass in der Erklärung 23 des Vertrags von Nizza zur Zukunft der Union, die „bessere, dem Subsidiaritätsprinzip entsprechende Abgrenzung der Zuständigkeiten" zu einem der vier Themenbereiche der folgenden Zukunftsdebatte erhoben wurde.

In den sich anschließenden Post-Nizza-Prozess brachten die Länder insbesondere zur Kompetenzordnung viele Anregungen ein und wurden so zu wichtigen Akteuren. In seiner Rede vor der Berliner Humboldt-Universität am 12. Februar 2001 präsentierte der nordrhein-westfälische Ministerpräsident *Clement* seine Vorstellungen von der Zukunft Europas.[16] Dort sprach er sich für die Einführung von drei Kategorien von Zuständigkeiten für die EU aus: ausschließliche Zuständigkeiten, Grundsatzkompetenzen und ergänzende Zuständigkeiten, die die Intensität der Eingriffe seitens der Union bestimmen sollten. Seiner Ansicht nach war eine generelle Neuverteilung der Zuständigkeiten zwischen der EU und den Mitgliedstaaten geboten. Den Regionen sollte ein zukünftiger Vertrag eine stärkere Rolle zuschreiben.

15 Vgl. Plenarprotokoll der 747. Sitzung des Bundesrates am 04.02.2000. Stenographischer Bericht, Punkt 54.

16 *Clement*, Europa gestalten – nicht verwalten. Die Kompetenzordnung der Europäischen Union nach Nizza, Vortrag im Rahmen der Vortragsreihe Forum Constitutionis Europae des Walter Hallstein-Instituts für Europäisches Verfassungsrecht der Humboldt-Universität zu Berlin am 12. Februar 2001 (www.whi-berlin.de/clement.htm).

Der bayerische Ministerpräsident *Stoiber* setzte sich in seiner Rede am 8. November 2001[17] in Berlin dafür ein, die Zuständigkeitsverteilung der EU neu zu regeln. Die EU sollte sich auf Kernbereiche konzentrieren, die er in der Außen-, Sicherheits-, und Verteidigungspolitik, der Währungspolitik, einer reformierten Agrarpolitik, grenzüberschreitenden Aspekten der Innen-, Rechts-, Verkehrs-, Umwelt- und Gesundheitspolitik sah.

Die Landesregierung von Baden-Württemberg nahm am 11. Dezember 2001 ihre Positionen zur Zukunft der EU an.[18] Als Ziel einer Reform wurde die Schaffung eines Verfassungsvertrages genannt, der neben der Verankerung der Grundrechte-Charta und der institutionellen Regelungen eine am Subsidiaritätsprinzip orientierte Kompetenzordnung enthalten sollte. Die Landesregierung sprach sich des Weiteren für einen Kompetenzkatalog aus, der zur besseren Abgrenzung der Zuständigkeiten beitragen sollte. Durch die Einrichtung von politischen oder gerichtlichen Verfahren sollte die Einhaltung der Kompetenzordnung besser gewährleistet werden.

Politische Prioritäten der deutschen Länder im Konventsprozess

Im Bundesrat fassten die Länder zwei grundlegende Beschlüsse zu den im Konvent anstehenden Fragen. Am 20. Dezember 2001 nahm der Bundesrat eine Entschließung zur Kompetenzabgrenzung an.[19] In der Entschließung vom 12. Juli 2002 nahm der Bundesrat zu anderen Fragen der Reformdiskussion Stellung, die die Positionen zur Kompetenzabgrenzung noch einmal bekräftigte.[20]

Zentral war demnach die Forderung nach einer neuen Kompetenzordnung für die Europäische Union. Hierbei sollten nach den Vorstellungen der Länder

---

17 *Stoiber*, Eckpunkte des europäischen Reformprozesses. Rede im Rahmen des „Forum Constitutionis Europae" des Walter Hallstein-Instituts für Europäisches Verfassungsrecht der Humboldt-Universität zu Berlin am 08.11.2001 (www.whi-berlin.de/stoiber.htm).

18 Positionen zur Zukunft der Europäischen Union. Beschluss der Landesregierung von Baden-Württemberg vom 11. Dezember 2001.

19 Entschließung des Bundesrates zur Kompetenzabgrenzung im Rahmen der Reformdiskussion zur Zukunft der Europäischen Union. Drucksache 1081/01 (Beschluss), 20.12.2001.

20 Entschließung des Bundesrates zu den Themen des Konvents zur Zukunft der Europäischen Union, Drucksache 586/02 (Beschluss), 12.07.2002.

die Grundprinzipien der begrenzten Einzelermächtigung, der Subsidiarität und der Verhältnismäßigkeit sowie die Achtung der nationalen Identität der Mitgliedstaaten die gesamte Kompetenzordnung bestimmen. Die Länder forderten darüber hinaus die direkte Zuweisung von Handlungsinstrumenten zu den Einzelermächtigungen des Vertrages. Eine bessere Unterscheidung zwischen Verordnung und Richtlinie sollte dazu dienen, die Richtlinie auf ihre Funktion als Rahmenregelung zu beschränken.

Die Länder schlugen vor, drei Kompetenzkategorien einzuführen: ausschließliche Zuständigkeiten, Grundsatzkompetenzen und ergänzende Kompetenzen. Zudem sollte nach Auffassung der Länder die Möglichkeit der Schaffung eines Kompetenzkatalogs geprüft werden. Auch für eine Zweiteilung der Verträge in einen die grundlegenden Normen enthaltenden Teil und einen Teil, der die einzelnen Zuständigkeiten nach dem Prinzip der begrenzten Einzelermächtigungen regeln sollte, zeigten sich die Länder offen. Beide Teile sollten jedoch die gleiche Rechtsqualität haben und nach den gleichen Verfahren, d.h. nach Ratifikation durch alle nationalen Parlamente, geändert werden. Für die Länder war der Vorschlag den Vertragsteil mit den genauen Zuständigkeitsregelungen einem vereinfachten Änderungsverfahren zu unterwerfen wie ihn etwa das europäische Hochschulinstitut in Florenz einbrachte, deshalb nicht akzeptabel, weil er das Ende ihres Einflusses auf das Verfahren mittels der Ratifikation durch den Bundesrat bedeutet hätte. Damit wäre ihnen für die Zukunft jede Möglichkeit genommen worden, Regelungen zu erreichen, die im Sinne eines Europas der Regionen gestanden und ihre Eigenstaatlichkeit gewahrt hätten.

Für die Länder war wichtig, dass in Zukunft die Europäische Union ohne vertragliche Einzelermächtigung keine Zuständigkeit beanspruchen konnte. Durch die Präzisierung der Art. 94 und 95 EG-Vertrag, die Harmonisierungen im Bereich des Binnenmarktes ermöglichen, sollte ein Ausgreifen der Unionszuständigkeiten in dem Binnenmarkt benachbarte aber nicht inhärente Bereiche verhindert werden. Auch die im Art. 308 EG-Vertrag niedergelegte Möglichkeit der vertragsimmanenten Ausweitung der Unionszuständigkeiten sollte nach Ländermeinung abgeschafft werden.

Die erneuerte Kompetenzordnung sollte jedoch nach Auffassung der Länder auch durch entsprechende Verfahren abgesichert werden. So forderten die Länder im Bundesrat die Beschlussfassung im Rat durch Einstimmigkeit auf wenige Fälle zu begrenzen und die qualifizierte Mehrheit als Grundregel einzuführen. Durch frühzeitige Information der nationalen Parlamente (und ihrer Kammern) über Gesetzgebungsvorhaben, sollte diesen Gelegenheit gegeben werden, rechtzeitig Stellungnahmen vorzubereiten und abgeben zu können. Um Verletzungen des Subsidiaritätsprinzips und der Kompetenzordnung auch wirksam entgegen treten zu können, sprach sich der Bundesrat für ein Klagerecht für Regionen mit Gesetzgebungskompetenzen und für den Ausschuss der Regionen aus. Als Option war für die Länder eine unabhängige Schlichtungsinstanz (politisch oder gerichtlich) für Kompetenzkonflikte denkbar. Im Vorfeld der Konventsberatungen waren Vorschläge für eine politische Kompetenzkontrolle durch einen „Subsidiaritätsausschuss“ und für einen Kompetenzgerichtshof aus nationalen Richtern in die Diskussion eingebracht worden.[21]

Das zweite zentrale Anliegen der Länder war es, eine bessere Stellung der Regionen in der Europäischen Union zu erreichen. Hierzu schien ihnen eine Reform des Ausschusses der Regionen unerlässlich. Eine Bezugnahme auf Regionen und Kommunen bei der Formulierung der Achtung der nationalen Identität sollte die „Regionenblindheit“ der europäischen Verträge beseitigen und die wichtige Rolle der regionalen und kommunalen Gebietskörperschaften bei der europäischen Integration würdigen. Auch bei der Neufassung des Subsidiaritätsprinzips sollte auf die regionale und kommunale Ebene Bezug genommen werden.

Hinsichtlich der Reform der Institutionen vertraten die Länder eine sehr integrationsfreundliche Haltung. So sollte das Europäische Parlament durch die Einräumung eines generellen Mitentscheidungsrechts in der Gesetzgebung und bei Haushaltsfragen aufgewertet und zum gleichberechtigten Partner des Rates gemacht werden. Der Kommissionspräsident sollte in Zukunft durch das Europäische Parlament gewählt werden. Den Rat hielten die Länder für das reformbedürftigste Organ. Durch die Öffentlichkeit der Ratssitzungen sollte eine größere Transparenz hergestellt werden. Unbedingt erhalten wollten die Länder die Vertretungsmöglichkeit für Regionen im Rat wenn ihre Zuständigkeiten betroffen sind. Langfristig strebten die Länder die Umwandlung des Rates in eine zweite Kammer an.

Die Länder und Regionen im Konvent

Die deutschen Länder hatten über den Bundesrat als zweiter Kammer eines nationalen Parlaments die Möglichkeit einen Vertreter in den Konvent zu entsenden. Der Bundesrat entschied sich für den baden-württembergischen Ministerpräsidenten *Erwin Teufel*. Der niedersächsische Europaminister *Wolfgang Senff* wurde zum stellvertretenden Konventsmitglied ernannt. Nach der niedersächsischen Landtagswahl im Februar 2003 wurde *Wolfgang Gerhards*, Justizminister von Nordrhein-Westfalen, sein Nachfolger.

---

21 Vgl. hierzu *Boeck*, Die Abgrenzung der Rechtsetzungskompetenzen von Gemeinschaft und Mitgliedstaaten in der Europäischen Union. Zur Notwendigkeit und zu den Vorteilen bzw. Nachteilen der Aufstellung eines Kompetenzkataloges in den Gemeinschaftsverträgen, Baden-Baden 2000.

Ansonsten konnte der Ausschuss der Regionen sechs Beobachter entsenden, die jedoch kein Stimmrecht besaßen. Weitere originäre Vertreter europäischer Regionen waren nicht vertreten.

Einen Bezug zur regionalen Ebene besaß jedoch der Präsident des Konvents *Valéry Giscard d'Estaing*, durch seine Ämter als Präsident der französischen Region Auvergne und als Präsident des Rates der Gemeinden und Regionen Europas.

Unterstützung für regionale Anliegen kam von Konventsmitgliedern aus föderal strukturierten Staaten wie Österreich, Belgien, aber auch aus Großbritannien.

Die beiden Bundesratsbeschlüsse zum Konvent und zur Kompetenzabgrenzung galten als Leitlinien für die Konventsvertreter. Jedoch waren diese nicht an Weisungen gebunden und konnten ihr Mandat frei ausüben.

Die Arbeitsweise des Konvents

Die Arbeit des Konvents wurde durch seine Geschäftsordnung bestimmt, die nach einigen Debatten am 21./22. März 2002 angenommen wurde. Entsprechend dem Konsensprinzip sollte es zu keinen formalen Abstimmungen kommen. Damit sollte eine größtmögliche Akzeptanz für die Arbeiten innerhalb der Konventsmitglieder hergestellt werden.

Konventspräsident *Giscard d'Estaing* zeichnete in seiner Eröffnungsrede am 28. Februar 2002[22] drei Arbeitsphasen vor:

1. Die Phase der Anhörung sollte bis zum Sommer 2002 eine allgemeine Debatte über Grundfragen der europäischen Einigung und der Zukunftsdebatte ermöglichen. Zudem sollte die Zivilgesellschaft und Experten in Anhörungen Gelegenheit zur Stellungnahme gegeben werden. Die europäischen Jugendlichen sollten im Europäischen Jugendkonvent ihre Visionen darlegen.

2. Die Phase der Reflexion (Sommer 2002 bis Ende 2002) war von den Beratungen der insgesamt 11 Arbeitsgruppen zu bestimmten Einzelthemen geprägt. Hierbei waren für die Länder insbesondere die Arbeitsgruppen zur Subsidiarität, zur Rolle der nationalen Parlamente (also auch des Bundesrates als zweiter Kammer) sowie zu den ergänzenden Zuständigkeiten interessant.

22 Sekretariat: Reden anlässlich der Eröffnungstagung des Konvents am 28.Februar 2002, CONV 4/02, 05.03.2002.

3. In der Phase der Formulierung (Januar 2003 bis Juli 2003) kam es zur Vorlage der Artikelvorschläge und Reaktionen darauf in Form von Änderungsvorschlägen. Am Ende stand schließlich der endgültige Verfassungsentwurf.

Bei der Arbeit des Konvents war die starke Rolle des Präsidiums oftmals spürbar, dessen interne Entscheidungen von Außen nicht immer nachvollziehbar waren. Das Präsidium berücksichtigte nicht immer Ergebnisse der Plenarsitzungen und der Arbeitsgruppen, sondern behielt sich aus seiner Sicht korrigierende Eingriffe vor. Teilweise war gar ein starres Festhalten an bestimmten Positionen beobachtbar. So verwarfen die Konventsmitglieder nahezu einhellig die Idee eines Kongresses der Völker, der sich aus Vertretern der nationalen Parlamente zusammensetzen und beratende Funktionen innehaben sollte. Insbesondere Präsident *Giscard* hielt sehr lange an der Schaffung eines solchen Organs fest.

Es zeigte sich, dass gute persönliche Kontakte zu Präsident *Giscard* und dem Präsidium wichtig waren.

Dem Sekretariat des Konvents fiel eine sehr zentrale Rolle zu. Diese kleine, aber höchst effiziente Einheit unter der Leitung des Briten *John Kerr* fertigte alle Vorlagen und brachte die Artikelentwürfe in ihre endgültige Form.

In den Plenardebatten ergaben sich für die Mitglieder nur sehr begrenzte Möglichkeiten der Artikulation ihrer Positionen, daher machten viele Mitglieder wie auch Ministerpräsident *Teufel* von der Möglichkeit der Abgabe schriftlicher Stellungnahmen regen Gebrauch. Hier bot sich die Möglichkeit, eigene Positionen vertieft und begründet darstellen zu können, was in den Plenardebatten bei einer Redezeit von drei Minuten nur bedingt möglich war.

Die Aufmerksamkeit der Presse am Konventsgeschehen Interesse war sehr schwankend. Zu Ende der Beratungen stieg das Interesse als sich die Kontroversen zuspitzten. Meistens standen Fragen der institutionellen Architektur im Mittelpunkt. Fragen, die die deutschen Länder stärker berührten, wurden nur vereinzelt aufgegriffen.

Die Formationen

Im Konvent konnten verschiedene Formationen oder Gruppierungen ausgemacht werden, die sich teilweise personell überschnitten. So fanden sich neben den „nationalen Delegationen", die Vertreter der nationalen Parlamente, die Konventsmitglieder aus den Parteifamilien sowie Koalitionen zur Verfolgung spezifischer Interessen zusammen.

Bei den nationalen „Delegationen" standen regelmäßige Treffen der jeweiligen Konventsmitglieder im Vordergrund. Die Deutschen im Konvent trafen sich im so genannten Brüsseler Kreis, der für die Koordinierung und gemeinsame Vorstöße sorgte, aber auch bilateral gute Kontakte zwischen den Konventsmitgliedern ermöglichte. Die Anliegen der Ländervertreter wurden von ihren Kollegen aus dem Bundestag, dem Europäischen Parlament sowie den Vertretern der Bundesregierung oftmals unterstützt.

Die Gruppe der Vertreter der nationalen Parlamente bot auf den ersten Blick ein sehr heterogenes Bild. Hier trafen Abgeordnete verschiedenster parteipolitischer Couleur aus den Volksvertretungen der Mitgliedstaaten und Beitrittsländer aufeinander, die sehr unterschiedliche Interessen und Konzepte vertraten. Dennoch konnte gerade diese Gruppe im Laufe der Zeit ein größeres Gewicht entfalten. Vor jeder Konventssitzung fanden Sitzungen der Gruppe statt, die zur Herausbildung einheitlicher Positionen beitrugen.

Auch wenn der Konvent keine parlamentarische Versammlung sein wollte, spielten die Parteifamilien dennoch eine wichtige Rolle. Das Beispiel der christdemokratischen EVP zeigte dies deutlich. Auf den Sitzungen vor den Konventssitzungen, aber auch anlässlich mehrerer Klausurtagungen wurden gemeinsame Positionen entwickelt und schließlich ein eigener Verfassungsentwurf beschlossen, der als Leitlinie für die späteren Positionen der EVP diente. Unter dem Vorsitz des deutschen Europaabgeordneten *Elmar Brok* gelang es, gemeinsame Stellungnahmen und Änderungsvorschläge vorzubringen, die die Unterstützung vieler wichtiger Konventsmitglieder fanden.

Zu speziellen Themen fanden sich eigene Interessenskoalitionen. Für die deutschen Länder waren beispielsweise die „Freunde der Subsidiarität", die von Ministerpräsident *Erwin Teufel* ins Leben gerufen wurden, von großer Bedeutung. Auf regelmäßigen Treffen von Konventsmitgliedern, die am Kompetenzthema interessiert waren wurden Fragen, die mit dem Subsidiaritätsprinzip verbunden waren auf einer überparteilichen und transnationalen Basis besprochen.

Die Beratungen in den Arbeitsgruppen

Die Arbeitsgruppen sollten Optionen für spezifische Themenbereiche erarbeiten. Hierzu wurden externe Experten aus Verwaltungspraxis, Rechtsprechung und Wissenschaft eingeladen. Der beschränkte Teilnehmerkreis und das umgrenzte Thema boten den Konventsmitgliedern die Möglichkeit, sich vertieft mit Einzelaspekten zu beschäftigen. Die Ergebnisse der Arbeitsgruppen sollten für die weitere Arbeit des Konvents wichtige Vorentscheidungen sein.

Für die deutschen Länder war insbesondere die Arbeitsgruppe „Subsidiarität" interessant. Ihr Mandat[23] gab ihr die Suche nach Möglichkeiten der besse-

23 *Mendes de Vigo*, Mandat der Arbeitsgruppe zum Subsidiaritätsprinzip, CONV 71/02, 30.05.2002.

ren Anwendung des Subsidiaritätsprinzips und nach entsprechenden Kontrollverfahren auf. Die Diskussion konzentrierte sich hauptsächlich auf die Frage der Kontrolle. Während ein Teil der Gruppenmitglieder sich für eine politische Kontrolle durch ein parlamentarisches Organ, an dem Vertreter der nationalen Parlamente beteiligt werden sollten, aussprachen, lehnten dies andere strikt ab. Sie plädierte für die Erweiterung der gerichtlichen Verfahren, für die Einrichtung eines Kompetenzsenats beim Europäischen Gerichtshof oder die Schaffung eines eigenständigen Kompetenzgerichtes, an dem Richter der obersten nationalen Gerichte beteiligt sein sollten. Ministerpräsident *Teufel* sah in einem politischen Gremium die Gefahr, dass die Gesetzgebungsverfahren ineffizienter und langsamer würden.

Für die Länder war insbesondere die Frage eines Klagerechts für Regionen mit Gesetzgebungszuständigkeiten entscheidend. Diese Forderung traf auf einigen Widerstand, insbesondere aus Mitgliedstaaten mit zentralstaatlicher Tradition. Viele Konventsmitglieder aus föderal organisierten Staaten unterstützten jedoch auch diese Forderung.

Die Arbeitsgruppe einigte sich auf eine Kombination aus politischer und gerichtlicher Kontrolle. In einem so genannten Frühwarnverfahren sollten die nationalen Parlamente bzw. ihre Kammern von der Kommission frühzeitig über Gesetzesvorhaben informiert werden. Innerhalb einer Frist von sechs Wochen sollten die Parlamente bzw. ihre Kammern Gelegenheit zur Stellungnahme haben. Wenn mehr als ein Drittel der nationalen Parlamente Einsprüche geltend gemacht hat, sollte die Kommission gezwungen sein, ihren Vorschlag erneut zu überprüfen. Denjenigen Parlamenten bzw. Kammern, die im Frühwarnverfahren Einwände geltend gemacht hatten, sollte nach Abschluss des Gesetzgebungsverfahrens eine Klagemöglichkeit vor dem EuGH eingeräumt werden. Auf ein Klagerecht für die Regionen konnte sich die Arbeitsgruppe nicht verständigen. Dies war aus Sicht der Länder enttäuschend. Durch die Einbeziehung der zweiten Kammern in das Frühwarnsystem und die Einräumung eines eigenständigen Klagrechtes konnte wenigstens die für die Länder wichtige Beteiligung des Bundesrats gesichert werden. Nach sieben Sitzungen wurde der Abschlussbericht am 4.10.2002 vorgestellt.[24]

Auch die Arbeitsgruppe über die Rolle der einzelstaatlichen Parlamente behandelte die Frage der Subsidiaritätskontrolle.[25] Sie bestätigte in ihren Schlussfolgerungen[26] die Option für das Frühwarnsystem in Kombination mit

---

24 Sekretariat: Schlussfolgerungen der Gruppe I „Subsidiaritätsprinzip", CONV 286/02, 23.09.2002.

25 *Stuart*, Mandat der Arbeitsgruppe „Einzelstaatliche Parlamente", CONV 74/02, 30.05.2002.

26 Sekretariat: Schlussbericht der Gruppe IV „Einzelstaatliche Parlamente", CONV 353/02, 22.10.2002.

der nachträglichen gerichtlichen Kontrolle, wollte allerdings die Klagemöglichkeit nicht an die vorherige Abgabe einer Stellungnahme im Frühwarnverfahren binden.

Die für die Länder so wichtige Frage der Kompetenzordnung wurde in der Arbeitsgruppe „Ergänzende Kompetenzen“ behandelt. Die Gruppe empfahl, einen eigenen Titel zur Kompetenzordnung in den Verfassungsentwurf aufzunehmen.[27] Die Zuständigkeiten der Union sollten in drei Kategorien eingeteilt werden: ausschließliche Zuständigkeiten, geteilte Zuständigkeiten und unterstützende Maßnahmen. Für jeden Politikbereich sollte festgelegt werden, welcher Kategorie er grundsätzlich zuzuordnen ist. Der Titel über die Kompetenzordnung sollte überdies die Grundsätze für die Wahrnehmung der Zuständigkeiten enthalten. Der Grundsatz der begrenzten Einzelermächtigung wurde von der Gruppe auch weiterhin als grundlegend erachtet. Eine Mehrheit in der Arbeitsgruppe wollte die Flexibilitätsklausel des Art. 308 EG-Vertrag beibehalten, jedoch seine Anwendung schärfere Kriterien binden.

Die Bestimmung über die Achtung der nationalen Identität sollte u.a. durch eine Bezugnahme auf die regionale und kommunale Selbstverwaltung ergänzt werden. Erstmals wäre damit die regionale und kommunale Ebene in einem Vertragswerk explizit als Teil der Unionsordnung genannt worden und die „Regionenblindheit“ der Verträge somit aufgehoben worden.

Dies war für die Länder ein wichtiger Durchbruch, den insbesondere ihre Konventsvertreter im Laufe der Beratungen wahren konnten. Auch der Vorschlag nach Schaffung eines Titels zur Kompetenzordnung und die vorgesehene Kategorisierung der Zuständigkeiten kamen den Vorstellungen der Länder sehr entgegen. Mit der empfohlenen Beibehaltung der Flexibilitätsklausel konnten die Länder dagegen nicht zufrieden sein.

Die Haltung der Länder im Bereich der Justiz- und Innenpolitik

Ein weiteres Feld, das für die Länder von besonderem Interesse war, behandelte die Arbeitsgruppe „Freiheit, Sicherheit, Recht“. Hier standen die Bereiche Justiz- und Innenpolitik im Mittelpunkt, in denen den deutschen Ländern innerstaatlich weitreichende Zuständigkeiten verblieben waren. Seit dem Inkrafttreten des Amsterdamer Vertrages war die Schaffung eines europäischen Raumes „der Freiheit, der Sicherheit und des Rechts“ das Ziel vielfältigster Bemühungen. Die

27 Sekretariat: Schlussbericht der Gruppe V „Ergänzende Zuständigkeiten, CONV 375/1/02 REV 1, 04.11.2002.

Konventsarbeitsgruppe befasste sich vor allem mit Fragen der Einbeziehung der bisher intergouvernemental geregelten Bestimmungen in den supranationalen Rahmen einer europäischen Verfassung. Es bestand Konsens, diese Vereinheitlichung durchzuführen und gleichzeitig eine bessere Unterscheidung zwischen gesetzgeberischen und operationellen Aufgaben herzustellen.[28] In den Bereichen Asyl, Visa und Einwanderung sollte nach den Vorstellungen der Gruppe die qualifizierte Mehrheitsentscheidung das bisherige Einstimmigkeitserfordernis ablösen und das Europäische Parlament das Mitentscheidungsrecht besitzen. Die Bestimmungen der polizeilichen und justiziellen Zusammenarbeit sollten in den allgemeinen Rechtsrahmen des Verfassungsvertrages überführt werden. Grundsätzlich sollte auch hier das Mitentscheidungsverfahren und die Beschlussfassung mit qualifizierter Mehrheit Anwendung finden. In bestimmten besonders sensiblen Bereichen sollte es nach den Vorstellungen der Arbeitsgruppe jedoch bei der Einstimmigkeit im Ministerrat bleiben. Anders als in den übrigen Politikbereichen sollten hier auch die Mitgliedstaaten das Initiativrecht besitzen, wenn ein Viertel der Regierungen eine Initiative einbringen möchte. Die Aufgaben und Befugnisse der europäischen Polizeibehörde Europol sollten nach den Vorstellungen der Gruppe neu gefasst werden, um ihre zukünftige Weiterentwicklung zu ermöglichen. Das Europäische Parlament und ggf. die nationalen Parlamente sollten Kontrollbefugnisse über Europol ausüben können. Auch die Aufgabenbeschreibung von Eurojust, der zentralen Stelle zur Kooperation im justiziellen Bereich sollte im Hinblick auf zukünftige Weiterentwicklungen geändert werden. Diskutiert wurde ebenfalls die Frage der Schaffung einer europäischen Staatsanwaltschaft. Verbesserungen im Bereich der gemeinsamen Grenzsicherungen wurden ebenfalls von der Gruppe empfohlen.

Die deutschen Länder hatten in einer gemeinsamen Stellungnahme vom 28. November 2002 Position bezogen.[29] So begrüßten die Länder grundsätzlich die Vereinheitlichung des Rechtsrahmens für die Justiz- und Innenpolitik in der EU, forderten aber wegen der besonderen Eingriffe in die Zuständigkeitsordnung differenzierte Regelungen einzuführen. Der Wechsel zur qualifizierten Mehrheit als Regelverfahren wurde von den Ländern als notwendig angesehen, gleichzeitig mahnten sie aber, bei Belangen von grundsätzlicher Bedeutung (z.B. bei der Schaffung neuer Behörden) oder Angelegenheiten von besonderem Interesse für die Mitgliedstaaten am Einstimmigkeitsprinzip festzuhalten. Für die Vergemeinschaftung einzelner strafrechtlicher Bestimmungen wurde eine Übergangsphase gefordert, in der weiterhin die Einstimmigkeitsregel Anwendung finden sollte. Der Vorschlag eines Co-Initiativrechtes für die Mitgliedstaaten im Bereich Jus-

28 Sekretariat: Schlussfolgerungen der Gruppe X „Freiheit, Sicherheit, Recht", CONV 426/02, 02.12.2002.

29 Stellungnahme der deutschen Länder vom 28.November 2002 zum Thema „Freiheit, Sicherheit, Recht."

tiz und Inneres wurde von den Länden nachdrücklich unterstützt. Besonders wichtig war es den Ländern, die Regelung des Zugangs zum Arbeitsmarkt in nationaler Kompetenz zu belassen. Einer Weiterentwicklung der Befugnisse von Europol standen die Länder grundsätzlich offen gegenüber. Im Falle der Schaffung einer Europäischen Staatsanwaltschaft wünschten die Länder eindeutige Zuständigkeitsbeschreibungen um die Kompetenzen zu den nationalen Staatsanwaltschaften klar ab- und einzugrenzen. Die bestehende polizeiliche Zusammenarbeit sollte weiter intensiviert werden. Zum Schutz der Außengrenzen sollte nach Auffassung der Länder ein integriertes Grenzmanagement geschaffen werden.

Eine erste Zwischenbilanz

Am 28.10.2002 stellte Präsident *Giscard* das sog. „Skelett" des Verfassungsentwurfes[30] vor, das erste Einblicke in die Struktur gewährte. Unter anderem schlug er die von den Ländern angedachte Zweiteilung der Verträge in einen Grundlagenteil und einen Teil vor, der die der Union einzeln zugewiesenen Kompetenzen enthalten sollte. Das von der Arbeitsgruppe vorgeschlagene System der Einteilung in drei Kompetenzkategorien, das von den Ländern schon im Vorfeld des Konvents gefordert wurde, nahm der Vorentwurf des Präsidiums ebenfalls auf.

So war es nicht verwunderlich, dass die erste Zwischenbilanz, die die Europaminister auf ihrer Konferenz am 5. Dezember 2002 vornahmen, relativ positiv ausfiel.[31] So begrüßten die Länder die sich abzeichnende Aufnahme der Grundrechte-Charta in den Verfassungsvertrag. In Bezug auf die institutionelle Architektur wurde die Idee eines „Kongresses der Völker" abgelehnt. Die Länder begrüßten die Vorschläge zur Kompetenzordnung, forderten aber weiterhin eine Präzisierung der sog. Binnenmarktklausel und die Einschränkung der Anwendungsmöglichkeiten der Flexibilitätsklausel. Das vorgesehene Frühwarnsystem fand bei den Ländern große Zustimmung. Enttäuschung herrschte in der Frage der Klagerechte für Regionen mit Gesetzgebungszuständigkeiten vor. Die Europaminister bekräftigten ihre entsprechende Forderung erneut.

---

30 Präsidium: Vorentwurf des Verfassungsvertrages, CONV 369/02, 28.10.2002.

31 34. Europaministerkonferenz der Länder: Zwischenbilanz der deutschen Länder zum Stand der Diskussionen im Konvent, 05.12.2002.

Die regionale Dimension als Thema der Konventsberatungen

Von Seiten der Regionen wurde immer wieder auf die Notwendigkeit aufmerksam gemacht, die regionale Dimension im Rahmen der Konventsberatungen zu behandeln. Im Hinblick auf die Anhörungen der Zivilgesellschaft wurde eine Kontaktgruppe „regionale und lokale Gebietskörperschaften" gebildet, die während der Plenartagung am 24./25. Juni 2002 angehört wurde.[32] Die Forderung nach Einrichtung einer eigenen Arbeitsgruppe zur regionalen Dimension wurde nicht aufgegriffen. Lediglich im Rahmen der Plenartagung vom 6./7. Februar 2003 wurde das Thema im Plenum behandelt. Im Vorfeld dieser Tagung hatte Ministerpräsident *Teufel* ein Positionspapier vorgelegt, in der er wichtige Positionen der Länder zusammenfasste.[33] Er sprach sich nachdrücklich für Aufnahme der Achtung der regionalen und kommunalen Selbstorganisation in den Verfassungsvertrag und eine Verpflichtung der Kommission zur frühzeitigen Konsultation der regionalen und kommunalen Gebietskörperschaften bei der Vorlage von Initiativen aus. Bei der Neufassung des Subsidiaritätsprinzips seien die Regionen und Kommunen zu berücksichtigen. Im Hinblick auf das Frühwarnsystem wies er noch einmal darauf hin, dass die zweiten Kammern der nationalen Parlamente mit gleichen Rechten beteiligt sein müssten. Ebenso erneuerte Ministerpräsident *Teufel* die Forderung nach einem Klagerecht für die Regionen. Zum Ausschuss der Regionen führte er aus, dass diesem künftig Organstatus zukommen und seine Zusammensetzung repräsentativen und demokratischen Grundsätzen entsprechen sollte. Um der Bedeutung der grenzüberschreitenden und interregionalen Zusammenarbeit für die europäische Einigung gerecht zu werden, schlug er die Aufnahme einer entsprechenden Zielbestimmung in die Verfassung vor.

Zum Thema „Regionen" wurden auch von anderen Konventsmitglieder schriftliche Stellungnahmen eingebracht, die in wichtigen Punkten Übereinstimmung mit den Forderungen von Ministerpräsident *Teufel* aufwiesen. Beispielhaft sei hier der entsprechende Beitrag des Vertreters der britischen Regierung, *Peter Hain*, genannt.[34]

In der Plenardebatte am 7. Februar 2003[35] wurde die wichtige Rolle der Regionen als vermittelnde Instanzen zwischen dem Bürger und der Union betont. Mehrfach wurde auf die unterschiedliche Verwendung des Begriffs „Regi-

---

32 Sekretariat: Plenartagung 24./25. Juni 2002, CONV 167/02. 04.07.2002.

33 *Teufel*, Die regionalen und lokalen Gebietskörperschaften im Verfassungsvertrag, CONV 530/03, 04.02.2003.

34 *Hain*, Europa und die Regionen, CONV 526/03, 03.02.2003.

35 Sekretariat: Synthesebericht über die Plenartagung vom 6./7. Februar 2003, CONV 548/03, 13.02.2003.

on" hingewiesen, der für Einheiten mit Staatscharakter wie den deutschen Ländern ebenso verwendet wird wie für Verwaltungseinheiten zentralistisch organisierter Staaten. Es bestand unter den Konventsmitgliedern große Einigkeit, dass die Achtung der regionalen und lokalen Selbstverwaltung in den ersten Verfassungsartikeln verankert werden müsse. Kontrovers diskutiert wurde hingegen die Frage nach einem Organstatus und dem Klagerecht für den Ausschuss der Regionen. Ein sehr unterschiedliches Meinungsbild zeigte sich auch hinsichtlich des Klagerechtes für die Regionen. Dies zeigte den Ländern auf, dass es sehr schwer sein würde, ein Klagerecht zu verankern.

Die Phase der Formulierung

Am 6. Februar 2003 erfolgte die Vorstellung der ersten Artikel (Art. 1 bis 16)[36] durch Präsident *Giscard*, die für Länder von besonderem Interesse waren, da sie die Bestimmungen zur Kompetenzordnung enthielten. Innerhalb von zehn Tagen konnten die Konventsmitglieder ihre Änderungsanträge einreichen. In den darauf folgenden Konventssitzungen wurden die Artikelentwürfe diskutiert. Das Konventssekretariat fertigte einen Synthesebericht über die eingegangenen Änderungsvorschläge ein. Nach diesem Verfahren wurden bis zur endgültigen Fassung des Verfassungsentwurfs alle Artikel behandelt.

Für die Länder war es sehr wichtig, die von ihnen vertretenen Positionen auch in den Artikeln wieder zu finden. Daher reichte Ministerpräsident *Teufel* viele entsprechende Änderungsvorschläge ein.[37] Er konnte es beispielsweise durchsetzen, dass bei der Formulierung des Subsidiaritätsprinzips eine Bezugnahme auf die Regionen und Kommunen aufgenommen wurde. Auch die Maßgeblichkeit des Prinzips der begrenzten Einzelermächtigung und die Bezugnahme auf den entsprechenden Teil der Verfassung konnten verankert werden. Ministerpräsident *Teufel* verwahrte sich gegen Bestrebungen, neue Kompetenzbereiche für die Union zu schaffen, da der Auftrag des Konvents lediglich eine Vereinfachung der Verträge ohne ihre inhaltliche Änderung vorsah.

Gemeinsam mit anderen Konventsmitgliedern setzte sich Ministerpräsident *Teufel* für die Aufnahme eines Gottesbezugs in die Verfassung ein.

---

36 Präsidium: Entwurf der Artikel 1 bis 16 des Verfassungsvertrags, CONV 528/03, 06.02.2003.

37 Alle Änderungsvorschläge sind auf der Internet-Seite des Konvents einsehbar: http://european-convention.eu.int/amendemTrait.asp?lang=DE.

Die von den Ländern vertretenen Positionen zur institutionellen Architektur wurden in entsprechende Änderungsvorschläge gefasst.

Das Klagerecht für die nationalen Parlamente gegen die Verletzung des Subsidiaritätsprinzips musste im Laufe der Konventsberatungen über die Artikelvorschläge noch erkämpft werden. Es lag ein klare Empfehlung der AG „Subsidiarität" und der AG „nationale Parlamente" zugunsten eines solchen Klagerechts vor. Dennoch sah ein erster Entwurf des neuen Subsidiaritätsprotokolls nur ein Klagerecht für die „Mitgliedstaaten" vor.[38] Eine große Mehrheit der Konventsmitglieder (u.a. auch die Vertreter der Länder) befürwortete jedoch ein Klagerecht für nationale Parlamente. Nach mehreren Vorstößen nahm das Präsidium später dann dieses Klagerecht für beide Parlamentskammern auf.

Die Artikel bezüglich der Regelungen in der Justiz- und Innenpolitik erforderten die besondere Aufmerksamkeit der Länder. Hier brachte Ministerpräsident *Teufel* eine größere Zahl von Vorschlägen ein, die den Positionen der Länder Nachdruck verleihen sollten.

Für Länder war der Teil zu den Fachpolitiken, der eine Fusion aus EU- und EG-Vertrag darstellte, von großer Bedeutung. Bereits im März 2003 wurde eine erste „technische" Fassung durch die Expertengruppe der juristischen Dienste vorgelegt, die institutionelle Fragen, die Bestimmungen zur Justiz- und Innenpolitik, zur Außen- und Sicherheitspolitik aussparte und sich auf sprachliche Glättungen, die Einfügung von „Union" statt „Gemeinschaft" etc. konzentrierte.[39]

Insgesamt wurde dieser Teil jedoch nicht intensiver diskutiert, lediglich die Bereiche zur Justiz- und Innenpolitik und zur Außen- und Sicherheitspolitik waren Gegenstand eingehender Debatten.

Für die Länder war es sehr unerfreulich, dass in buchstäblich letzter Minute – vor der letzten Konventssitzung – einige Änderungen vorgenommen wurden, die ihren Forderungen widersprachen.

---

38 Präsidium: Entwurf von Protokollen über die Anwendung der Grundsätze der Subsidiarität und der Verhältnismäßigkeit und über die Rolle der einzelstaatlichen Parlamente in der Europäischen Union, CONV 579/03. 27.02.2003.

39 Teil II der Verfassung – Bericht der Gruppe der von den Juristischen Diensten des Europäischen Parlaments, des Rates und der Europäischen Kommission benannten Experten. CONV 618/03, 17.03.2003.

Der Verfassungsentwurf des Konvents aus Sicht der Länder

Am 13. Juni 2003 präsentierte Präsident *Giscard* den Teil I und den Teil II des Verfassungsentwurfes und stellte einen allgemeinen „Konsens" fest. Nach zwei zusätzlichen Sitzungen über den Teil III, der die für die Länder besonders wichtigen Bestimmungen über die Fachpolitiken enthält, fand am 18. Juli 2003 die abschließende Sitzung des Konvents statt, auf der der endgültige Verfassungsentwurf des Konvents[40] vorgestellt wurde.

Wie fällt nun die endgültige Bewertung des Verfassungsentwurfes durch die Länder aus?

Eine erste Bewertung gab die Europaministerkonferenz am 18. Juni 2003 ab.[41] Ein Beschluss des Bundesrates vom 17. Oktober 2003 machte die Beratungsgegenstände fest, die die Länder für die Regierungskonferenz zum Verfassungsentwurf anmeldeten.[42]

Grundsätzlich beurteilten die Länder den Entwurf als „ausgewogenen Kompromiss" und wichtigen „Schritt zu mehr Demokratie, Transparenz, Effizienz und Subsidiarität in der Europäischen Union"[43]. Die Konventsmethode als Instrument zur Erarbeitung von Reformen wurde von den Ländern dabei ausdrücklich begrüßt.

Die Aufnahme der Grundrechte-Charta als Teil II des Verfassungsvertrages entsprach der Forderung der Länder. Mit der Einführung einer einheitlichen Rechtspersönlichkeit für die Europäische Union wurde nach Auffassung der Länder ein wichtiger Schritt hin zu mehr Transparenz getan (Art. 6).

Besonders positiv wurde von den Ländern die Einführung der Klausel zum Schutz der regionalen und lokalen Selbstverwaltung bewertet (Art. 5 Abs. 1) Bei der Neuformulierung des Subsidiaritätsprinzips konnte erreicht werden, dass zur Bestimmung der Erforderlichkeit einer Unionsregelung eine Bezugnahme auf die regionale und kommunale Ebene aufgenommen wurde (Art. 9 Abs. 3).

Auch die Regelungen zur Kompetenzordnung in Teil I wurden als Fortschritt gewertet (Titel III). Insbesondere die Einführung von drei Kompetenzkategorien war ein Erfolg für die Länder. Ihren Forderungen kam auch die Abgrenzung der Zielbestimmungen von den eigentlichen Kompetenzen entgegen, für die klargestellt wurde, dass Zuständigkeiten der Union nur aufgrund von Einzelermächtigungen im Teil III der Verfassung bestehen.

---

40 Entwurf eines Vertrags über eine Verfassung für Europa, CONV 850/03, 18.07.2003.

41 36. Europaministerkonferenz der Länder: Erste politische Bewertung des Verfassungsentwurfs, 18.06.2003.

42 Bundesrat-Drucksache 744/03 (Beschluss), 17.10.2003.

43 Beschluss der Europaministerkonferenz vom 18.06.2003 (Fn 37).

Der Konvent konnte sich auf eine Reduzierung der Zahl der Rechtsetzungsinstrumente (Europäisches Gesetz, Europäisches Rahmengesetz usw.) einigen, was die Länder ebenfalls sehr begrüßten. Mit der Einführung eines einzigen Gesetzgebungsverfahrens als Regelfall wurden das Mitentscheidungsrecht des Europäischen Parlaments und die Entscheidung durch qualifizierte Mehrheit im Ministerrat zur Grundnorm (Art. III-298). Beides entsprach den Forderungen der deutschen Länder. Auch die vom Konvent gefundenen institutionellen Lösungen fanden die Zustimmung der Länder.

Die Länder begrüßten ferner die Festlegung der Anerkennung des Status der Kirchen und Religionsgemeinschaften in den Mitgliedstaaten (Art. 51).

Eine der wesentlichen Innovationen des Konvents war das Frühwarnsystem. Aus Sicht der Länder war die gleichberechtigte Einbeziehung der zweiten Parlamentskammern von besonderer Bedeutung. Über den Bundesrat wird ihnen ein Weg eröffnet, Bedenken gegen mögliche Subsidiaritätsverstöße geltend zu machen. Das ebenfalls neu aufgenommene Klagerecht der zweiten Kammern (das im Namen und Auftrag der Kammern von den Mitgliedstaaten ausgeübt werden sollte) bietet die Möglichkeit, durch entsprechende innerstaatliche Regelungen gar Klagen einzelner Länder über den Bundesrat vorzubringen.[44] Auch die mit dem Frühwarnsystem und der Einräumung eines Klagerechtes verbundene Stärkung des Ausschusses der Regionen wurde von den Ländern begrüßt.

In mehreren Punkten sahen die Länder jedoch auch ihre Forderungen als nicht erfüllt an. So bedauerten sie, dass die Flexibilitätsklausel ohne Einschränkung auf Notfälle und ohne Verfallsdauer für die über diesen Weg neu übertragenen Zuständigkeiten beibehalten wurde (Art. 17). Die Länder erachteten die Regelungen zur Koordinierung der Wirtschaftspolitiken als ungenügend. So bemängelten sie, dass auch wenn entsprechend ihren Forderungen die Koordinierungszuständigkeit in den Händen der Mitgliedstaaten bleiben sollte, diese Zuweisung durch unklare Formulierungen relativiert werde.

Der Verfassungsentwurf des Konvents sah vor, dass der Europäische Rat einstimmig den Übergang zur Mehrheitsentscheidung festlegen könne (sog. „Passerelle“, Art. 24 Abs. 4). Dies eröffnet nach Auffassung der Länder die Möglichkeit zur Vertragsänderung ohne Einschaltung der eigentlich zuständigen nationalen Parlamente an der Öffentlichkeit vorbei.

Bedauert wurde von den Ländern auch, dass eine Einführung eines Klagerechts für die Regionen mit Gesetzgebungszuständigkeit nicht gelungen war.

Hinsichtlich der Bestimmungen zu den Fachpolitiken in Teil III sahen die Länder in mehreren Punkten Änderungsbedarf. So kritisierten sie die Einführung neuer Kompetenzen in den Bereichen Energie, Sport, Raumfahrt, Verwaltungszusammenarbeit und Katastrophenschutz. Die im Konventsentwurf angenom-

---

44 Dies war der Tenor eines entsprechenden Gutachtens von *Ferdinand Kirchhof* für die Landesregierung von Baden-Württemberg vom 10. Juni 2003.

mene Bestimmung zur Daseinsvorsorge bot ihrer Ansicht nach keinen ausreichenden Schutz für den Bestand der deutschen Regelungen (Art. III-3). Entgegen ihren Forderungen wurde die Methode der offenen Koordinierung in den Bereichen Sozialpolitik, Gesundheitswesen und Forschungspolitik aufgenommen.

Die Länder lehnten es ebenfalls ab im Bereich Einwanderung zu qualifizierten Mehrheitsentscheidungen überzugehen, erkannten aber an, dass wenigstens die Regelungen über den Zugang zum nationalen Arbeitsmarkt in nationaler Verantwortung bleiben sollten (Art. III-163).

Schlusswort

Zweifellos bot der Konvent auch den deutschen Ländern neue Möglichkeiten, ihre Anliegen zu artikulieren und durchzusetzen. Anders als bei der Regierungskonferenz waren sie über die Bundesrats-Vertreter unmittelbar beteiligt. Es war nicht zuletzt ihr Verdienst, dass sich der Konvent zu einer positiven Einschätzung der regionalen Dimension in der Europäischen Union bewegte. Dies manifestiert sich nicht zuletzt in der Anerkennung der regionalen und kommunalen Selbstverwaltung als Teil der Unionsordnung im Verfassungsentwurf. Damit verbindet sich die Hoffnung, dass gerade die regionale Ebene stärkere Beachtung im politischen Prozess in Brüssel findet. Die aufgewertete Rolle des Ausschusses der Regionen, aber vor allem die erheblich größeren Möglichkeiten der zweiten Kammern, d.h. des Bundesrates, stärken die Einflussmöglichkeiten der deutschen Länder. Dass es nicht gelungen ist, ein Klagerecht für Regionen mit Gesetzgebungszuständigkeiten zu verankern, zeigt wie groß die Vorbehalte gegenüber einer direkten Beteiligung europäischer Regionen sind.

Die Regelungen zur Kompetenzordnung können als grundsätzliche Fortschritte gegenüber der bisherigen Regelung angesehen werden, wenngleich sie nicht in allen Punkten den Interessen der Länder entsprechen. Gerade der Teil III, der in den Beratungen des Konvents eine eher untergeordnete Rolle spielte, enthält Regelungen, die den Vorstellungen der Länder widersprechen.

Das Frühwarnsystem könnte dazu beitragen, dass Kompetenzfragen vermehrt diskutiert werden. Letztlich wird es in Zukunft verstärkt darauf ankommen, das Bewusstsein für regionale Anliegen auch in Fragen der Zuständigkeiten im europäischen Rahmen zu stärken. Ein weiteres Engagement der Länder in der Europapolitik ist also weiterhin gefragt.

Europäische Identität – Die reformatorischen Kirchen und ihre zukünftige Rolle in der europäischen Zivilgesellschaft

*Martin Pfeiffer**

A. Anmerkungen zum Begriff: „Zivilgesellschaft“ – Was ist das?[1]

Das deutsche Wort „Zivilgesellschaft“ (ZG) - eine Übersetzung aus den europäischen Vergleichssprachen (*société civile*, *civil society*, *societas civilis* und *koinonia politike*) und in der Bundesrepublik wechselweise mit den Begriffen „Bürgergesellschaft“ oder auch „zivile Bürgergesellschaft“ gebraucht – verweist auf eine erstaunliche Kontinuität europäischer Vorstellungen in Fragen der Verfassung des Politischen und der Demokratie.

- ZG meint in normativer Hinsicht die freie, assoziative, öffentliche und politische Selbstorganisation und Selbstbestimmung der Mitglieder einer Gesellschaft in Angelegenheiten, die alle betreffen, ist aber nicht identisch mit dem Begriff von Gesellschaft im Ganzen.

---

* Vortrag gehalten auf dem Tagesseminar der Europa-Union Tübingen am 7. Mai 2004.

1 Vgl. dazu den Artikel „Zivilgesellschaft“ von *v. Soosten* in „Evangelisches Soziallexikon“ sowie das Kapitel „Kirche in der Zivilgesellschaft“ in *Huber*, Kirche in der Zeitenwende, 3. Aufl., Gütersloh 1999, hier v.a. den Abschnitt „Die Kirche als Teil der Zivilgesellschaft“: „Für eine zureichende Ortsbestimmung der Kirche in der Gegenwart ist es ausschlaggebend, daß sie die Dyade von Staat und Kirche hinter sich läßt und ihren Ort im triadischen Verhältnis von Staat, Kirche und Gesellschaft wahrnimmt. Sie muß sich selbst als Teil der gesellschaftlichen Strukturen und als Element in den vielfältigen kulturellen – also symbolisch vermittelten – Verständigungsprozessen dieser Gesellschaft verstehen. Dieser Ortsbestimmung wird weder das Bild von der Kirche als Kontrastgesellschaft noch das Bild von einer funktional integrierten Gesellschaftskirche gerecht. Vielmehr besteht die gesellschaftliche Aufgabe der Kirche darin, auf Grund der ihr eigenen Botschaft und unter Inanspruchnahme ihrer spezifischen Kompetenz eine Vermittlungsaufgabe wahrzunehmen. Sie vermittelt zwischen den einzelnen und ihren gesellschaftlichen Lebenszusammenhängen; sie vermittelt aber vor allem zwischen den einzelnen und der geglaubten Wirklichkeit Gottes. In diesem doppelten und zugleich spezifischen Sinn ist die Kirche eine intermediäre Institution.“ (a.a.O., S. 269).

- ZG bezeichnet immer *ein* Element von Demokratie, nicht schon die Herrschaftsform der Demokratie als solche. Insofern gab es in den Staaten des „real existierenden Sozialismus“ beachtliche zivilgesellschaftliche Elemente auch schon vor 1989, wenn auch unter höchst schwierigen Rahmenbedingungen.

- Kennzeichen der ZG sind autonome, nicht-staatliche Organisationen und Institutionen, wofür die neuzeitliche Unterscheidung von Staat und bürgerlicher Gesellschaft Voraussetzung ist.

- In ihrer Stabilisierung beruht ZG auf einem Ensemble von legitimen Ansprüchen in dem Dreiklang von

- bürgerlichen Freiheitsrechten als institutionellem Gegengewicht zur staatlichen Herrschaftssphäre,

- politischen Teilhaberechten als Ausdruck der gesellschaftlichen Kontrolle des politischen Herrschaftsgefüges und

- sozialen Rechten als Schutz vor Härten unverschuldeter Benachteiligungen und Ungerechtigkeiten, wie sie – sattsam bekannt – aus neoliberalen Marktprozessen resultieren können, oder eben als Ausgleich solcher Härten. Das muss im Hinblick auf den Sektor Bildungschancen ebenso gelten wie für alle sonstigen Bereiche der Daseinsvorsorge.

ZGen in positiver und eben darum förderungswürdiger Gestalt leben von der Kultivierung von Zivilität. Dazu gehören als wesentliche Elemente Gewaltverzicht (unter Respektierung des staatlichen Gewaltmonopols), Gemeinsinn, Freude an Möglichkeiten der Selbstbestimmung, Zivilcourage und nicht zuletzt die Bereitschaft, Verantwortung für sich selbst und für Andere zu übernehmen.

Zivilgesellschaftliche Elemente in der Demokratie stützen die soziale Integration, befördern Transparenz bei gesellschaftlich relevanten Meinungsbildungs- und Entscheidungsprozessen, eröffnen Räume für Partizipation, also Mitsprache und Mitbestimmung in Angelegenheiten von öffentlichem oder auch gruppenspezifischem Interesse; sie verlagern bestimmte Kompetenzen und Verantwortungen für die Lösungen von Problemen bzw. die Erledigung von Aufgaben von der staatlichen Ebene, von der Bürokratie oder dem unreglementierten Spiel der Ökonomie an den Ort und in die Regie der Betroffenen selbst – im Sinne eines stimmig verstandenen Prinzips der Subsidiarität.

In Deutschland haben zumindest die Mütter und Väter des Grundgesetzes bzw. der Länderverfassungen begriffen, wie wichtig diese zivilgesellschaftlichen Elemente für Entwicklung, Bestand und Lebensfähigkeit eines demokratischen Gemeinwesens sind, auch wenn es hier und da noch alte und bisweilen auch neue Gräben zwischen Verfassungsanspruch und gesellschaftlicher Wirklichkeit gibt. Doch eben darum ist bürgerschaftliches Engagement so wichtig, ja unverzichtbar.

B. Einbindung der Zivilgesellschaft in die Verwirklichung der Unionsziele aus Sicht der EU-Kommission – spezifische Erwartungen an die Kirchen und Religionsgemeinschaften

In Brüssel hat diese Einsicht etwas länger auf sich warten lassen; doch inzwischen scheint man dies auch auf der Ebene der Europäischen Institutionen begriffen zu haben.

Im so genannten *Governance*-Weißbuch[2] – deutscher Titel: *Europäisches Regieren* – vom 25. Juli 2001 hat die EU-Kommission die Defizite an Transparenz und Partizipationschancen eingestanden und vorgeschlagen, „die politische Entscheidungsfindung zu öffnen und mehr Menschen und Organisationen in die Gestaltung und Durchführung der EU-Politik einzubinden". Das Weißbuch plädiert für mehr Offenheit sowie für eine größere Verantwortung und Rechenschaftspflicht aller Beteiligten. Den EU-Bürgern soll deutlich werden, „wie die Mitgliedstaaten durch die Zusammenarbeit in der EU in die Lage versetzt werden, ihren Sorgen wirksamer Rechnung zu tragen".

Ein umfangreicher Abschnitt in diesem Weißbuch ist dem Thema „Einbindung der Zivilgesellschaft" gewidmet. Da heißt es u.a. wörtlich:

> „Die Zivilgesellschaft spielt insofern eine wichtige Rolle, als sie den Belangen der Bürger eine Stimme verleiht und Dienste erbringt, die den Bedürfnissen der Bevölkerung entgegenkommen (Anm. 9)[3]. Kirchen

---

2 ABl. C 287 vom 12.10.2001, S. 1 ff.

3 Die Zivilgesellschaft umfasst folgende Elemente: Gewerkschaften und Arbeitgeberverbände („Sozialpartner"), Nichtregierungsorganisationen, Berufsverbände, gemeinnützige Einrichtungen, gesellschaftliche Basisgruppen, Organisationen, über die sich die Bürger am lokalen und kommunalen Leben beteiligen, insbesondere Kirchen und Religionsgemeinschaften. Eine detailliertere Definition der organisierten Zivilgesellschaft findet sich in der Stellungnahme des Wirtschafts- und Sozialausschusses zum Thema

und Religionsgemeinschaften spielen dabei eine besondere Rolle. Die Organisationen der Zivilgesellschaft mobilisieren die Menschen und unterstützen beispielsweise all jene, die unter Ausgrenzung oder Diskriminierung leiden. Die Union hat die Entwicklung der Zivilgesellschaft in den Beitrittsländern als Teil ihrer Vorbereitung auf die Mitgliedschaft gefördert. (...)

Die Zivilgesellschaft betrachtet Europa mehr und mehr als eine gute Plattform für politische und gesellschaftliche Veränderungen. Dies bietet eine echte Möglichkeit zur Erweiterung der Debatte über Europas Rolle, eine Chance, um die Bürger aktiver an der Verwirklichung der Unionsziele zu beteiligen und ihnen strukturierte Kanäle für Feedback, Kritik und Protest anzubieten. (...)

Größere Einbindung bedeutet aber auch größere Verantwortung.
Die Zivilgesellschaft – und unsere Kirchen sind, wie die EU-Institutionen mittlerweile ausdrücklich anerkennen, ein wesentlicher Teil von ihr (Anm. d. Verfs.) – muss selbst die Grundsätze guten Regierens, insbesondere Verantwortlichkeit und Offenheit, beachten. (...)

Das Europäische Parlament und seine Ausschüsse holen regelmäßig über Konsultationen und öffentliche Anhörungen die Meinung der Öffentlichkeit und der Experten ein, was die Qualität ihrer politischen Beratungen verbessert. (...) In allen diesen Bereichen kann und muss noch mehr getan werden.“[4]

Inzwischen hat der Europäische Konvent über die Zukunft Europas (konstituiert Ende Februar 2002), dessen Aufgabe es war, Vorschläge für eine künftige Verfassungsordnung der EU zu entwerfen, Mitte Juni 2003 seine Hausaufgaben im Wesentlichen abgeschlossen und dem Europäischen Rat (also der Vollversammlung der Regierungschefs der 15 Mitgliedstaaten – ergänzt durch jene der 10 Länder, deren Beitritt seit dem 1. Mai 2004 vollzogen ist) am 20. Juni letzten Jahres bei der EU-Regierungskonferenz in Thessaloniki den fertigen Entwurf präsentiert mit dem Titel „Vertrag über eine Verfassung für Europa“.

Daraus sei lediglich an den Wortlaut des Art. I-51 erinnert mit der Überschrift: Status der Kirchen und weltanschaulichen Gemeinschaften.

„Die Rolle und der Beitrag der organisierten Zivilgesellschaft zum europäischen Einigungswerk“; ABl. C 329 vom 17.11.1999, S. 30.

4 ABl. C 287 vom 12.10.2001, S. 1 ff.

1. Die Union achtet den Status, den Kirchen und religiöse Vereinigungen oder Gemeinschaften in den Mitgliedstaaten nach deren Rechtsvorschriften genießen, und beeinträchtigt ihn nicht.
2. Die Union achtet den Status von weltanschaulichen Gemeinschaften in gleicher Weise.
3. Die Union pflegt in Anerkennung der Identität und des besonderen Beitrags dieser Kirchen und Gemeinschaften einen offenen, transparenten und regelmäßigen Dialog mit ihnen.

Damit ist die besondere Rolle, die die Kirchen in ihren jeweiligen Ländern und Zivilgesellschaften spielen, ausdrücklich anerkannt – eine wesentliche Voraussetzung dafür, dass sie ihren genuin christlichen Auftrag in Verkündigung, Unterweisung und Seelsorge wie ihre gesellschaftsdiakonischen Aktivitäten, die in gleicher Dignität zu diesem Auftrag gehören, weiterhin wahrnehmen können. Daran ändert sich nichts durch den aus meiner Sicht bedauerlichen Sachverhalt, dass die Vorschläge der Kirchen im Hinblick auf die Präambel, die von deutscher Seite insbesondere Baden-Württembergs Ministerpräsident *Erwin Teufel* unterstützt hat, im Konvent nicht mehrheitsfähig waren.

C. Wie sehen die Kirchen ihre Rolle in einer europäischen Zivilgesellschaft?

„Europa fordert die Christen. Für eine Gemeinschaft in Gerechtigkeit und Frieden" ist die Kundgebung zum Schwerpunktthema der 6. Tagung der 8. Synode der Evangelischen Kirche in Deutschland überschrieben, die vom 5. bis 10. November 1995 in Friedrichshafen tagte und dabei die „Konsequenzen des christlichen Glaubens für das religiöse, kulturelle, soziale und politische Leben in Europa beraten" hat. Dabei hat die EKD-Synode eine ganze Reihe von Beschlüssen gefasst: zur Bildungs- und Sozialpolitik, zu Umweltfragen und zur Friedensethik.

An erster Stelle stand das Thema „Versöhnung in Europa" – ganz bewusst betrachtet in Verbindung mit der Zweiten Europäischen Ökumenischen Versammlung aller christlichen Kirchen in Europa, die (wie bereits erwähnt) im Juni 1997 in Graz zum Thema „Versöhnung – Gabe Gottes und Quelle neuen Lebens" stattgefunden hat. In der Kundgebung heißt es dazu wörtlich:

> „(4.) Die wichtigste Aufgabe der Christen und der Kirchen in Europa besteht darin, bei ihrer ureigenen Sache zu bleiben: der Verkündigung des

> Evangeliums in Wort und Tat für alle Menschen. Im „Missionsland Europa“ darf die Stimme des Evangeliums nicht verstummen. Das Evangelium ist die Botschaft von der Liebe Gottes. Europa braucht Gott, und es braucht Menschen, die Gott vertrauen. Glauben und Nächstenliebe strahlen Hoffnung aus auf Moral und Ethik, Bildung und Kultur, Politik und Wirtschaft in einer säkular sich verstehenden Gesellschaft und tragen dazu bei, daß Europa zu einer versöhnten Gemeinschaft zusammenwächst. (...) Ob die Einigung Europas gelingt, wird ganz wesentlich davon abhängen, daß viele Menschen die Botschaft von der Versöhnung durch Gottes Gnade annehmen und sich durch die Botschaft ermutigen lassen, zu einem ganz neuen Verhältnis zu den Angehörigen anderer Kulturen, Religionen und Nationen zu kommen, von denen sie bisher getrennt waren.
>
> (...)
>
> (10.) Für ein friedensfähiges Europa empfiehlt die Synode,
>
> — bei der christlichen Erziehung in Familie, Gemeinde und Schule der Friedensethik und der Eindämmung von Gewalt Vorrang einzuräumen; denn Gewalt beginnt in den Köpfen, nicht erst auf der Straße;
> — die christlichen Friedensdienste im In- und Ausland umfassend zu fördern;
> — dem Recht auf Kriegsdienstverweigerung aus Gewissensgründen europaweit Geltung zu verschaffen.“

Ausdrücklich wandte sich die EKD-Synode „gegen die Gefahr, daß Europa in einen integrierten Westen und einen desintegrierten Osten zerfällt“ (11.), und forderte „eine europäische Politik, die an dem Ziel weltweiter Gerechtigkeit ausgerichtet ist“ (16.).

Ich denke, dass diese Appelle nicht ausschließlich, aber doch zu allererst uns Kirchen selbst herausfordern und in unseren partnerschaftlichen Beziehungen auf europäischer Ebene wie weltweit als christliches Proprium eines zivilgesellschaftlichen Engagements bewährt sein wollen.

Nicht übersehen werden darf eine sehr grundsätzliche weltanschauliche Frontstellung im heutigen Europa – nämlich die zwischen „Laizisten“, die Religion und Kirche als öffentliche Faktoren möglichst zurückdrängen möchten, und Verteidigern des kirchlichen Öffentlichkeitsauftrags. Entsprechende Auseinandersetzungen gab es bereits im Zusammenhang mit dem „Kirchenartikel“ im Vertrag von Amsterdam, sodann im Hinblick auf die Europäische Grundrechte-Charta; und nicht weniger kontrovers ging es – wie bereits angedeutet – im Hinblick darauf im Kontext de Konvents über die Zukunft Europas zu.

Dazu wäre aus meiner persönlichen Sicht viel zu sagen: Ich will mich jedoch auf eine Bemerkung darüber beschränken, was mir vorrangig wichtig erscheint. In dem Maße, in dem es gelingt, dass die christlichen Kirchen in Europa mit einer Stimme reden, ohne ihre unterschiedlichen geschichtlichen Prägungen zu verleugnen; in dem Maße, in dem es gelingt, dass sie das Gespräch mit den anderen Religionen pflegen und dass sie weiterhin bereit sind, argumentativ an der Diskussion über die zukünftige Gestaltung Europas teilzunehmen – in dem Maße wird die Stimme der christlichen Kirchen auch Gehör finden!

Dabei werden sie immer wieder neu zu verdeutlichen haben, was für sie unabdingbare Existenzbedingungen für die Menschen und eine menschliche Gesellschaft in Europa auf dem Hintergrund einer globalen Welt sind. Europa kann und darf es sich jedenfalls nicht länger leisten, den grundlegenden Diskurs über ein biblisch orientiertes Menschenbild und eine entsprechend menschenwürdige Gesellschaft zu verdrängen, wie es leider Jahrzehnte hindurch der Fall war.

Die europaweiten Diskussionen über einen angemessenen Umgang mit den neuesten Erkenntnissen der Biotechnologie und der Humanwissenschaften vermitteln freilich den Eindruck, dass sich zur Zeit ein neuer Wissenschaftsglaube und Machbarkeitswahn breit machen, die vorrangig auf Erfolge der Gentechnik setzen. Von deren Protagonisten wird die Argumentation der christlichen Kirchen eher als Hindernis betrachtet, wenn diese dafür plädieren, die vielfältig antastbare und verletzliche Würde des Menschen konsequenter zu wahren sowie die Grundrechte auf Leben und körperliche Unversehrtheit ebenso wie die Selbstbestimmungs- und Persönlichkeitsrechte angemessen zu achten.

Aus meiner Sicht ist es darum unabdingbar, dass sich Christen mit der in diesen Fragen unerlässlichen Sachkompetenz in die wissenschaftlichen und politischen Diskurse noch energischer als bisher einmischen und – trotz beschwerlicher Haushaltsengpässe – auch die finanziellen Voraussetzungen schaffen, die es z.B. Kirchlichen Akademien ermöglichen, qualifizierte interdisziplinäre Diskurse von Biowissenschaftlern und Humangenetikern mit Politikern, Juristen und Ethikern jedweder Provenienz zu organisieren. Oder sollte dies etwa nicht zur Rolle der Kirchen in einer europäischen ZG gehören?

Wie wichtig im Hinblick auf „Unsere gemeinsame Verantwortung in Europa“ das verstärkte ökumenische, also Konfessions- und Religionsgrenzen überschreitende Miteinander ist, hat die „Charta Oecumenica“ trotz ihrer schmerzlichen Defizite (insbesondere im Hinblick auf das „Ziel der eucharistischen Gemeinschaft“) deutlich gemacht, die am 22. April 2001 in Straßburg von den Präsidenten der „Konferenz der Europäischen Kirchen“ (KEK) und des Römisch-Katholischen „Rates der Europäischen Bischofskonferenz“ (CCEE) unterzeichnet wurde. Ich erinnere einige bedenkenswerte Sätze. Im Vorwort dieser Charta heißt es wörtlich:

> „Auf unserem europäischen Kontinent zwischen Atlantik und Ural, zwischen Nordkap und Mittelmeer, der heute mehr denn je durch eine plurale Kultur geprägt wird, wollen wir mit dem Evangelium für die Würde

> der menschlichen Person als Gottes Ebenbild eintreten und als Kirchen gemeinsam dazu beitragen, Völker und Kulturen zu versöhnen."

Im Kapitel II der Charta heißt es unter der Überschrift „Auf dem Weg zur sichtbaren Gemeinschaft der Kirchen in Europa" u.a.: „Die wichtigste Aufgabe der Kirchen in Europa ist es, gemeinsam das Evangelium durch Wort und Tat für das Heil aller Menschen zu verkündigen. Angesichts vielfältiger Orientierungslosigkeit, der Entfremdung von christlichen Werten, aber auch mannigfacher Suche nach Sinn sind die Christinnen und Christen besonders herausgefordert, ihren Glauben zu bezeugen."

Im abschließenden Kapitel III, übertitelt mit „Unsere gemeinsame Verantwortung in Europa" wird bezeugt:

> „Unser Glaube hilft uns, aus der Vergangenheit zu lernen und uns dafür einzusetzen, dass der christliche Glaube und die Nächstenliebe Hoffnung ausstrahlen für Moral und Ethik, für Bildung und Kultur, für Politik und Wirtschaft.
>
> Die Kirchen fördern eine Einigung des europäischen Kontinents. Ohne gemeinsame Werte ist die Einheit dauerhaft nicht zu erreichen. Wir sind überzeugt, dass das spirituelle Erbe des Christentums eine inspirierende Kraft zur Bereicherung Europas darstellt. Aufgrund unseres christlichen Glaubens setzen wir uns für ein humanes und soziales Europa ein, in dem die Menschenrechte und die Grundwerte des Friedens, der Gerechtigkeit, der Freiheit, der Toleranz, der Partizipation und der Solidarität zur Geltung kommen.
>
> Wir betonen die Ehrfurcht vor dem Leben, den Wert von Ehe und Familie, den vorrangigen Einsatz für die Armen, die Bereitschaft zur Vergebung und in allem die Barmherzigkeit".

Keine Frage: Die Kirchen sollen und wollen die Zukunft Europas mitgestalten.[5]

EKD und Deutsche Bischofskonferenz haben sich im Frühjahr 2002 mit einem gemeinsamen Brief des Ratsvorsitzenden und des Vorsitzenden der Deutschen Bischofskonferenz an die deutschen Mitglieder des Konvents gewandt. Darin bekräftigen die beiden großen deutschen Kirchen nachdrücklich ihre Unterstützung für den Einigungsprozess in Europa und betonen die wichtige Integrationsfunktion der Kirchen auch für die künftigen Mitgliedstaaten.

Auch auf europäischer Ebene haben die Kirchen ihre Vorstellungen über die Gestaltung einer künftigen Union dem Konvent übermittelt. Der gemeinsame Brief von EKD und Bischofskonferenz entspricht im Grundsatz den Vorstel-

---

5 Nachstehende Ausführungen über kirchliche Stellungnahmen sind weitestgehend übernommen aus den Europa-Informationen des EKD-Büros in Brüssel Nr. 91 + 92.

lungen der jeweiligen Europäischen Dachorganisationen: der Kommission für Kirche und Gesellschaft (KKG) der KEK und der Konferenz Europäischer Bischofskonferenzen (Comece).

Die Eingangsbeiträge der KKG und des Sekretariats der Comece sind an alle Konventsmitglieder herangetragen worden.

Bei den Kirchen und kirchlichen Organisationen besteht auch auf europäischer Ebene Konsens über die grundsätzlichen Anliegen, so dass sich die KKG der KEK, das Sekretariat der Comece, Eurodiaconia, Caritas Europa, APRODEV (*Association of World Council of Churches related Development Organisations in Europe*) und CIDSE (*International Cooperation for Development and Solidarity*) entschieden haben, zusätzlich durch ein gemeinsames Schreiben an das Präsidium des Konvents ihre gemeinsamen Kernanliegen zu verdeutlichen.

Also: unsere Kirchen haben im Verlauf der Konventsberatungen mehrfach und in allen wesentlichen Punkten gemeinsam Flagge gezeigt, den EU-Konvent kontinuierlich konstruktiv-kritisch begleitet und durch substantiierte Vorschläge das Engagement und Interesse der Kirchen in Sachen Europa deutlich gemacht.

So z.B. am 24. Juni 2002: Da fand im Rahmen der 6. Plenarsitzung des Europäischen Konvents eine umfassende Anhörung von verschiedenen Organisationen der Zivilgesellschaft statt. Dabei hat *Keith Jenkins* – bis September 2002 Direktor der KKG – als ökumenisch autorisierter Sprecher die Anliegen der Kirchen, Religions- und Weltanschauungsgemeinschaften für eine künftige Europäische Union vorgetragen.[6] Man lasse es sich auf der Zunge zergehen: ein englischer Methodist als Sprecher sämtlicher christlicher Religionsgemeinschaften auf europäischer Ebene! Aus meiner Sicht ein ermutigendes Signal für ein zukunftsfähiges ökumenisches Miteinander der Kirchen in Europa!

Sie werden ihre Wirkungsmöglichkeiten in der postsäkularen Gesellschaft des einst ‚christlichen Abendlandes'" nicht überschätzen, gleichwohl ohne falsche Resignation an dem christlichen Anspruch auf Weltmitgestaltung festhalten. Sie werden diesen Anspruch – nüchtern an den jeweiligen, durchaus unterschiedlichen Rahmenbedingungen orientiert – mittel- und langfristig „neu zu organisieren und sich stärker als intermediäre Kräfte im zivilgesellschaftlichen Raum[7] zu verorten" haben – „jenseits parteipolitischer und interessenbezogener Gruppen". Wenn die Kirchen sich „nicht auf den Privatbereich beschränken, sondern über diesen hinausgehen" wollen, „wird dies – und dies erst recht im europäischen Integrationsraum – bedeuten, dass die ‚Zivilgesellschaft' zur öf-

6 Sein Redebeitrag vor dem Konvent ist dokumentiert in Nr. 92 (August 2002, S. 4-6) der Europa-Informationen des EKD-Büros Brüssel.

7 Vgl. oben Fn. 1.

fentlichen Arena der Kirche(n) wird und nicht mehr – bzw. immer weniger – der Staat oder die parteipolitische Arena".[8]

Aus meiner Sicht bleibt gültig, was die EKD-Synode in ihrer Friedrichshafener Europa-Erklärung unterstrichen hat:

> „Die Möglichkeiten der Christen und Kirchen, im heutigen Europa auf die Strukturen und auf die für die Menschen so wichtigen sozialen und wirtschaftlichen Entscheidungen einzuwirken, sind begrenzt. Dennoch können wir, jeder und jede an seinem und ihrem Ort, dazu beitragen, dass Europa mehr ist als ein bloß Eigeninteressen vertretendes Mammutunternehmen. Wir können mit anderen dafür Sorge tragen, dass ein versöhntes Europa den Menschen in Europa und in der Welt zugute kommt."

Oder ist nicht eben dies die Hauptrolle der Kirche(n) in einer europäischen Zivilgesellschaft?

8 So *Michael N. Ebertz* in seinem Vortrag „Kirche und Staat – wohin?" in der Evangelischen Akademie Bad Boll im Jahr 2002.

Central Europe and the EU in the Perspective of Political Geography

Michael Romancov

Albeit it sounds familiar to almost everyone who is interested in history, geography or politics of Europe, Central Europe is a very complicated entity which can be approached from many different ways. In my article I would like to sketch some key problems of Central Europe as seen from the perspective of political geography. Political geography is a special discipline which belongs to the sphere of political science. It is concerned with the relationship between geographical factors and political entities and deals with political phenomena in their areal context.[1]

In the 1980s the idea of Central Europe as an autonomous (political) region was revived by dissidents from Czechoslovakia, Hungary and Poland such as *Milan Kundera* in his famous Essay „The Tragedy of Central Europe"[2]. Their attitude came out from emphasizing its cultural features which clearly distinguishes Central Europe from the rest of the continent, especially from Eastern Europe (dominated by USSR/Russia) and from the Balkans, while indicating it's historic, philosophical and cultural proximity to the West.

During that time the European Communities went through an important economic as well as institutional development (the internal market was being completed, Single European Act was accepted, etc.) which was finally crowned by the creation of the Union in 1992. In 1986 two new members – Portugal and Spain – joined the Community and that which was originally the Six became the Twelve. By then many West Europeans (quite naturally I would say) had become accustomed to equating Europe with the European Community and were not prepared to share their prosperity with outsiders. 45 years of isolation had obliterated centuries of common history.[3]

When in 1989 – 1991 Communist Block with its institutions (namely the military organization of Warsaw Pact and the economic organization of Council of Mutual Economic Assistance better known as COMECON) and later also the

1 *Glassner*, Political Geography, 2nd ed., Chicago 1996, p. 11.

2 *Kundera*, The Tragedy of Central Europe , in: New York Review of Books , 26 April 1984, p. 33.

3 *Mayhew*, Recreating Europe: the European Union's policy towards Central and Eastern Europe, Cambridge 1999, p. 10.

Soviet Union itself collapsed, all states in Europe were placed into a new situation. While economic and social changes have generally been gradual, changes in the political sphere often came about suddenly, usually as a result of international settlements and treaties or the security situation. Break-up of the Communism at the beginning of 1990 is a perfect example of such a progress. It raised several fundamental questions. The question of boundaries of Europe (which is the boundary of EC/EU) was one of the most pressing ones. An important part of this discussion was the position of Central Europe within the new order.

It seems to be clear that the Member States of the Community and the Community institutions themselves appeared totally unprepared and without any well developed strategy for such situation. Nor was there any clear strategy of the post-communist states. The Yalta division of Europe which brought the iron Curtain after the Second World War was regarded as an unjust and unfair act on both of its sides (perhaps with the exception of new Russian political elites). Prominent Western political leaders frequently spoke of rapid integration of Central and Eastern Europe into Western European structures and markets. Yet many of them (we can mention British Prime Minister *Margaret Thatcher* as an example) who openly fought against communism were sure that it was the Iron Curtain which brought peace and prosperity to the Western part of the continent. Both geography and history play roles in complicating foreign policy development. Czechoslovakia, Hungary and Poland created the Visegrád group[4] and Central European Free Trade Association (CEFTA)[5] as a framework for regional cooperation in 1991 and 1992 respectively. Its main political goal was full and as rapid as possible association of the Central European countries with the West.

---

4 The Visegrád states are the Czech Republic, Hungary, Poland and Slovakia. In February 1991 in Visegrád (Hungary), met the leaders of Hungary, Poland and what was then Czechoslovakia to discuss their approach to European integration. Since 1989 the three countries confirmed their wish for total integration into the European political, economic, security and legislative order and agreed to cooperate in their progressive achievemnet of such integration. As a first step, all four countries have concluded Europe Agreements with the European Union and have joined the Council of Europe. For the most part, Bulgaria and Romania are now included into the Visegrád cooperation framework. (*Bainbridge*, The Penguin Companion to European Union, 3rd ed., London 2002, p. 535).

5 CEFTA was founded under an agreement signed in Cracow, Poland, in December 1992 by the three Visegrád states. The signatories (later joined by Slovenia, Romania and Bulgaria) committed themselves to the progressive establishment of a free trade area over the period 1993 to 2001, at the heart of which would be a common market in most industrial goods. Except for certain "sensitive" products, duties on all industrial products in CEFTA were removed with effect from January 1997. Croatia, the Baltic States, and Ukraine have applied to join CEFTA. (*Bainbridge* (see fn. 4), p. 43).

No wonder that the most consistent supporters of enlargement to the East were the countries which are geographically close to the region: Germany, Austria (for Central Europe) and the Nordic countries (for the three Baltic States). The peripheral, and especially the Mediterranean Member States, were at best neutral to enlargement, but extremely concerned about security problems and migration in the Mediterranean region. Later they started propound objections to the eastern enlargement and their final agreement was conditioned by allocation of the same level of financing for the Mediterranean as for Central and Eastern Europe. Geography and history also play a role in the importance given to the political objectives of Russia in determining the relationship with the associated countries in Central Europe and to a greater extent to the countries in the Baltic region. The latter case called out question on the degree to which this influence may be used to slow down or even prevent their integration into the European Union.[6]

Last problem which can be seen in this period is related to the process of German unification. Among Central European countries German unification evoked two major threats: an economic one and a political one. Germany as a direct neighbor and by far the most successful economy in Europe was feared of assuming quick and direct dominance over the whole regional economy of Central Europe. This did not happen paradoxically thanks to the German reunification. During the first years Germany was greatly under-represented, because of the enormous amount of work and money which was required in the former GDR. Politically reunification once again reinforced the „natural" German predilection to negotiate with Russia over the heads of all the countries lying in-between. Germany was one of the least enthusiastic supporters of the Lithuanian revolution for fears to annoy Russia, even though at this time Russia was almost at its weakest point.[7] Today we can clearly state that this approach was fortunately not dominant through the 1990s.

Today it is clear that two big political issues – accession to the European Union and to NATO – turned out fine for the Central European countries. Institutionally they became a part of the West gradually. The progress can be seen in two ways: a progress in space and a progress in time. During the application process it was clearly visible that the greatest advantage of being Central European is not to be Eastern European. While Central Europe was (and still is) widely considered to be part of Europe (which is associated with the European Union), Eastern Europe, on the other hand, lies between the West and Russia. The group of Central European states expanded from original three up to eight and some typical Balkan states such as Croatia, Bulgaria or Romania claimed their "Central-Europeanness" as well.

---

6 *Mayhew* (see fn. 3), p. 12.

7 *Mayhew* (see fn. 3), p. 20.

In April 1999 the Czech Republic, Hungary and Poland joined NATO in Washington D.C. during the celebration of 50th Anniversary of NATO's foundation. In December 2002 political representatives of eight post-communist countries (the Czech Republic, Estonia, Hungary, Lithuania, Latvia, Poland, Slovakia and Slovenia; two non-communist countries Malta and Cyprus were among applicant countries as well) finished their negotiations with EU representatives in Copenhagen Summit (accession took place on May 1st 2004). The latest step towards the full acceptance of the post-communist countries was done during NATO summit in Prague in November 2002 when those states were promised full membership in this organization in the near future.

Whenever we like it or not it is increasingly clear that the European Union and NATO enlargements by themselves are not sufficient to create a permanent structure for peace, prosperity and stability in Europe that stretches from Adriatic Sea to the Urals and from the Barents Sea to the Black Sea. The enlargements answered some questions, but it also presented us with new challenges. The old dividing lines between East and West are rapidly fading. But new lines threaten to divide the "ins" from the "outs" and the "haves" from the "have nots".

The bad things about being central

As was pointed out earlier I would like to look at some of these problems from the perspective of the political geography. The geographical approach is used to analyse the major economic, social and political aspects of Central Europe. The best methodological approach is the theory of dependence, especially the model center (core) – periphery of the Norwegian political scientist *Stein Rokkan*[8].

If we want to use approaches mentioned above we have to evaluate the so called geographical potential. Geographical potential represents the aggregate value of the examined area for social, especially economic utilization of its energies and resources. The first step must be to determine the location of the examined area within its broader territory. The second step is to describe the availability, quantity and quality of various attributes of each country or of the whole region.

It is quite natural that the European continent is a broader territorial unit for Central Europe. Labeling the region as a "central" one evokes an old pattern. Whenever there is something in the centre it is important. That is how it works in almost every field of human activity. To the average person without any deeper knowledge of the region, Central Europe sounds like a term referring to

8 *Říchová*, Přehled moderních politologických teorií (A Review of modern theories of political science), Praha 2000, pp. 277-292.

the central and thus most important part of the Continent. But in this case the central character has only very limited importance. To be sure this is not an exception. If we look at the map this is a fact in all other cases as well. States which we can find in central parts of Americas, Africa and Asia belong to the less powerful and less developed in their respective continent or even in the whole world. Central America, central parts of South America, Africa, Asia and Australia are covered by such terrain, which is accessible to people only with great difficulty. All those centrally located countries have none or limited access to the sea and thus they are out of touch with both main stream of world commerce and exchange of information.

Western Europe, together with USA and Japan, represent one out of three most important and most developed regions which we can find. Bygone glory as well as present concentration of economic wealth and power are exclusively based on manner how Europeans took advantage from their access to the sea. According to NATO military experts 95 % of world trade is realized through maritime trade. In case of Europe 90 % of all trade is connected with the sea.[9] From this point of view the situation of Central Europe is extremely disadvantaged, because it can hardly participate in the world's exchange of goods and materials.

With regards to natural resources Central Europe is poorly endowed. It has small or negligible share of almost all major non-fuel minerals. But this situation is exactly the same with the rest of the European Union countries.[10]

Why is Central Europe interesting for the EU-15

Is there any way how to eliminate this disadvantage of the region of Central Europe? One chance may exist in large participation in the trade within the continent which is highly important for today's Europe too. The European Union (its member states created so far the so called West of the continent) is beyond any doubt the biggest trading community of the world. And traders are always concerned in developing communication. Fifteen member states of current European Union participate with 30 % on the global trade exchange. We already mentioned that the majority of global trade is realized through maritime transport. But two thirds of above mentioned 30 % share in global trade are realized within the European Union itself, among the member states. And within the continent the importance of maritime transport is only marginal. The geography of

9 *Stockfish*, Německo a maritimní bezpečnost (Germany and maritime security), in: Vojenské rozhledy 5/1999, Generální štáb Armády České republiky, pp. 25-35.

10 *Cole/Cole*, A Geography of the European Union, 2nd ed., London 1997, pp. 23-24.

Europe is to blame. It is the main reason why maritime transport in the Union is not effective. Exploring European transport we find that road transport presents positively the biggest share – 73 %, rail transport only 15 %, inland waterway transport 7 % and the pipelines 5 %.[11] It is noteworthy that networks of all mentioned modes of transport cross the region of Central Europe, and this might be one reason why Central Europe could be indispensable for the West. It is even more evident when we have a detailed look at the following transportation map of Europe.

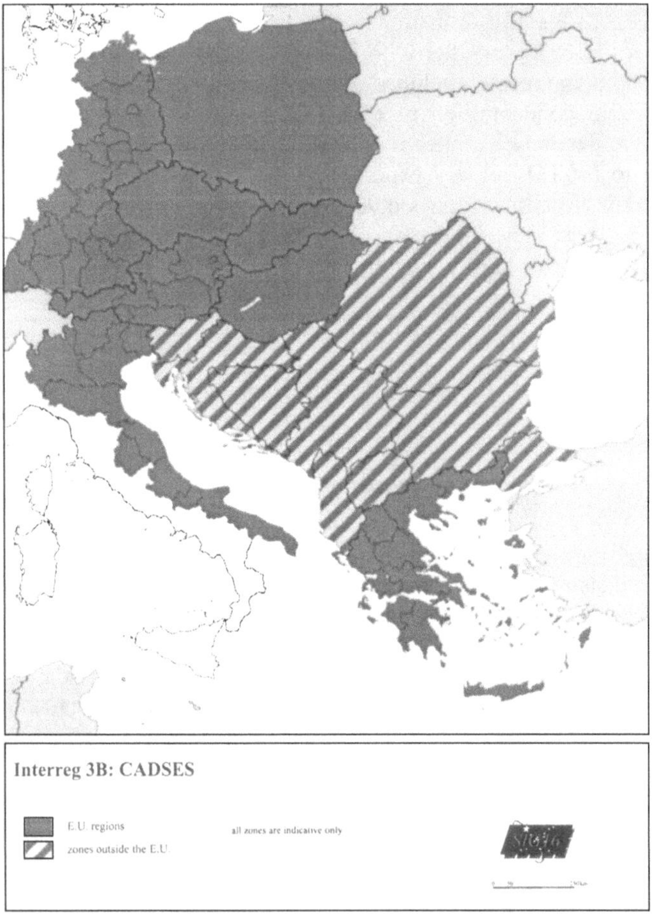

Cole/Cole, A Geography of the European Union, 2nd ed., London 1997, p. 91

11 A Community of 15: Key figures, EC 2000, p. 29.

The core area of transport within European Union on the map is checkered. We must notice that there is also a large area surrounding this core, mainly consisting of islands and peninsulas, the most important are numbered with Roman figures I – VII. Regions numbered I to V are already integrated in the Union. To realize trade between these regions and the core area or other regions marked with the Roman figures, it is necessary to pass trough the core area and sometimes it is even necessary to cross Central Europe. The communication between regions numbered III, VI and VII is possible only across Central Europe. And the importance of Central Europe in this respect could even rise, if the European Union decided to build closer trade connections with Russia, which must be always considered as one of the strategic possibilities for the future.

Now again we must remind ourselves of the fundamental importance of maritime transport together with the European insufficient endowment of natural resources which let us see the territorial potential of Central Europe in different light. Today's Union itself is not able to secure the vital maritime ways in case of any serious danger. In this respect Europe (as well as Japan) utterly depends on the United States. In Europe's nearest neighborhood there are two areas extremely rich with natural resources. They are Africa and the territory of former Soviet Union. Following table helps to compare the distribution of natural resources and the geographical potential of twelve major regions of the world.

	1	2	3	4	5	6	7	8	9	10
	Population in millions			% of world pop. in each region		Natur. resources per capita	Energy consum. per cap.	Arable land ha per c.		Real GDP per c.
	1995	2025	Differ. 1995-2025	1995	2025			1993	2025	
1. W Europe	385	385	0	6,8	4,6	67	238	0,24	0,22	284
2. C Europe	130	134	4	2,3	1,6	63	221	0,44	0,42	108
3. for. USSR	285	335	50	5,0	4,0	319	360	0,79	0,69	135
4. Jap, S Korea	170	177	7	3,0	2,1	16	184	0,04	0,03	261
5. USA, Can.	293	375	82	5,1	4,5	265	523	0,82	0,67	448
6. Oceania	28	39	11	0,5	0,5	1040	280	1,79	1,28	260
7. Lat. America	481	706	225	8,4	8,5	186	58	0,33	0,25	96
8. Africa S of Sahara	614	1348	734	10,8	16,2	137	16	0,28	0,12	25
9. N Africa + SW Asia	327	606	279	5,7	7,3	173	70	0,27	0,13	81
10. S Asia	1221	1899	678	21,5	22,9	24	14	0,17	0,11	22
11. SE Asia	485	704	219	8,5	8,5	63	19	0,17	0,13	46
12. China, neighbors	1272	1591	319	22,4	19,2	31	44	0,08	0,06	61
WORLD	**5700**	**8300**	**2600**	**100**	**100**	**100**	**100**	**0,26**	**0,18**	**100**

Cole/Cole, A Geography of the European Union, 2nd ed., London 1997, p. 346

Two pieces of information are very important for our exploration. The data in column 6 serve as a rough measure of availability of natural resources in different regions. The indices are resources based on an estimate of presence per inhabitant of five equally weighted natural resources: fresh water, bioclimatic resources which include arable land, forests and pastures, fossil fuels (coal, oil, and natural gas), non-fuel minerals and, to allow for future discoveries of minerals, finally total land area.[12] It is evident from the data that of the twelve regions in the table, six are relatively poorly endowed with natural resources per inhabitant and six are endowed relatively generously. Western and Central Europe as well belong to the group of poorly endowed regions. In columns 1 to 5 we may find the second significant information. They show the presumed development of population. Learning these figures we may state a general conclusion: for many years there has been a huge gap between the economic level of developed regions and developing regions. It is well described in column 10 showing the GDP of each region. Recently this gap is becoming even wider due to the impact of growing pressure of population on natural resources of developing regions. We cannot honestly expect to reverse this trend (see for example columns 8 to 9, arable land in ha/inhabitant), we must prepare for an increasing number of problems in developing regions. After all, today we already witness regions having difficulties trying to feed their own population. Western and Central Europe on the other hand are expected to have almost no population increase and their economic level will stay the same or will improve. To ensure this development Europe must keep its access to natural resources. We already mentioned the dependence on maritime transport and the insufficient capacity to protect the sea routes. This fact rapidly increases the strategic importance of regions accessible on land, especially the region of former Soviet Union. To reach it, it is necessary to pass trough Central Europe. Relationship between West (European Union) and Central Europe can therefore determine not only the future of Central Europe, but it can possibly determine the future of the whole continent.

We have to bear in our minds that the EU still remains essentially an economic union based upon the assumption that it is in each Member State's economic interest to be its member. Member States consistently oppose foreign policy measures which they consider will not bring them additional economic advantage.[13] No wonder that any idea of an enlargement of the European Union to the East (to Central Europe) must logically bring fears and hesitation of EU citizens. What profit does Central Europe represent for the West?

Concerning the military and strategic perspective, states of today's Central Europe cannot bring any fundamental benefit. The situation with natural resources was discussed in detail above and it does not make Central Europe more

---

12 *Cole/Cole*, A Geography of the European Union, 2nd ed., London 1997, p. 346.

13 *Mayhew* (see fn. 3), p. 11.

attractive either. On the other hand the importance for European transport is outstanding, and if the West succeeded in utilizing the economic capacity of the region, and especially the capacity of human potential, it could still find Central Europe potentially interesting. Last mentioned, human potential is probably the greatest value Central Europe can offer. Talking about human potential, we must consider two aspects of it. At first there are several tens of millions of consumers whose desire to consume would grow with a deepening European integration and with the growth of life standards. Central Europe together represents about 120 millions inhabitants. After their accession, European Union is going to represent almost 500 millions of consumers which are going to be the biggest consumers market in the world to be ignore by no one (China with its two times bigger population cannot compete, because their possibility to spend money is significantly lower). At second, Central Europe can offer large potential of highly qualified manpower. In comparison with global level, Central Europe belongs to the world's top in education. Modern societies depend more and more on knowledge of their population, and population of Central Europe, if its education is financially supported, is ready to give highest intellectual performance and contribute this way to the growth of economic wealth of the Union.

CADSES: Regional policy of the EU in Central Europe

For the moment it is evident that European Union perceives Central Europe as its part and decided to develop its potential. From geographical point of view most interesting activity can be tracked within framework of Structural policies which is (among other) also focused on territorial problems. As *Michel Barnier*, European Commissioner responsible for regional policy and reform of the institutions puts it:

"The border regions in Europe have long borne the stamp of the continent's history: traditionally isolated form the capital cities, these regions often symbolized the division of the old continent and were at the centre of territorial disputes that tore Europe apart. European construction has helped change the status of these areas. The elimination of economic frontiers within the European Union and freedom of movement have given the border regions new opportunities for cooperation that go beyond national limits. European regional policy is particularly focused on limiting the "frontier effects", and a specific Community initiative, INTERREG, is devoted to cooperation between regions on either side of national borders. (…) With Europe's enlargement, a new challenge is facing the border regions in certain Member States of the current Union and the neighboring regions of the applicant countries. This fundamental geopolitical change in Europe requires sound preparation and explains why, even before their accession, cooperation actions have begun across the borders with the applicant countries."[14]

The main tool by means of which the above mentioned ideas should be realized is Community initiative INTERREG IIIB. This initiative now covers all transnational cooperation actions involving the national, regional and local authorities and other socioeconomic players. The objective is to promote territorial integration within large groups of European regions, including those outside the 15 EU Member States, and between Member States and the applicant countries or other neighboring countries.[15] 13 defined groups of regions[16] were assigned across Europe, so called Cadses is relevant for the study of Central Europe.

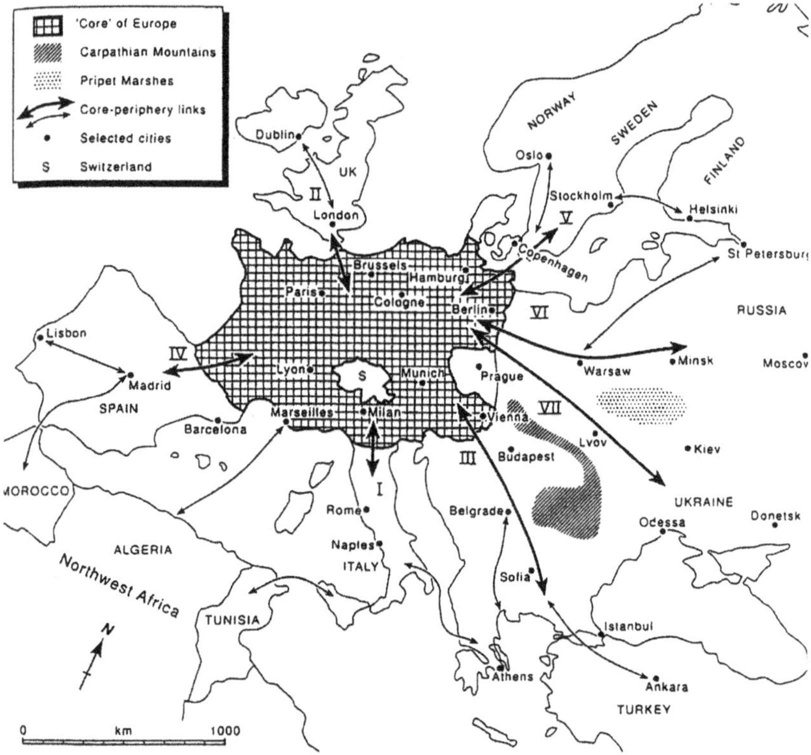

14 *European Commission*, Structural policies and European Territory – Cooperation without frontiers, Luxembourg 2002, p. 5.

15 *EC* (see fn. 14), p. 8.

16 Those regions are: western Mediterranean; south-west Europe; Alpine area; north-west Europe; Atlantic area; North Sea; Baltic Sea; northern fringe; Cadses; Archimed; Azores-Canaries-Madeira area; Caribbean area; Indian ocean area.

As the acronym suggests, region Cadses consists of Central Europe, Adriatic, Danubean and South-Eastern European Space. At least part of this space is since 1989 covered by so the called Central European Initiative (CEI)[17] including 16 countries which by various criteria belong to Central Europe. The CEI provides a framework for coordination between its member states in the fields of economic recovery, the consolidation of democratic institution, environment, transport, energy, and other matters of common interest, including relations with the European Union.[18] The construction of region Cadses by the European Union is extended chances of this space for admission to the Union. The biggest amount of work has to be done in the Danubean space. This area was in the Commission document „Europe 2000+“ identified as one of the ten transnational regions where enhanced co-operation could create new incentives for positive development. The growing interest in this part of Europe may be attributed to a number of reasons of which the highest ranking is its unique intermediate geographical position between the economic core of Europe and the Black Sea region, as well as its regained geopolitical importance. The Danubean Space is a very large area within the European context. The territory covered by the Danube river basin touches as many as 18 sovereign states and measures almost 1 million square kilometers (which is roughly about one third of the EU 15 territory).

17 Central European Initiative (CEI) was founded in November 1989 as the Quadrilateral initiative (Austria, Hungary, Italy and Yugoslavia) on the initiative of the Italian government. The following year it was joined by Czechoslovakia, and was renamed the Pentagonal Initiative. Poland joined in 1991 (Hexagonal Initiative). Its current name was adopted in 1992, with the accession of Croatia, Slovenia and Bosnia-Herzegovina. By 1996 the CEI had been extended to Albania, Belarus, Bulgaria, Macedonia, Moldova, Romania and Ukraine. (*Bainbridge* (see fn. 4), p. 43).

18 *Bainbridge* (see fn. 4), p. 43.

Die Zukunft des Sprachenregimes in einer erweiterten Europäischen Union

*Gerald G. Sander**

Einleitung

> Sprachen sind bei weitem das wichtigste Vehikel kultureller Entfaltung und zugleich das wichtigste Element nationaler – übrigens auch persönlicher – Identität.
> *Helmut Schmidt (*1918), dt. Bundeskanzler a.D.*

Den Sprachen der Mitgliedstaaten kommt im institutionellen System der Europäischen Union eine besondere Bedeutung zu. Sie sind für die tägliche Kommunikation der Politiker und Beamten in Europa notwendig, werfen jedoch auch erhebliche praktische Probleme bei ihrer Verwendung auf. Manche sprechen von einem babylonischen Sprachenwirrwarr in Brüssel, zu dem es aber keine Alternative zu geben scheint.[1] Allgemein akzeptiert ist die Zugehörigkeit der Sprache zur nationalen Identität der Mitgliedstaaten, die von der Europäischen Union geachtet wird (vgl. Art. 6 Abs. 3 des EU-Vertrages, Art. 22 der Europäischen Charta der Grundrechte). Sie ermöglicht nicht nur Kommunikation, sondern ist darüber hinaus auch Kultur stiftend.[2] Die Errichtung eines Sprachenregimes in der Gemeinschaft stellte deshalb seit ihren Anfängen in den fünfziger Jahren eine große Herausforderung für die EG/EU dar. Als Folge der Erweiterung der EU nach Osten und Süden im Jahr 2004 werden sich die Probleme bei der Verwendung der zahlreichen Sprachen in den Institutionen der EU noch weiter verschärfen.

---

* Vortrag gehalten auf dem Tagesseminar der Europa-Union Tübingen am 7. Mai 2004, zuvor am 15. April 2003 am Institut für Germanistik der Südböhmischen Universität Budweis/Tschechien.

1 Vgl. z.B. den Titel des Beitrags von *Frohn*, Babylon liegt in Brüssel: Das europäische Sprachengewirr, in: Europäische Zeitschrift für Wirtschafts- und Steuerrecht 2001, Heft 7, Die erste Seite.

2 *Möllers*, Die Rolle des Rechts in der europäischen Integration, Tübingen 1999, S. 77.

A. Sprachenvielfalt in Europa

Mit jeder Sprache, die ausstirbt, wird ein Bild des Menschen ausgelöscht.
Octavio Paz (1914–1998), Literaturnobelpreisträger

I. Nationalsprachen in der EU

Die bisherigen 15 Mitgliedstaaten der EU besitzen insgesamt 13 offizielle Landessprachen. Hierzu zählen zunächst die dänische, deutsche, englische, finnische, französische, griechische, irische (gälische), italienische, niederländische, portugiesische, schwedische und spanische Sprache. Im Jahr 1984 wurde in Luxemburg außerdem das Letzebuergesch neben Französisch und Deutsch zur Amtssprache erhoben. Infolge des Beitritts von 10 Neumitgliedern am 1. Mai 2004 hat sich diese Zahl um neun Sprachen (einschließlich der maltesischen Sprache[3]) auf immerhin 22 Nationalsprachen erhöht. Die auf Zypern gesprochene griechische Sprache ist bereits als Landessprache von Griechenland in der EU vertreten. Hiermit erschöpfen sich aber bei weitem nicht die von den Völkern der EU gesprochenen Sprachen.

II. Minderheitensprachen in der EU

Von den 370 Millionen Bürgern der „alten" EU mit 15 Mitgliedstaaten sprechen fast 50 Millionen eine andere Sprache als die offizielle Amtssprache des betreffenden Landes. Neben den Amtssprachen der EU sind dies insgesamt gut 40 Sprachen, die über Generationen hinweg traditionell benutzt werden und die auch heute noch im täglichen Leben Verwendung finden. Hierzu gehört beispielsweise die kornische Sprache, die vor allem in Cornwall/England täglich von 1.000 Menschen gesprochen wird, wobei 2.000 weitere in der Lage sind, sie zu verwenden. Im Zuge der Osterweiterung ist die Zahl solcher Minderheitensprachen auf ca. 60 angestiegen.

Diese Sprachen werden von der EU sowie von dem jeweiligen Mitgliedstaat als so genannte „Minderheitensprachen" bezeichnet. Infolge der Osterweiterung hat sich die Bedeutung der Minderheitensprachen verstärkt, da sowohl

---

3 „Malti" ist neben dem Englischen offizielle Amtssprache Maltas. Es hat seine grammatikalischen Wurzeln im Arabischen, das Vokabular kommt dagegen vorwiegend aus dem Italienischen. Anders als Irland hat Malta auf die Verwendung der zweiten Nationalsprache als EU-Amtssprache aber nicht verzichtet; vgl. *Wägenbaur*, Die Erweiterung der Union zwischen Sprachenvielfalt und Sprachlosigkeit, in: Europäische Zeitschrift für Wirtschaftsrecht 2003, Heft 23, Gastkommentar.

die jetzt beigetretenen Länder als auch potenzielle künftige Beitrittskandidaten stark geprägte ethnische Minderheiten haben, die eine andere Sprache als die Hauptsprache des Landes sprechen. In Lettland mit insgesamt 2,4 Millionen Menschen sprechen zum Beispiel neben Lettisch immerhin 30 % der Bürger Russisch und etwa 5 % der Einwohner Weißrussisch[4]; in der Slowakei werden unter anderem Karpatisch, Romanisch Vlax und Rusyn gesprochen.

Einige Minderheitensprachen werden sogar häufiger gesprochen als offizielle Landessprachen anderer EU-Mitgliedstaaten. So sprechen in Spanien, Südfrankreich und der Stadt Alghero auf Sardinien fast 10,8 Millionen Menschen Katalanisch, während im Vergleich hierzu die Landessprache Ungarns von nur 10,5 Millionen und die der Tschechischen Republik lediglich von 10,3 Millionen gesprochen werden.

Diese Sprachen, die nicht Hauptsprachen eines EU-Mitgliedstaates sind, werden in der Sprachenregelung der EU als wenig benutzte Sprachen bezeichnet. Eine Definition dieser Sprachen befindet sich in der *Europäischen Charta für Regional- und Minderheitensprachen* von 1992, die vom Europarat entwickelt wurde. Danach handelt es sich um traditionell von Bevölkerungsteilen eines Staates gesprochene Sprachen, allerdings nicht um Dialekte der Amtssprache(n), Zuwanderersprachen oder Kunstsprachen. Der Europarat hat 40 solcher Sprachen anerkannt und in der Charta gefordert, deren Gebrauch in Bildung, Justiz, Verwaltung und Medien zu ermöglichen.[5]

Auf Initiative des Europäischen Parlaments, das eine Reihe von Entschließungen zu diesem Thema angenommen hat, führt die EU Maßnahmen zur Förderung und zum Schutz der Regional- und Minderheitensprachen Europas durch. Zunächst findet eine finanzielle Unterstützung des Europäischen Büros für Sprachminderheiten und des Informationsnetzes *Mercator* statt. Außerdem gewährt die EU Unterstützungen für praktische Initiativen zum Schutz und zur Förderung von Regional- und Minderheitensprachen, vor allem im Unterrichtswesen. Die Grundrechte-Charta[6] der EU bleibt jedoch ebenso wie der Entwurf des Verfassungsvertrages[7] unter dem Niveau, das der Europarat mit seinen Konventionen zum Schutz der Minderheitssprachen (Charta der Regional- und Minderheitensprachen und Rahmenkonvention zum Schutz nationaler Minderheiten) vorgegeben hat. Besondere Rechte für Minderheitensprachen sehen diese EU-Dokumente nicht vor.

---

4 Ausführlich hierzu *Dobson*, Ethnic Discrimination in Latvia, in: *O'Reilly* (Hrsg.), Language, Ethnicity and the State, Vol. 2: Minority Languages in Eastern Europe post 1989, Palgrave 2001, Kapitel 7.

5 *Phillipson*, Linguistic Imperialism, Oxford 1992, S. 19.

6 Art. 22: „Die Union achtet die Vielfalt der Kulturen, Religionen und Sprachen."

7 Art. I-3 Abs. 3: „Die Union wahrt den Reichtum ihrer kulturellen und sprachlichen Vielfalt und sorgt für den Schutz und die Entwicklung des kulturellen Erbes Europas."

B. Rechtliche Grundlage des EU-Sprachenregimes

> Die Union achtet die Vielfalt der Kulturen, Religionen und Sprachen.
> *Art. 22 der Europäischen Grundrechte-Charta*

I. Allgemeines

Art. 22 der Charta der Grundrechte der Europäischen Union verankert die Achtung der sprachlichen und kulturellen Vielfalt als einer der Grundsätze der EU. Aufgrund der besonderen Bedeutung der Sprache für die Identität ihrer Mitgliedstaaten gehen Art. 53 EUV, Art. 314 EGV sowie die EWG-Verordnung Nr. 1 zur Regelung der Sprachenfrage vom 15. April 1958[8] vom Grundsatz der Gleichberechtigung der Landessprachen aus. Außerdem ist zu berücksichtigen, dass zwischen der Gemeinschaft/Union und den Bürgern der Mitgliedstaaten vielfältige unmittelbare Beziehungen bestehen,[9] im Gegensatz zum staatlich-diplomatischen Verkehr in den klassischen internationalen Organisationen wie den Vereinten Nationen (UNO) und der Welthandelsorganisation (WTO), die bei ihrer Arbeit deshalb mit wesentlich weniger Amtssprachen auskommen können: Die UNO beschränkt sich beispielsweise auf Arabisch, Chinesisch, Englisch, Französisch, Russisch und Spanisch; die WTO arbeitet sogar nur mit Englisch, Französisch und Spanisch. Weil zahlreiche Rechtsakte der EG aber für die Bürger unmittelbar gelten, muss für sie das Recht in einer ihnen verständlichen Sprache abgefasst sein.

Gemäß Art. 1 der genannten Verordnung existieren in der Europäischen Union derzeit 20 Amtssprachen. Die gälische (irische) Sprache stellt in diesem Sinne keine vollgültige Amtssprache der EU dar. Sie kommt lediglich im Primärrecht hinzu (vgl. Art. 314 EGV, Art. 53 EUV) und kann von irischen Klägern als Verfahrenssprache vor den europäischen Gerichten gewählt werden. Luxemburg verzichtete zudem darauf, Letzeburgisch zur offiziellen Amtssprache der EG/EU zu erheben. Diese Amtssprachen stellen zugleich auch die verbindlichen Arbeitssprachen der EU dar.[10]

Die Unionsbürger besitzen Freizügigkeitsrechte gemäß Art. 39 ff. EGV, das Wahlrecht zum Europäischen Parlament (Art. 190 EGV), ein Petitionsrecht

---

8 Amtsblatt der Gemeinschaft 1958, S. 353 ff., jeweils geändert infolge der Beitritte.

9 Vgl. *Berteloot*, Recht auf Sprache in Europa. Die Sprachen des Europäischen Rechts und die Rechte der Unionsbürger, in: Schulze/Ajani (Hrsg.), Gemeinsame Prinzipien des Europäischen Privatrechts/Common Principles of European Private Law, Baden-Baden 2003, S. 357 ff.

10 Ausführlich *Schloßmacher*, Die Amtssprachen in den Organen der Europäischen Gemeinschaft. Status und Funktion, 2. Aufl., Frankfurt am Main u.a. 1997.

(Art. 21, 194 EGV) sowie Klagerechte vor dem Europäischen Gerichtshof (Art. 230, 232 EGV). Deshalb bestimmt Art. 2 der Verordnung, dass neben den Mitgliedstaaten auch jede Person in einer Amtssprache ihrer Wahl – in der Regel wird dies die Muttersprache sein – schriftlich mit den Einrichtungen der Gemeinschaft in Verbindung treten kann und die Antwort in derselben Sprache zu erfolgen hat.[11] Die Beschränkung auf schriftliche Eingaben ist in Art. 8 Abs. 2 und Art. II-41 Abs. 4 des Entwurfs eines Verfassungsvertrages nicht mehr enthalten. Im Falle des In-Kraft-Tretens der EU-Verfassung würde sich dieses Recht der Unionsbürger somit auch auf (fern)mündliche Anfragen erstrecken (vgl. jetzt Art. I-10 Abs. 2 *lit.* d und Art. II-101 Abs. 4 der endgültigen Fassung des EU-Verfassungsvertrages).

II. Sonderstatus der österreichischen Sprache in der EU

Einen gewissen Sonderstatus genießt in der EU das österreichische Deutsch.[12] Österreich hat bei seinem Eintritt in die Gemeinschaft durchgesetzt, dass die Austriazismen die gleiche Rechtswirkung wie die in Deutschland verwendeten Begriffe haben.[13] In der Praxis wird der österreichische Ausdruck nach einem Schrägstrich dem deutschen Begriff hinzugefügt. So kommt z.B. zu den Bezeichnungen „Kartoffeln", „Tomaten", „Sahne", „Sauerkirschen", „Hackfleisch", „grünen Bohnen" und „Feldsalat" in den Dokumenten die Benennungen „Erdäpfel", „Paradeiser", „Obers", „Weichseln", „Faschiertes", „Fisolen" und „Vogerlsalat" dazu. Darüber hinaus wurde eine über 1.000 Wörter umfassende Liste für das tägliche Dolmetschen und Übersetzen angelegt: Die österreichische „Exekution" ist in Deutschland eine „Pfändung"; in Wien wird man „pragmatisiert", in Berlin „verbeamtet" und säumige Mieter werden in Österreich „delogiert" und in Deutschland „zwangsweise der Wohnung verwiesen".[14] Die österreichische Varietät tritt bezüglich der Allgemeinsprache also gleichberechtigt neben die deutsche.

---

11 Vgl. *Amt für amtliche Veröffentlichungen der Europäischen Gemeinschaften*, So arbeitet eine vielsprachige Gemeinschaft, Luxemburg 1998, S. 4: Jeder Unionsbürger muss sich in seiner Landessprache informieren und äußern können.

12 Siehe zu den einzelnen nationalen Varianten der deutschen Sprache ausführlich *Ammon*, Die deutsche Sprache in Deutschland, Österreich und der Schweiz. Das Problem der nationalen Varietäten, Berlin/New York 1995.

13 Protokoll Nr. 10 zur Beitrittsakte mit 23 österreichischen Lebensmittelbezeichnungen.

14 Vgl. Frankfurter Allgemeine Zeitung vom 25. August 1998, S. 10.

III. Sonderregime

Einige besonders unabhängige Institutionen der EU haben sich ihr eigenes Sprachregime geschaffen. Bei der Bestimmung der Verfahrenssprachen des Europäischen Gerichtshofes wählt beispielsweise grundsätzlich der Kläger die Verfahrenssprache des Prozesses. Bei Klagen gegen einen Mitgliedstaat, die regelmäßig von der Kommission ausgehen, ist dessen Amtssprache gleichzeitig die einschlägige Verfahrenssprache. Für die interne Beratung der Richter wird die französische Sprache benutzt. Beim Europäischen Markenamt in Alicante/Spanien sind Deutsch, Englisch, Französisch, Italienisch und Spanisch Amtssprachen, wobei Anmeldungen in allen 20 Amtssprachen eingereicht werden können.[15] Bei der Europäischen Zentralbank in Frankfurt am Main ist Englisch – unter Aufgabe des bisher hoch gehaltenen Sitz-Prinzips[16] – alleinige Arbeitssprache.[17] Der Währungsausschuss arbeitet aus Gründen der Geheimhaltung ebenfalls nur mit Dokumenten in Englisch; Dolmetscher stehen zwar zur Verfügung, werden aber oft nicht benötigt, da alle Anwesenden Englisch sprechen.[18] Beim Europäischen Patentamt in München, das allerdings nicht zu den Institutionen der EU gehört, besteht mit Deutsch, Englisch und Französisch eine Dreisprachenregelung.

C. Praktische Erfordernisse beim Umgang mit den Amtssprachen

> Die Sprache ist die Infrastruktur im Land des Denkens.
> *Rainer Kohlmayer (*1940), Sprachwissenschaftler*

Bei bisher 11 Amts- und zugleich Arbeitssprachen bedeutete die Sprachenregelung der EU, dass vom EU-Sprachendienst insgesamt 110 Übersetzungskombinationen bewältigt werden mussten. Infolge des Beitritts von 10 Staaten am 1. Mai 2004 ist diese Zahl bei nunmehr 20 Sprachen auf 380 Übersetzungskombinationen angestiegen. Für die Arbeitssprachen im offiziellen Verkehr inner-

---

15 Zu den Schwierigkeiten bei der Einigung auf die offiziellen Sprachen siehe *Prandzioch*, Das Europäische Markenamt, Hamburg 1999, S. 86 ff., 188 ff.

16 So wird bei Institutionen, die im französischen Sprachgebiet liegen, das Französische einbezogen.

17 Hierzu ausführlicher *Oppermann*, Das Sprachenregime der Europäischen Union – reformbedürftig?, in: Zeitschrift für europarechtliche Studien 2001, S. 1 (10 f).

18 Vgl. Der Spiegel vom 13. April 1998, S. 103 ff.

halb der EU besteht bei den Beratungen der Politiker im Rat und in der Kommission sowie beim Europäischen Parlament, aber auch in den leitenden Gremien des Rechnungshofes, des Wirtschafts- und Sozialausschusses und des Ausschusses der Regionen ein Anspruch auf wechselseitige Simultanübersetzung. Probleme gab es bereits beim Beitritt von Schweden und Finnland, als es nicht möglich war, geeignete und gut ausgebildete Dolmetscher, die aus dem Schwedischen oder Finnischen ins Niederländische, Portugiesische oder Griechische dolmetschen konnten, zu finden. Seinerzeit wurde das Prinzip des direkten Dolmetschens von der Fremdsprache in die Muttersprache aufgegeben und über so genannte Relais gearbeitet. Dies bedeutet, dass z.B. aus dem Finnischen in die englische Sprache (sog. Brückensprache) übersetzt wird und von dort aus erst ins Griechische.[19]

Infolge des Aufwandes ist es verständlich, dass in der Praxis oft eine Beschränkung auf wenige Arbeits- oder Verfahrenssprachen notwendig ist. Dies gilt insbesondere für die zahlreichen Ausschusssitzungen der Kommission und des Rates, in denen sich täglich die nationalen Beamten aus den Mitgliedstaaten mit europäischen Bediensteten treffen. Hier gilt im Grundsatz ebenfalls die obige Sprachenregelung, so dass bisher eigentlich sämtliche Schriftstücke allgemeiner Geltung in den 11 Amtssprachen – jetzt in 20 Sprachen – vorliegen mussten und zusätzlich simultan gedolmetscht werden musste. Dies ist allerdings aus organisatorischen und finanziellen Gründen vom Sprachendienst nicht mehr zu leisten. In der Praxis findet deshalb oft eine Beschränkung auf maximal 6 Sprachen statt.[20] Hierzu zählen Deutsch, Englisch, Französisch, Italienisch, Spanisch und zumeist Niederländisch. Die niederländische Sprache gewinnt ihre besondere Bedeutung als Landessprache eines Gründungsmitgliedes der Montanunion sowie der Europäischen Atom- und Wirtschaftsgemeinschaft. Im Zuge der Osterweiterung ist es allerdings denkbar, dass das Niederländische von der polnischen Sprache abgelöst wird, damit auch die Sprache eines Neumitglieds Berücksichtigung findet. Polen ist insoweit das mit Abstand größte Beitrittsland.[21] Häufig einigen sich Ausschüsse auch darauf, Unterlagen nur in drei, zwei oder einer Sprache anzufertigen und nur in eine oder wenige Sprachen zu dolmetschen. Bei einer Reduzierung auf eine oder zwei Sprachen ist Deutsch in der Regel nicht mit dabei.

Während bei Tagungen des Rates und Plenarsitzungen des Europäischen Parlaments noch das Vollsprachenregime Geltung findet, weil es sich um Sit-

---

19 Allerdings fand die EG auch schon in den 70er-Jahren zunächst keine Italienisch-Dolmetscher, die Niederländisch konnten; so *Ian Andersen* von der Dolmetschabteilung der EU, zitiert in: Der Standard vom 11. Juni 2004.

20 Vgl. *Oppermann*, Reform der EU-Sprachenregelung?, in: Neue Juristische Wochenschrift 2001, S. 2663 (2665).

21 Polnisch wird von 38,7 Mio. Menschen als Muttersprache gesprochen.

zungen mit hochpolitischem Entscheidungscharakter handelt, berät z.B. das Kollegium der Kommissare über Dokumente, die in Deutsch, Englisch und Französisch vorgelegt werden müssen, mit Dolmetschung nur in diesen drei Sprachen. Immerhin wird Deutsch damit als gleichberechtigte Sprache von der Kommission gewürdigt, weil sie über Vorlagen nur dann entscheidet, wenn sie zumindest in den Sprachen Deutsch, Englisch und Französisch vorliegen.

Für die tägliche Arbeit im inneren Dienstbetrieb der Gemeinschaftsverwaltung, insbesondere bei den Diensten der Europäischen Kommission mit mehr als 20.000 Beamten aus sämtlichen Mitgliedstaaten, stellt sich gleichfalls die Frage nach der Verwendung der Sprachen. Die EU-Beamten müssen grundsätzlich in einer Amtssprache gründliche Kenntnisse besitzen und in mindestens einer weiteren Amtssprache ausreichende Kenntnisse in dem Umfang aufweisen, um ihre Amtsgeschäfte ausüben zu können. Aus Praktikabilitätsgründen bietet sich bei innerdienstlichen Besprechungen die Verwendung weniger Arbeitssprachen an. Dabei handelt es sich um jene Amtssprachen, die im öffentlichen Dienst der Gemeinschaft besonders verbreitet sind. Die Regelung der internen Arbeitssprachen bei Kommission und Rat erfolgt gemäß Art. 6 der Verordnung Nr. 1 durch Dienstanweisungen. In der ursprünglichen Sechsergemeinschaft bis 1973 waren Deutsch und Französisch die internen Arbeitssprachen. Mit dem Beitritt des Vereinigten Königreichs wurde das Englische dritte interne Arbeitssprache. 1997 wurden im Dienstbetrieb bei 45,3 % der Vorgänge das Englische, bei 40,4 % das Französische und bei nur 5,4 % das Deutsche verwendet. Bei den restlichen acht Arbeitssprachen führten Spanisch mit 1,9 % und Italienisch mit 1,7 %.[22]

Zum Teil beruht die geringe Verwendung der deutschen Sprache auch auf einer mangelnden Sprachloyalität der deutschen Muttersprachler in der EU. Beispielhaft sei hier der Brief des ehemaligen deutschen Kommissars *Martin Bangemann* an den deutschen Wirtschaftsminister auf Englisch erwähnt. Es wirkt auch seltsam, wenn Beamte deutscher Staatsangehörigkeit bei einer Pressekonferenz der Europäischen Zentralbank vor deutschen und in Deutschland akkreditierten Journalisten ausschließlich englisch sprechen. Nebenbei bemerkt: In einigen europäischen Staaten wie Belgien, Estland, Frankreich[23], Irland, Lettland, Litauen, Mazedonien, Norwegen, Polen[24] und der Slowakei bestehen sogar Gesetze zum Schutz der jeweiligen Landessprache. Österreich bestimmt in der Verfassung Deutsch zur Staatssprache.

22 *Commission européenne*, Multilinguisme et Traduction, Luxemburg 1999, S. 7.

23 Vgl. *Haas*, Französische Sprachgesetzgebung und europäische Integration, Berlin 1991.

24 Vgl. *Perdeus*, Gesetz über die polnische Sprache, in: Wirtschaft und Recht in Osteuropa 2004, S. 72 ff.

D. Der Sprachendienst der EU

Das Schicksal der Welt hängt in erster Linie von den Staatsmännern ab, in zweiter Linie von den Dolmetschern.
Tryggve Lie (1896–1968), erster UN-Generalsekretär

Beim Sprachendienst der EU arbeiteten bislang ungefähr 3.000 Dolmetscher und Übersetzer mit einem Jahreshaushalt von ca. 800 Millionen Euro. Die Beamten der Sonderlaufbahn des Sprachendienstes müssen gründliche Kenntnisse mindestens zweier Amtssprachen neben der Muttersprache aufweisen. Von diesem Dienst werden sämtliche Dokumente, welche die Kommission für ihren internen Gebrauch sowie für die Kommunikation nach außen (Kommunikation mit Mitgliedstaaten und Regionen, Bürgern, Unternehmen, Städten und Gemeinden, aber auch mit den Organen und Institutionen der EG/EU) in einer anderen Sprache benötigt, übersetzt. Hierzu zählen Texte wie die Rechtsakte (Verordnungen, Richtlinien, Entscheidungen etc.) einschließlich sämtlicher Vorarbeiten, internationale Übereinkommen, Reden und Sprechzettel, Pressemitteilungen, Mitteilungen an das Personal usw. Im Jahr 2001 wurden vom Sprachendienst insgesamt 1.268.255 Seiten übersetzt.[25]

Dabei bedienen sich die Übersetzer mittlerweile auch technischer Hilfsmittel. So steht seit 1973 die terminologische Datenbank „Eurodicautom" zur Verfügung, die über 1,2 Millionen Begriffe in mehreren Sprachen enthält. Diese Datenbank steht über das Internet auch externen Benutzern zur Verfügung. Zu den elektronischen Übersetzungshilfen gehört ferner das automatische Übersetzungssystem „Systran". Es kann bis zu 2.000 Seiten pro Stunde bearbeiten und steht allen Dienststellen der Kommission in Brüssel und Luxemburg zur Verfügung. In wenigen Minuten liefert das System eine Rohübersetzung, mit deren Hilfe der Inhalt eines Textes mehr oder minder gut erfasst werden kann. Soll die Übersetzung höheren Anforderungen genügen, muss sie „von Hand" weiter bearbeitet werden. Trotzdem werden noch ca. 10-20 % der Übersetzungsleistungen, vor allem größere Aufträge, an freiberufliche Übersetzer vergeben.

Die jahrzehntelange Praxis der Translation in der EU richtet sich am Muttersprachenprinzip aus. Dieser Grundsatz besagt, dass Übersetzungen z.B. ins Deutsche bzw. Italienische von Deutschen bzw. Italiener vorgenommen werden sollen. Aufgrund der besonderen Bedeutung und der großen Anzahl von Rechtstexten ist es ferner wünschenswert, dass die Übersetzer und Dolmetscher beim

---

25 *Translation Service of the European Commission*, Translating for a multilingual community, Luxemburg 2002, S. 8.

Sprachendienst der EU auch juristische Sachkenntnis besitzen.[26] In der Tat sind deshalb viele Angehörige dieses Dienstes ihrer Ausbildung nach Sprachjuristen.[27] Bei der Übersetzung des Primärrechts (EU-Vertrag, EG-Vertrag etc.) wirkt zudem abschließend noch die jeweilige nationale politische Ebene mit. Von ihr werden die bedeutsamen Worte nochmals abgewogen, bevor sie in die endgültige Vertragsfassung zur Unterzeichnung aufgenommen werden.[28]

Im Zuge der Erweiterung der EU im Jahre 2004 wird pro hinzutretende neue Sprache ein Personalzuwachs von ca. 200 Übersetzern und Dolmetschern angenommen. Damit wird sich der finanzielle Bedarf für den Sprachendienst um insgesamt 200 Millionen Euro erhöhen. Würde man den gesamten Haushaltsposten auf die EU-Bürger umlegen, wären dies etwa 2 Euro pro Einwohner.[29] Den Unionsbürgern sollte das EU-Sprachenregime angesichts der nationalen Bedeutung der Sprachen diese Kosten eigentlich Wert sein.

E. EU-Osterweiterung und die Sprachenfrage

> Wo ein altes Regime zerfällt, wo überkommene soziale Beziehungen abbröckeln, wo also tiefe Unsicherheit aufkommt, bleibt die Zugehörigkeit zur gemeinsamen Sprache und Kultur das einzige, an das man sich halten kann, der letzte über jeden Zweifel erhabene Wert.
> *Miroslav Hroch (*1932), tschechischer Historiker*

Mit der Erweiterung der EU um 10 Staaten am 1. Mai 2004 hat sich die Zahl der Amtssprachen um weitere neun Sprachen (Estnisch, Lettisch, Litauisch, Malte-

26 Zu den sprachlichen Problemen im Europarecht *Jarass*, Das Sprachenproblem in der Wissenschaft des Europarechts, in: Schulze/Ajani (Hrsg.), Gemeinsame Prinzipien des Europäischen Privatrechts/Common Principles of European Private Law, Baden-Baden 2003, S. 371 ff.

27 Zu den Herausforderungen aufgrund der Mehrsprachigkeit im Recht der EG/EU vgl. den Sammelband von *Burr/Gréciano* (Hrsg.), Europa: Sprache und Recht, Baden-Baden 2003.

28 *Frohn*, Babylon liegt in Brüssel: Das europäische Sprachengewirr, in: Europäische Zeitschrift für Wirtschafts- und Steuerrecht 2001, Heft 7, Die erste Seite.

29 *Israel*, Die Neuen schnuppern EU-Luft in Brüssel, in: Schweiz global 4/2003, S. 14 (14 f.).

sisch, Polnisch Tschechisch, Slowakisch, Slowenisch und Ungarisch) erhöht.[30] Damit wird der Übersetzungsdienst bei Fortschreibung der bisherigen Praxis bald an seine Grenzen stoßen.[31] Nach der Erweiterung erhöht sich z.B. der Haushalt des Europäischen Parlaments von 973 Millionen Euro im Jahr 2003 auf 1,2 Milliarden Euro im Folgejahr. Hiervon werden annähernd 30 % allein für Übersetzungstätigkeiten ausgegeben. Für jede Sprache, die neu hinzukommt, ist mit einem Mehrbedarf von bis zu 200 Dolmetschern zu rechnen. Bis Juni 2004 wurden 400 Dolmetscher mit Erweiterungssprachen eingestellt. Vor allem kleinere Staaten stellt dies vor Probleme, da sie noch über unterentwickelte Märkte an Dolmetschern verfügen. So ließ sich bisher kein Dolmetscher finden, der Finnisch und Maltesisch spricht.[32]

Trotzdem sollte zumindest auf der politischen Ebene und in den Beziehungen zu den Bürgern an der Gleichberechtigung aller Nationalsprachen der Mitgliedstaaten unbedingt festgehalten werden.[33] Auf der Arbeitsebene werden sich allerdings die Belastungen des Sprachendienstes wesentlich verschärfen. Früher übersetzten in jeder Sitzung der Organe der EU 33 Dolmetscher in die elf Amtssprachen. Bei einer Erweiterung um zwölf Staaten (einschließlich Bulgarien und Rumänien) wären bereits 36 weitere Dolmetscher erforderlich.[34]

Deshalb sieht beispielsweise ein Ein-Sprachen-Modell Englisch als alleinige Amts- und Arbeitssprache der EU vor.[35] Der hohen Effizienz bei der täglichen Arbeit und der Kostensenkung steht hier allerdings die Sprachen- und Kulturvielfalt Europas gegenüber. Es ist auch nicht damit zu rechnen, dass sich die Mitgliedstaaten auf eine einzige Sprache einigen werden. Sicherlich werden die französische und deutsche Sprache ihren Status als offizielle Arbeitssprache nicht aufgeben wollen. Bei den Muttersprachlern liegt das Deutsche (mit Österreich und einigen ausländischen Randregionen) innerhalb der EU mit ca. 91 Millionen an der Spitze, gefolgt von der englischen Sprache (ca. 62 Millionen mit Irland) und dem Französischen (ca. 58 Millionen mit dem wallonischen Teil

---

30 Nur die griechische Sprache auf Zypern ist bereits durch Griechenland in der EU vertreten.

31 Mittlerweile besteht schon ein Rückstau an unübersetzten Seiten in Höhe von 60.000 Seiten; vgl. Der Standard vom 11. Juni 2004.

32 Der Standard vom 11. Juni 2004.

33 *Oppermann*, Das Sprachenregime der Europäischen Union – reformbedürftig?, in: Zeitschrift für europarechtliche Studien 2001, S. 1 (18).

34 Es kann deshalb durchaus die Situation entstehen, dass mehr Dolmetscher als Sitzungsteilnehmer anwesend sind.

35 Vgl. hierzu *Domaschnew*, Englisch als die einzige Verkehrssprache des zukünftigen Europa?, in: Sociolinguistica 1994, S. 26 ff.; *Volz*, Englisch als einzige Arbeitssprache der Institutionen der europäischen Gemeinschaft?, in: Sociolinguistica 1994, S. 88 ff.

Belgiens).[36] Allerdings werden diese beiden Sprachen faktisch gegenüber dem Englischen in Zukunft immer weiter zurückgedrängt werden. Die Osterweiterung wird an diesem Trend nichts ändern, da die Angehörigen der Beitrittsländer ebenfalls überwiegend auf das Englische hin orientiert sind. Damit ist zu erwarten, dass sich diese Sprache immer mehr als Verwaltungssprache der EU durchsetzen und etablieren wird. Die deutsche Sprache erlangt durch die Osterweiterung jedoch im Allgemeinen wieder gesteigerte Bedeutung, da sie jedenfalls den zweiten Platz bei den Fremdsprachen in diesen Ländern belegt.

Die kleineren Staaten werden in den EU-Institutionen allerdings Opfer bringen müssen. In der Praxis wird es wahrscheinlich immer schwieriger werden, die Textfassungen in sämtlichen Sprachen zeitnah vorzulegen. Eine Ausdehnung der internen Arbeitssprachen über sechs Sprachen hinaus ist nicht zu erwarten, weil sie aus Kosten- und Kapazitätsgründen kaum zu bewältigen wäre. Die bisherige Zahl an internen Arbeitssprachen wurde vom EU-Sprachendienst gerade noch gemeistert. Eventuell wird künftig das Polnische als die am meisten gesprochene Sprache der neuen Mitgliedsländer die niederländische Sprache ablösen. Die besonderen Sprachregelungen bei den europäischen Institutionen wie der europäischen Gerichtsbarkeit oder dem Markenamt haben sich hingegen bewährt und könnten auf eine vergrößerte EU übertragen werden.

Infolgedessen werden bestimmte große Nationalsprachen ihre besondere Bedeutung in Europa behalten. Aufgrund der Osterweiterung ist allerdings zu erwarten, dass vor allem das Französische zu Gunsten des Englischen an Bedeutung verlieren wird. In den Staaten Mittel- und Osteuropas hat sich die englische Sprache als erste Fremdsprache etabliert. Den zweiten Platz der Fremdsprachen nimmt das Deutsche noch vor dem Französischen ein.[37] Es wird in diesen Ländern deshalb teilweise problematisch sein, qualifizierte Juristen oder Verwaltungsbeamte für die EU zu finden, die ausreichend die französische Sprache beherrschen. So erwartet beispielsweise der Generalanwalt *Siegbert Alber*, dass sich aus diesem Grund am Europäischen Gerichtshof das Englische als Beratungssprache allmählich durchsetzen wird. Dieser Trend zugunsten des Englischen gilt gleichzeitig aber auch für andere internationale Organisationen und den diplomatischen Verkehr, wo früher noch das Französische dominierte.

---

36 Es folgen Italienisch mit 55 Millionen und Spanisch mit 29 Millionen Menschen. Weltweit führt das Englische mit 391 Millionen Muttersprachlern vor dem Spanischen mit 211 Millionen, dem Portugiesischen mit 170 Millionen, dem Deutschen mit 98 Millionen, dem Französischen mit 72 Millionen und dem Italienischen mit 55,5 Millionen. Vgl. auch speziell *Ammon*, Die internationale Stellung der deutschen Sprache, Berlin u.a. 1991; *ders.*, Deutsche Sprache international, Heidelberg 1999.

37 *Földes*, Deutsch als Fremdsprache in Mittel-, Ost- und Südosteuropa. Überlegungen zu Bestand und Bedarf, in: Deutsch als Fremdsprache 1994, S. 3 ff.

Schlusswort

Die wahre Heimat ist eigentlich die Sprache.
Wilhelm Freiherr von Humboldt (1767–1835)

Der Sprachendienst der EU erbringt im täglichen Geschäft der EU eine unverzichtbare und beachtliche Leistung. Im Zuge der Osterweiterung sind jedoch behutsame Reformen des Sprachenregimes unumgänglich. Der Grundsatz der Gleichberechtigung der Sprachen muss dabei allerdings beibehalten werden. Nicht angetastet werden darf er insbesondere für den Bereich der politischen Leitungsebene und für die Beziehung der Europäischen Union zu ihren Unionsbürgern. Im Verwaltungsalltag sind dagegen aus Kosten- und Effektivitätsgründen Abstriche hinzunehmen, wie dies bereits jetzt der Fall ist. Wahrscheinlich setzt sich dort im Laufe der Zeit die englische Sprache als alleinige Arbeitssprache durch. Ein Ausbau der Sprachen auf der Ebene der internen Arbeitssprachen als Folge der jetzigen EU-Erweiterung ist jedenfalls nicht zu erwarten. Das Hinzutreten einer neuen Sprache, wie z.B. der Polnischen, wird zum Wegfall einer der bislang intern verwendeten Sprachen führen müssen. Als Grundsatz lässt sich festhalten: Je höher die tagende politische Verhandlungsebene anzusiedeln ist, umso eher ist am Prinzip der Übersetzung und des Dolmetschens in alle Sprachen festzuhalten.

Es wird aber bei der gestiegenen Zahl der Sprachen mit erheblichen zeitlichen Verzögerungen bei den Übersetzungen in die „kleineren“ Sprachen zu rechnen sein. Die EU hat insoweit den schwierigen Ausgleich zu finden, einerseits durch eine effektive Verständigung ihre Handlungsfähigkeit zu erhalten und andererseits die nationale Identität der Mitgliedstaaten[38], zu der insbesondere auch die Sprache gehört, zu achten.

38 Zur Frage europäischer und nationaler Identität *Graf Vitzthum*, Die Identität Europas, in: Europarecht 2002, S. 1 ff.

The ever closer EU and The Czecho-Slovak Federalist Experience: History Review, Questions, and Possible Lessons

Daniel Kroupa und *Ivo Maryška*

A. Introduction

Our article draws attention to the half-forgotten experience with federalism on the territory of former Czechoslovakia between 1968 and 1992. It does so in a time when reflections, experiences and parallels concerning federalism are needed in Europe. The recent widening and deepening of the European Union constitutes the main reason. In 2004 the EU faced certainly one and possibly two political "big bangs", the first being the unprecedented enlargement from EU-15 to an EU-25, the second being the possible agreement over the Constitution Treaty for Europe.

In our aim we adhere to *Heinmann-Grüder*, who brings together the two topics of ex-communist and western European federalism and suggests that both, "despite different legacies and trajectories (...) faced similar challenges"[1]. *H. Wallace* suggested recently that in order to analyze the process of EU enlargement and further integration, attention should be draw towards comparing present and past experiences with federalism in Europe.[2] In light of this, we consider it important to point to both present as well as to relevant past federalist "know-how" of the new EU-member states. In this regard, we present the experience of former Czechoslovakia. At an untraditional level of comparison, the following text shows how the past of two new member states, the Czech and the Slovak Republics, may provide for some insights, parallels and new questions

---

1 *Heinmann-Grüder*, Preface, in: Heinemann-Grüder (ed.), Federalism doomed? European Federalism between Integration and Separation, Oxford/New York 2002, p. X Introduction. The collection of articles by *Heinemann-Grüder* stands out as exception among the recent literature on ex-communism by drawing attention on both ex-communist federations the present process of EU integration.

2 *Wallace*, Enlarging the European Union, in: Journal of European Public Policy 2002, p. 658 (659 et. seq.).

regarding the process of "deepening", i.e. the debate over institutional reform of the EU.

While a thorough analysis of the topic has yet to be accomplished, our article has far lesser ambitions. Our aim is specifically:

- to review what is by us considered as largely forgotten experience with federalism on the territory of the former Czechoslovak Republic,
- to argue that (ex-)communist federalism can be made useful for the current debate on future of Europe, and
- to suggest possible paths for further analysis.

It shall be further noted that our article is limited in scope and is not aiming to provide an in depth analysis. In fact, our aim is far less ambitious, trying to focus on a possible path for future analysis by indicating parallels, possible lessons and sometimes only interesting points or questions (without answering them) in the relation between the two federalisms in question (The Czechoslovak one – obsolete; and the European one – in making).

I. EU as a federation

Before bringing the subject itself, we feel a need for justification for the method of approaching the EU from the perspective of federalism. Though federalism is a politicized and contested term in the context of the EU research agenda, it witnessed recently a curious but not entirely unexpected revival in its analytical (as opposed to political) sense. In the framework of the ongoing debate on the future of Europe, both academics and politicians slowly seized to shun of using the "F-word" when referring to the European Union. *J. Fischer*, the German foreign minister, called in his famous speech of 2000 for a development of the EU "vom Staatenbund zur Föderation"[3]. Not only German politicians, political scientists and lawyers (such as *Oeter*), but also English speaking ones, such as *Burgess*, *Koslowski*, *Forsyth* and others tabled lately the issue of "understanding the European Union as federal polity"[4]. To be sure, this is not a new idea. Quite

3 *Fischer*, Vom Staatenbund zur Föderation – Gedanken über die Finalität der europäischen Integration, in: Marhold (ed.), Die neue Europadebatte, Bonn 2001, pp. 41-54.

4 *Koslowski*, Understanding European Union as Federal Polity, in: Christiansen/Joergensen/Wiener (ed.), The Social Construction of Europe, London et. al. 2001, pp. 32-49; *Oeter*, Föderalismus, in: von Bogdandy (ed.), Europäisches Verfassungsrecht, Berlin et al. 2003, S. 59-121; *Burgess*, Federalism and European Union: The Building of Europe 1950-2000, London 2000.

contrary to that, all the way through the 1950s and 1960s, the image of European integration process pursuing a course directed towards a federal union was a common one. *W. Hallstein*, the first president of the EEC-Commission, published a book in 1969 with the title "Ein unvollendeter Bundesstaat"[5], referring to the EEC as to an unfinished federation. Similarly, though functionalist in method, *Schuman* and *Monnet* themselves saw the "federal goal" as the final objective of the European unification project in the famous Schuman Declaration of 9th May 1950.[6]

Yet it is precisely in the European integration context that federalism bears and always bore a scent of political program, making federalism useless for serious, positive analytic discourse. Roughly two approaches to federalism can be thus identified: one emphasizing the normative, political and programmatic aspect of federalism, and the other, emphasizing the analytical, positive-legal, or legal-constitutional (*Forsyth*) aspect of it. To make sure, it is the second aspect of federalism which is of our main interest here.

We suggest that federalism – barred of its political (so often negative) connotation – can be made useful as an analytical framework for purposes of comparison. For that aim, objective characteristics defining the word "federalism" and "federation" must be given. Watts identifies three such main features which make out federations throughout the world. According to him it is "distribution of powers, distribution of responsibilities and the distribution of financial resources between levels of governance," which makes out a federation.[7] Federalism is – in its legal aspect – about distribution of power between at least two in a union gathered governing entities. Indeed, a "union" in its very nature is a federation, as pointed out by Hamilton in the first of the Federalist Papers.[8] A "union", reminds us *Forsyth*, "is a federal one through and through", and vice versa. That which is a union is also federal and that which is federal is also a union, the main aspects of it being "no time limit" for the union and "some pooling of sovereignty"[9]. In that respect, the EU matches the qualities of a "federation-to-be" (in the sense of *Hallstein*, see above) and can thus be analyzed in terms of the

5 *Hallstein*, Der unvollendete Bundesstaat, Düsseldorf et al 1969.

6 More on the commonness of federalist image of the European unification project in the 1950s in western Europe see *Oeter* (see fn. 4), p. 63 et. seq.

7 *Watts*, The Distribution of Powers, Responsibilities and Resources in Federations, in: Griffiths/Nerenberg (ed.), Handbook of Federal Countries 2002, London et al. 2002, p. 448 (449).

8 *Hamilton/Madison/Jay*, Federalist papers, in: Kesler/Rossiter (eds.), The Federalist papers, New York 1999, p. 1.

9 *Forsyth*, The Political Theory of Federalism – The Relevance of Classical Approaches, in: Hesse/Wright (eds.), Federalizing Europe?, Oxford 1996, p. 25 (37).

analytical framework of federalism. Having justified the aim of looking at the EU through an analytical federal lens, we now move on to the relevance of Czechoslovak federal experience vis-à-vis the current European integration process.

II. Czechoslovak federal experience today

There is no doubt that the Czechoslovak federation as both experience and historic event faded somewhat away from present political as well as scientific reflections. Scarce are articles, such as the already mentioned collection of *Heinmann-Grüder*, which considers itself rightly to connect "for the first time (...) insights from failed federations in Eastern Europe with perspectives of federalizing Europe".[10] The central question of his collection, which we also share, is: "Does the model of failed federations in eastern Europe teach us some lessons?" Indeed also *Václav Havel*, the symbol of 1989 and the first Czech and Czechoslovak president after the fall of communism, called for drawing lessons from "our ex-communist experience" and communicating these to the West.[11] Having posed ourselves the above suggested questions and having taken Czechoslovakia as a case study, we see two broad points of interest. On the one hand, the experience with (communist) federalism before 1989 teaches us about the way federalism can be used and misused by (totalitarian) elites and clientelist networks, giving also information on the way (ex-)communist societies perceive governance. On the other hand, through the experience with the short-lived democratic federalism and its deconstruction between 1990 and 1992, we may observe parallels and lessons on the role of elites and informal governance in federations, on significance of economic and monetary sovereignty as well international sovereignty in federations and confederations and the role of public opinion and political parties in supranational unions.

Further we proceed as follows: (1) The history of the Czechoslovak federation is reviewed in two steps, considering separately the time periods of 1968 to 1989 and 1990 to 1992. This review is considerer to be the first major contribution of our article. In its second part, (2) three major aspects of the Czechoslovak federation which we consider still relevant today vis-à-vis the EU integration are

10 *Heinmann-Grüder* (see fn. 1), p.108.

11 "In my opinion, we (ex-communist countries – DK/IM) owe them (western democracies – DK/IM) a reflection of our experience". *Havel*, Speech at the international conference "The European Revolution of 1989 and the Future of Europe, Prague 2001, reprinted in: Friedrich-Ebert-Stiftung/Heinrich-Boell-Stiftung (eds.): The European Revolution of 1989 and the Future of Europe, Prague 2003, p. 157.

brought up and briefly discussed, suggesting for further questioning and research.

B. History review: Federalism in Czechoslovakia 1968 to 1992

In the Czech Republic federalism is seen as not having done a very good impression among citizens. Still in vivid memory are the quarrels over "the new contents of the Czechoslovak federation" and over the new division of competences between the federal and national (Czech and Slovak) parliaments and governments. The quarrels infamously led to the dismembration of the federation by 31st December 1992. ČSFR was in its end quite a strange institutional and constitutional set-up, which, while calling itself a federation, contained a number of confederal provisions. To see the reasons for its break-up and to grasp the points which might still have their relevance today it is necessary to draw our attention back into the 1960s.[12]

I. 1968 to 1989 – the "totalitarian federalism"

In the beginning of the 1960s arrived the ruling Communist Party (KSČ) to the opinion, foundations of the socialist society according to Marxist-Leninist design are in Czechoslovakia firm at place (especially as regards the firm dictatorship of the proletariat and prohibition of private ownership of means of production). The KSČ decided to affirm this newly reached stage of socialism by adopting a new constitution which – unlike the preceding one based on the principle of "peoples' democracy" – would be anchored in the principle of the "socialist state". The new constitution came into force in 1960. In its Art. 1.1 it stated, that "Czechoslovak Socialist Republic is a socialist state, based on the firm bond of workers, peasants and the intelligentsia, on the top of which stands the workers' class." The uncovered totalitarian character of the state manifested itself in Art. 4 of the new constitution: "The leading power in the society and in the state is represented by the forefront of the workers class, the Communist

12 For reasons of place it is impossible to get the full historic context of the Czecho-Slovak relationship. Its full analysis would demand to cast our look at the time period around 1918 (foundation of Czechoslovakia) and of 1938 to 1945 (the so called 2nd Republic, the pro-*Hitler* independent Slovakia during the World War and the Slovak demands for new constitutional set-up after WW2).

Party of Czechoslovakia, a volunteer militant association of the most active and most present-minded citizens (...)".

The new constitution raised no great interest in the Czech part of the than still unitary Czechoslovak state. In the Slovak part however, the constitution brought disappointment to many communist functionaries, who had hoped to empower themselves on cost of the central power.[13] The constitution provided again for a unitary state by stating: "ČSSR is a unitary state of two nations of Czechs and Slovaks, both bestowed with equal rights" (Art. 1.2). The latent situation was further poisoned by untactful public statements of the then president and secretary-general of the KSČ *Novotný*, who was also responsible for the shape of the new constitution. Offended Slovaks joint their effort in 1967 with a group of Czech reformist communists and succeeded in repelling *Novotný* from his post of secretary-general of KSČ. He was succeeded by a then unknown Slovak, *Antonín Dubček*, who was later to become a legend of both 1968 and 1989.

The aim of the Czechoslovak reform of 1968 had – in face of the described coalition – two faces: the Czech part pushed for "democratization" while the Slovak part demanded "federalization"[14]. However, both terms must be grasped in the somewhat confused ideology of the so called "Prague spring". The word "democracy" did not include political pluralism, because the "leading role of the Communist party" (Art. 4 Constitution) had to be preserved. Yet citizens were thrilled already by the promise of no persecution for publication of other than official opinions and of possibility to create relatively independent associations. Together with the right to travel abroad, all these new freedoms were actually put into place in 1968 and in the beginning of 1969. Also the word "federation" possessed more emotional rather than constitutional meaning.

While any hope for a gradual transformation to democracy died on the point of occupation of Czechoslovakia by the armies of the Warsaw Pact in August 1968, preparatory work on the constitutional law on federation continued. Soviets cared little over federal or unitary forms of government as long as the dominance of a Communist party was secured, which would be unconditionally loyal to the Soviets and to Marxism-Leninism.

The Constitutional law about the Czechoslovak federation was adopted on 27th October 1968 and it bore typical ideological lines of Prague spring, notably the idea of "socialism with a human face". Its defenders were convinced of the merits of this conception of socialism to solve problems, which the mankind did not yet come in terms with, in particular the question of nationality. The pream-

---

13 See *Rychlík*, Češi a Slováci ve 20. století – Česko-slovenské vztahy 1945-1992 (Czechs and Slovaks in the 20th Century – Czechoslovak relations 1945-1992), Bratislava 1998, p. 186 et seq.

14 See also *Rychlík* (see fn. 13), p. 226 et seq.

ble of the new law set forth the main visions: "(...) to bring forth (...) modern, democratic, socialist ideals (...)" and "(...) in the common federal state, in the spirit of humanist ideals of socialism and the proletariat internationalism, to provide for universal development and welfare of all citizens (...)". Also declared had been to both nations their (...)"right for self-determination" and "right to decide freely over their way and form of national and state life". Competencies were divided between the organs of the federation (the president, government, and parliament) and those of the two republics (Czech and Slovak national councils and Czech and Slovak governments).

The highest organ of the federation was the Federal assembly, a legislative body constituted of two houses: the Peoples' Chamber (200 deputies according to population) and the Nations' Chamber (75 Czech and 75 Slovak deputies). For an act to be passed at least half of the deputies had to be present and at least half of those present had to vote in favor. In case of a constitutional law, two thirds of all deputies in each chamber had to vote in favor. A novelty under existing federalist systems was the institute of the so called "prohibition of majoritization" (Art. 42 Constitution)[15]. In a whole range of issues, from constitutional over taxes, budgetary, economic, labor-law to social and many others required it separate voting in the Slovak and the Czech parts of the Nations' Chamber. The real effect of this rule was that the Federal Assembly worked often as being a three-chamber parliament, thus pushing the whole institutional set-up towards confederation.

As long as the communist party assumed its leading role (Art. 4 Constitution), all decisions were taken on the basis of "democratic socialism"[16]. This, put into reality, meant that all major decisions were decided by the party politburo, the decisions of which were checked with and, if necessary, amended by Moscow. These constitutional principles ruled out all possible frictions between the federal level and its constituent republics, which would have been otherwise under pluralist democracy inevitable.[17]

15 „Zákaz majorizace“.

16 Democratic socialism – a typical systemic principle governing all socialist administrative-political systems, giving all power to a hierarchy of "national councils". The whole system becomes thus effectively directed by the political centre. See also *Vodička/Cabada*, Rozpad československé federace (Break-Up of the Czechoslovak Federation), in: Vodička/Cabada, Politický systém České republiky (Political System of the Czech Republic), Praha 2003, p. 115 et. seq.

17 *Vodička/Cabada* (see fn. 16), p. 129-130.

II. 1990 to 1992 – the "velvet divorce"

The Velvet revolution of 1989 meant the fall of the communist political monopoly and the end of totalitarian system in Czechoslovakia. Power had passed into the hands of Civic forum (Czech part of the federation) and to Public against violence (Slovak part of the republic). The nucleus of both has been constituted of dissidents of underground associations such as Charter 77, Movement for citizens' liberty and other citizens' initiatives. Despite being few in number, former reformist communists of 1968 played also an important role in 1989. They were sacked in 1968 and doomed to stay outside of politics throughout the 1970s and 1980s. Many of them departed from their affiliation to communism. A part of them, however, still hoped to fulfill their ideals of "socialism with human face" in the new conditions of 1989. So it happened that about constitutional issues of the fledgling democracy was decided by co-authors of communist constitutional laws. As if they were out to convince others of having done something useful, despite their regretful political past.

A general political consensus led to cancellation of Art. 4 Constitution about the leading role of the Communist party. Yet the quasi-federal structure of the government remained untouched – "new vine has been poured into old bottles" as Stein puts it, which often does no good.[18] The communist federation functioned mainly because of the dominance of one communist state party. Problems popped up in the very moment as a pluralist system of political parties began to establish, expressing different societal interests. In an atomized society, in which organizations (with the partial exception of the churches) were at the same time means to controlling the public, nationalism became almost exclusively a way to affirm one's identity and thus also turned it to be an easy means to political success. Notably some Slovak parliamentary groups began to accommodate their politics with nationalistic arguments, under the disguised strategy of "we have to blow off the power of extreme nationalists". It were precisely these parliamentary parties, which began to block voting of some crucial laws in the parliament, since their votes – under the "prohibition of majoritization"-rule – were required. Even fiercer was the qualified prohibition of majoritization, which applied for some constitutional laws to be passed. Put into effect, the rule made it possible for 31 (in case of qualified prohibition of majoritization) or for 38 (in other cases of prohibition of majoritization) members of either Czech or Slovak members of Nations' Chamber out of the total of 350 member of the Federal Assembly to block a draft legislative proposal. This worldwide

18 See *Stein*, CZECHO/SLOVAKIA. Ethnic Conflict, Constitutional Fissure, Negotiated Break up, University of Michigan, in the article used Czech edition of 2000, by Academia, Prague 1997, p. 110 et. seq.

unprecedented rule rendered the federation often dysfunctional, since less than 10 % of deputies possessed a *de facto* veto power.[19]

The primary location out of which nationalists took source of their power and political input were the national parliaments, the Czech and Slovak national Counsels. Soon, suggestion on empowering both national chambers on behalf of the federation came up without offending much of their respective members.

The story of Czecho-Slovak quarrels over their common state began short after *V. Havel* became president (29th Dec. 1989) with the so called "bar-quarrel". *Havels* suggestion to leave out from the name of the state (Czechoslovak Socialist Republic) the word "socialist" paved the way to a suggestion to stress in the new state's name its federal nature, ideally by introducing a bar between the words "Czech" and "Slovak". Since the name "Czecho-Slovak Republic reminded of the title of the by Germany partly occupied Czechoslovakia between late 1938 an early 1939, a compromise has been adopted in the name "Czechoslovak Federal Republic" (ČSFR).

Another squabble occurred after the first free elections (Mar. 1990) over competences. Chairman of the newly elected Slovak government *Vladimir Mečiar* came up with the demand for new division of competences between federal and the national republics. It was not so much the demand itself, but the extent to which powers were according to *Mečiars* demands to be transferred from the federal to national levels, which caused a great deal of doubt and fear. The demands included a creation of national central banks a well as "international sovereignty" for both of the constituent republics. Put into practice, a result would not be a federation but a confederation. Eventually an interim compromise has been hammered out, under hard conditions of public scrutiny and tight atmosphere. Unluckily, it was the Slovak nationalists, who gained most of the whole crisis, portraying it as an unsuccessful claim of legitimate Slovak interests against the Czechs. Slovak democrats, who supported integrity of the common federation came under constant pressure as "betrayers of the Slovak nation" and were loosing public support.

The situation was about to be solved by the adoption of a new constitution, which has been worked upon by a commission of the Federal Assembly, chaired by *A. Dubček*. *Dubček*, though advocate of the federation, waited until the Slovak political scene has found a consensus and delayed work of the commission. As the adoption of the constitution collided with the time of greatest political turbulence about the status of the federation, no consensus could have been found in the parliament for its adoption.

In the meantime, president *Havel* called diverse meetings on discussing how to save the federation, which took place at various Czech and Slovak castles. The meetings were highly publicized in the media but remained notoriously

19 See also *Vodička/Cabada* (see fn. 16), p. 115-116; *Stein* (see fn. 18), p. 55.

unsuccessful.[20] Hope turned to disappointment and disappointment to hope in a series of bitter, pitiful political attempts to save once own face. By the time leaders, who emerged of the June 1992 elections, eventually negotiated a partition of the federation, the public accepted this message with almost a touch of relief. The public has never been consulted on the issue of the partition. So ended the Czecho-Slovak 30-years lasting federal political set-up without ever getting a chance to fully reveal its advantages or disadvantages.

C. Some parallels, questions, and possible lessons

I. The nature of central European federal political governance

The failure of Czechoslovak federation might evoke a false conclusion that it was a foreign, imposed concept in Central and Eastern Europe (CEE). In fact, federalism – in its analytical and classic sense as a union of territorial entities – has a most distinguished and lasting tradition in the CEE area. Thus, by the time German architects of *Norddeutscher Bund* and even of the *Paulskirche Constitution* of 1848 designed draft constitutions which were later on drawn back into the EU integration context as inspirative models of federal government design (see Oeter), there were Slavic suggestions of federal state design as well. Most notably, bishop *Strossmeyer* came with a vision of an Illiric federation uniting south Slavs while *Palacký*, the distinguished Bohemian national enlightener, defended an Austroslavic federation on the territory of Austria and Bohemia. Later on, from the end of first World War and the Conference in Versailles, through the inter-war period up until the mid 1940s, numerous suggestions for different kinds of unions and confederations were suggested, including the one of the founding president of Czechoslovakia *Masaryk*, the Danubean federation of the Slovak political leader *Hondža*[21] or the Polish-Czechoslovak suggestions for a federation of the exiled governments of the two countries during the first half of 1940s. Indeed, Czechoslovakia between 1918 and 1938 was itself a form of union qualifying for an analysis under the "federal lens". It has been composed of no less than seven nationalities (Czech, Slovak, German, Sub-Carpathian, Hungarian, Polish, Jewish), of which the first numbered millions of citizens. Yet officially, all citizens of Czechoslovakia were summed up under the one legal

---

20 See *Stein* (see fn. 18), various chapters.

21 *Krejčí*, Geopolitika středoevropského prostoru (Geopolitics of Central-European Area), Praha 2000, p. 91 et. seq.

"Czechoslovak" citizenship. The point is the following: considerations of both the nature of Central Europe in the context of the EU *and* of European tradition of federalist governance, the Central European federal experience should not be left unnoticed by researchers; on contrary, it should constitute a legitimate point of focus.

As federalism was introduced to Czechoslovakia in 1968 it was under the conditions of toughening communist totalitarian regime. It joined than the group of two other existing federations of communist Europe, the Soviet Federation and the Yugoslav Federation. It is the Czechoslovak example, as much as the other two, that corresponds to the apt and critical description of communist federations by *Seroka*: "one of the most pervasive characteristics of communist rule was its simultaneous fetish in creating enormously complex, multilevel political institutions that were than later ignored or misused"[22]. The misuse of the institutional structure of federalism was connected to the broader characteristic of communist rule, namely that political power was not – as usual in democratic systems – located within constitutional institutions, but rather within the singular apparatus of the Communist Party. This singular *de facto* rule brings us further to two other points, which bear relevance for today's research on federalism and EU integration. Firstly: since real political power was not located within formal constitutional institutions, thus stripping them of much of their political relevance, but rather within informal party structure, the question whether the communist federalism was really federalism come up promptly. We shall recall *Havels* description of Czechoslovakia as "federalized totalitarianism" on this occasion.

The dichotomy between formal constitutional rules – emptied of their political significance – on the one hand and of the great power of informal party structure, informally settling disputes through clientelistic bargaining on the other hand, was symptomatic and leads us to the broader, second point: institutional and political hypocrisy became firm part of the political day-to-day business in communist (federal) politic systems. Interestingly, institutional hypocrisy became recently an issue within the EU scholarship. *Krasner* defines a "system of organized hypocrisy" as "decoupling norms and actions"[23], a phenomenon, which precisely fits the situation of a communist (federal) governance in Czechoslovakia. Yet, as *Iankova* and *Katzenstein* argued, the same can be said about the EU today. In their recent analysis, they argue "institutional hypocrisy

22 *Seroka*, The Demise of Socialist Federations, in: Heinemann-Grüder (ed.), Federalism doomed? European Federalism between Integration and Separation, Oxford/New York 2002, p. 108.

23 *Krasner* cited in *Iankova/Katzenstein*, European Enlargement and Institutional Hypocricy, in: Boerzel/Cichowski (eds.), The State of the European Union – Law, Politics and Society, Oxford 2003, p. 267 (270).

(…) is a systemic feature of the process of legal integration of a European polity" exempting neither old nor new member states.[24] Far from being a systemic deficit, institutional hypocrisy – by allowing a discrepancy between the declared and the actual state of affairs – is pictured by *Iankova* and *Katzenstein* as institutional indulgence and as providing time for the gap between norms and behavior to shrink and eventually to disappear.[25] Both authors make direct reference to new member states in this respect, stating that "the existence of dual political realities was normal in systems of state socialism that encouraged a split between private thought and public practice. Institutional hypocrisy in these states thus is tolerable for reasons that have little to do with European integration"[26]. The point made here is that the study of communist federalism – though it may be federalism in the usual sense of the term – will help understanding the functioning of perception of governance and political and institutional hypocrisy,[27] which are apparently relevant to the study of the EU of today.

II. Confederation vs. federation

Seen from the retrospect, the Czechoslovak federation broke up because agreement was not reached on the extent of sovereignty between the federation and its constituent parts. A distinct role played the diametrically opposite visions of economic transformation between Czech and Slovak leaders. The attitude of the leaders was mirrored by available public polls. While Czechs were inclined to radical economic "shock therapy", Slovaks were much more supportive of a slower economic transformation[28]. One of the important questions was thus

24 *Iankova/Katzenstein* (see fn. 23), p. 270 et. seq.

25 *Iankova/Katzenstein* (see fn. 23), p. 288.

26 *Iankova/Katzenstein* (see fn. 23), p. 286.

27 It was *V. Havel* who continuously stressed the importance of the experience of thinking other things than doing for a very long time. His message was to question the implications of this experience and make it to something which "we can teach to West", see *Havel* (see fn. 11).

28 A poll in 1992 showed following reactions to the statement „Market economy has for our economic development crucial significance" – Czechs: 60 % fully agree, 30 % rather agree, around 8 % don't know, the rest rather or fully disagree while Slovaks: 32 % fully agree, 35 % rather agree, 20 % don't now, the rest rather or fully disagree (figures in *Šanderová*, Proč asi většina na Slovensku mlčí? (Why is probably the majority in Slovakia silent?), in: Data a fakta 1992, No. 6, p. 4). Another poll answered the question "What things will bring the privatization?" – Czechs: 42 % more good, 31 % good and bad, 11 % rather bad, rest doesn't know while Slovaks: 18 % rather good, 38 % good and bad, 23 % rather bad, rest doesn't know (figures in Sociologické aktuality No. 2/1992, p. 13). This led some political analysts to the conclusion, both republics

where the competence over the economic and monetary issues should be located. Slovak delegations suggested, they would go for a currency with two emitting central banks – an idea raised by *Michal Kováč* (the future first president of independent Slovakia) during summer of 1992. This was quickly turned down by the Czech side as economic nonsense. Further demands for autonomy made later on one Czech politician to express the thereafter widely used image of Slovaks wanting a "Slovak autonomous state with Czech insurance"[29].

In the EU, too, the economic and monetary issues to be one of the central focal points of (des)integration. It is the monetary union, which became the one of the most far-reaching integration projects in the EU. The point is the following: studying discussions of claims for economic and monetary authority in failed federations helps to understand under which circumstances member states (all the more in an EU-25) are and might be inclined in the future to pursue monetary and even an economic union within the EU.

The quarrel over a confederal structure of Czechoslovakia focused also around the demand of the Slovaks to assume a seat in international organizations such as the United Nations, with the effect of dismantling international sovereignty of ČSFR. This was indeed one of the demands of the Slovak side over which the Czechs were not willing to go. It was exactly here – in the dismantling of external sovereignty of the Czechoslovak federation – where the "Rubicon" between federal and confederal nature of the state was seen to be located. In case of the EU similar issues come up. Despite of proclamations of various critics saying that state sovereignty is *de facto* obsolete, it can and most probably will cause serious legal problems for the EU in the future. 1993 decided the German Constitutional Court, that the than new EU-Treaty was not yet a federation (*Bundestastaat*), but merely a sort of confederation (*Staatenbund*)[30]. An EU constitutional treaty, if adopted, may however cause a series of constitutional challenges in front of constitutional courts of members states, since giving up international sovereignty will be – as in the case of ČSFR – a political heavyweight worth proofing. Although the draft Constitutional Treat tabled by the Convention on the Future of Europe is in itself designed as an international treaty (i.e. it is not a constitution in its classical sense), the word "constitution" itself is the usual attribute of statehood implying at least some international sovereignty, thus giving ground for opposition. The question for future analysis is what lessons teaches us the Czecho-Slovak quarrel over external (international) sovereignty between 1990 and 1992 vis-à-vis the recent EU integration progress.

---

possessed a distinctly different political culture, see *Vodička/Cabada* (see fn. 16), p. 116 et. seq.

29 A sentence ascribed to *Miroslav Macek* of Civic Democratic Party (ODS).

30 Judgment of Federal Constitutional Court of German Federal Republic of 1993, BVerfGE 89, 155 (Maastricht).

III. Elites and parties matter

The break up of Czechoslovakia was in firm hands of elites, though democratically elected. *Kraus* and *Stanger* observe that "if Czechoslovakia's fate demonstrates anything, it is that elite opinion matters more than mass opinion"[31]. Revolutionary years thrust usually political power, legitimacy and support into hands of new elites some of whose activities may be easily accepted even though not shared by everyone or indeed the majority. Thus it came to a "negotiated break-up" (*Stein*) of Czechoslovakia, despite public surveys of both parts of the federation speaking firmly against it.[32] Interestingly, by the time the Czechoslovak federation was being deconstructed by its elites, it was the EU that struggled against allegations of being an elitist construct and a distant administrative body for its citizens. A parallel lies at hand, because – no matter whether deconstructing or constructing a supra-national entity – a strong role of elites and a limited role of citizens seems to be the rule. Explanations of the strong position of elites in Czechoslovakia of 1992 may be drawn from the extraordinary post-revolutionary situation. Yet, for the sake of better understanding, it would be worth observing the role of elites and its mechanisms of barring public opinion off the process of constructing or deconstructing ČSFR and EU respectively.

Our last remark is related to the role of political parties in Czechoslovakia after 1989. One of the fundamental explanations of the break up of the federation might be the fact that no powerful federal political entity emerged out of neither national parliamentary elections (held in 1990 and 1992). As *Rychlík* observed, already the first public movements against communist regime, the political movements Civic Forum (SF, in Czech part) and Public Against Violence (PAV, in Slovak part) were strictly limited to their respective territorial parts of the federation. As the Civic Forum began to found its local sections in Slovakia, PAV began to dismantle these promptly. Eventually, an agreement between the two organizations made CF to withhold all activity in Slovakia.[33] Later on, the 1992 elections produces two diametrically different leading parties of Czechs

31 *Kraus/Stanger*, Lessons from the Break-up of Czechoslovakia, in: Kraus/Stanger, (eds.), Irreconcilable Differences? Explaining Czechoslovakia's Dissolution, Lanham 2000, p. 299 (302).

32 A survey of late 1992 among Slovaks showed following answers to the question "How do you feel about the break up of the federation?" expressed 56 % of Slovaks unease, 40 % fear and only 33 % feeling of newly gained freedom (figures in Sociologické aktuality No. 10/1992, p. 6). As far as Czechs are concerned, a survey of early 1993 showed 56 % of them expressing unease about the spilt-up, 45 % expressed sadness, 43 % regretted it and 42 % expressed hope (figures in Lidové noviny, Czech daily of 25th March 1993.

33 *Rychlík* (see fn. 13), p. 309 et. seq.

and Slovaks: the Civic Democratic Party (Občanská demokratická strana, ODS) of *Václav Klaus*, the Czech PM, steered the country into an economic shock-therapy, while the Slovak Movement for Democratic Slovakia (Hnutie za demokraticke Slovensko, HZDS) of *Vladimír Mečiar* stood against such economic reform. Firmly founded in their fledgling national political systems, the leaders of both parties did not fear to steer their political decisions against public opinion. Recalling *Lijphart*, *Kraus* and *Stranger* put it this way: "Czechoslovakia was partitioned because political elites did not sufficiently fear the alternatives to working out their differences"[34]. One of the reasons of this was that the political space of the federal political system was effectively emptied by the time the split of the federation was being negotiated, with little mention of political attachment to the federation in elite rhetoric. There were almost no "federal" political issues which were not being determined by discussions on national political level. The political *demos* acted on the bases of its national, not federal, identity.

With this in mind, a comparison with the perpetual discussions on the European *demos* and the EU political parties is surely relevant. The Czechoslovak example after 1990 shows that national elites tend to draw back to their national arenas easily, whenever their federal, or supranational political arena does not constitute enough "potential for self-advancement", as *Kraus* and *Stanger* put it.[35] The lessons of Czechoslovakia may offer some insights on possible future behavior of national elites and national parties vis-à-vis EU integration.

D. Conclusion

Our article aimed at provoking more interest in federalism as a framework for analysis of both central and eastern Europe and the European integration. It also wished to point out some important issues for analysis which are relevant for comparative federalism and which in case of deeper examination might be found both intellectually and academically rewarding. With the first wave of the eastern enlargement for the EU accomplished, it is now the work of analysts to start the great, painful and exciting task of dismantling the old east and west division in the academic environment. One of the challenges lies at hand: old "western European studies" departments are still a reality in many universities of the old EU-15. Their nature is traditionally to be both predominantly concerned with the European integration and to be clearly distinguished from "central and eastern European studies" departments. The challenge coming now with the EU

34 *Kraus/Stanger* (see fn. 31), p. 303.

35 *Kraus/Stanger* (see fn. 31), p. 303.

enlargement is the application of western analytical standards on the CEE, which thus become part of a new kind of west European studies or possibly just European studies? Horizons shall be widened within the scientific community of western Europe. It has to do with giving up writing "Western Europe" and "Eastern Europe" with capital letters, although your (and ours, too) PC text editor may be suggesting otherwise. To take experience from CEE and to apply it to western European concepts, to standardize the analytical framework of CEE and to stop perceiving it only through the lens of "regime transformation", while not entirely ignoring it leads towards a fruitful development.

Tschechien: Der Weg in die EU 1989 – 2004

*Ivo Maryška**

Einleitung

Der vorliegende Artikel präsentiert den Weg der Tschechischen Republik in die Europäische Union in der Zeit von 1989 bis 2004. Tschechien, wie jedes andere Beitrittsland, wurde in seiner Beziehung zur EG/EU zwischen 1989 und 2004 mit drei analytisch zu trennenden Phasen konfrontiert: Erstens ging es zunächst um die Aushandlung und Realisation eines Kooperations- bzw. eines Assoziierungsvertrages zwischen Tschechien und der EU. Ihre primäre Aufgabe war es, einen institutionellen Rahmen für die beiderseitige Zusammenarbeit zu schaffen und eine vor allem wirtschaftliche Zusammenarbeit zu ermöglichen. Diese nicht primär auf den Beitritt ausgerichteten Beziehungen wurden ab Mitte der 90er Jahren immer stärker auf die Vorbereitung eines zukünftigen Beitritts ausgerichtet. Zweitens fanden die Vorbereitungen für den eigentlichen EU-Beitritt statt, mit den Beitrittsverhandlungen einerseits und der finanziellen, institutionellen und anderen Vorbeitrittshilfen seitens der EU andererseits. Drittens und letztens keimte seit 2000 eine Debatte zur Zukunft Europas auf, an welcher sich auch Tschechien beteiligte. Obwohl nicht immer leicht trennbar, können die drei Elemente – Assoziierung, Beitrittsvorbereitung und die Zukunftsdebatte über Europa – als ein Leitfaden durch die Vorbeitrittsphase Tschechiens dienen.

Der vorliegende Aufsatz beschreibt eine komplexe Entwicklung und dies über eine lange, fünfzehnjährige Zeitspanne hinweg. Dies bringt einige Nachteile mit sich. Insbesondere beschreibt der Artikel nur die wichtigsten Ereignisse dieser Zeitperiode und der Leser soll hier eine informative, jedoch in ihrem Informationsgehalt begrenzte Einführung in die Problematik des tschechischen EU-Beitritts erhalten. Der Artikel hat grundsätzlich deskriptiven Charakter und jegliche theoretischen Überlegungen sowie eine Theorie geleitete Analyse wird bis auf wenige Ausnahmen (insb. Abschnitt 5 zur Europäisierung) vermieden.

Der Aufsatz ist dreigeteilt: in drei Kapiteln wird die chronologische Entwicklung wichtiger Ereignisse geliefert, welche mit der Assoziierung Tsche-

---

* Der Artikel ist eine erweiterte Fassung des auf dem Tagesseminar der Europa-Union Tübingen am 26. April 2002 gehaltenen Vortrags.

chiens zur EG/EU und mit den Beitrittsverhandlungen zusammenhängen. Im anschließenden Kapitel wird der Einfluss der EU-Entwicklungs- und Strukturpolitik auf die tschechische Staatsverwaltung beschrieben und analysiert und damit ein konkretes Beispiel der Europäisierung in der Vorbeitrittsphase gegeben. Im abschließenden Kapitel werden die wichtigsten politischen Denkströmungen in der europäischen Zukunfts- und Verfassungsdebatte zusammenfassend dargestellt.

A. 1989 bis 1992: Die revolutionäre Euphorie

Eines der zentralen Plädoyers der Samtenen Revolution von 1989 war die „Rückkehr nach Europa". „The figurative slogan 'Return to Europe', to which the media and some politicians referred in 1990, has epitomized a 'return to the normal order of things for Czechs'", schreibt *Brodský*[1]. Die Bedeutung der Rückkehr zur europäischen Normalität lag in der weit verbreiteten Geschichtsvorstellung, die Tschechoslowakei sei ein fester Bestandteil westlicher Demokratien. Diese natürliche Teilnahme an der westlichen Integration wurde durch die gewaltsame kommunistische Machtübernahme von 1948 unterbunden.[2] Mit der „Rückkehr nach Europa" war die Erwartung von finanzieller Hilfe, der Öffnung der westlichen Märkte und vor allem des baldigen Beitritts in die westeuropäischen Strukturen verbunden. Die Verwirklichung dieser Vorstellung erwies sich aber als enttäuschend langwierig.

Die erste materielle Hilfe des Westens kam in Form des PHARE-Programms, initiiert vom Kreis der G7-Gruppe im Sommer 1989. Das PHARE-Programm wurde ab Anfang 1990 für Polen und Ungaren eingesetzt und die ČSFR nahm ab Juli 1990 aktiv daran teil, mit jährlicher Förderung seitens der EG von 34 Mio. ECU (1990), 99 Mio. ECU (1991) und 100 Mio. ECU (1992).[3] Als zweites Instrument der EG wurde im Dezember 1989 auf dem Pariser Gipfel der EG die Europäische Bank für Rekonstruktion und Entwicklung gegründet.

Als viel wichtiger erwies sich jedoch eine rasche Entwicklung hin zur Öffnung der Grenzen der EG und zur Liberalisierung des Handels zwischen der Tschechoslowakei und der Gemeinschaft. Hierfür war der 1988 ausgehandelte

1 *Brodský*, The Czech Experience of Identity, in: Drulák (Hrsg.), National and European Identities in EU Enlargement, Praha 2001, S. 28.

2 Vgl. auch *Brodský* (Fn. 1), S. 25.

3 Das PHARE-Programm wurde durch die Ratsentscheidung Nr. 3906/89 (18. Dezember 1989) eingeführt.

Vertrag zwischen der EG und der noch sozialistischen Tschechoslowakei nicht mehr ausreichend.[4] Neue Verhandlungen, die auch mit anderen Staaten des nun ehemaligen sozialistischen Blocks geführt wurden, mündeten in ein neues Vertragswerk über wirtschaftliche Kooperation zwischen der Tschechoslowakei und der EG im Mai 1990. Die EG öffnete zwar den ex-kommunistischen Ländern ihren Markt für einige Produkte – etwa für Textilien und Agrarprodukte –, es blieben dennoch viele (*de facto* protektionistische) Anti-dumping-Sicherheitsklausel für den Schutz des EG-Marktes in Kraft. *Alan Mayhew*, verantwortlich in der GD Außenwirtschaftsbeziehungen der Europäischen Kommission für Wirtschaftsbeziehungen der EU zu den MOE-Staaten in den späten 90er Jahren, fasste die frühe Phase der wirtschaftlichen Zusammenarbeit wie folgt zusammen: „EC's response can be considered to be adequate to support the immediate needs of reform (der MOE-Staaten – IM), but could hardly be characterised as generous or far-sighted“[5].

Dass die westeuropäischen Politiker anfangs über keine klare Konzeption für die Eingliederung der MOE-Staaten in die westeuropäischen Strukturen verfügten, äußerte sich in zweifacher Weise. Einerseits ist hier der von MOE-Staaten als unglaublich angesehene Wunsch vieler westlicher Politiker nach der Beibehaltung des sozialistischen planwirtschaftlichen Rates für Gegenseitige Wirtschaftshilfe (RGW), des 1949 gegründeten Gegenspielers der westeuropäischen Wirtschaftsintegration, zu nennen. Der RGW war Ausdruck, wie *Mayhew* beschreibt, einer „wirtschaftlichen Sklaverei“ ihrer Mitgliedstaaten gegenüber der UdSSR.[6] Als zweite Fehleinschätzung gelten die oft geäußerten unerfüllbaren Pläne der Westeuropäer für eine schnelle Integration Mittel- und Osteuropas in die westlichen Strukturen. Beispielsweise war sich der französische Präsident *Mitterrand* im Dezember 1989 sicher, dass eine Einheit des Westens mit den MOE-Staaten bald möglich ist: „unity (...) tomorrow why not with those who feel able to integrally associate themselves with the disciplines which we impose on ourselves?“[7]. Eine rasche Eingliederung der ČSFR zusammen mit den übrigen Visegrád-Staaten Polen und Ungarn in die westeuropäischen Strukturen hielten viele Politiker für durchaus plausibel, etwa *Z. Brzezinski*[8] aber auch *H.*

---

4 Der Kooperationsvertrag zwischen der ČSSR und der EG wurde im Dezember 1988 unterschrieben.

5 *Mayhew*, Recreating Europe. The European Union's policy towards Central and Eastern Europe, 2. Aufl., Cambridge 2003, S. 18.

6 Ebenda, S. 13.

7 Deklaration des Präsidenten *Mitterrand* auf dem Treffen der Staats- und Regierungschefs am 18. Dezember 1989.

8 Vgl. *Klvačová*, Vstup České republiky do EU – oslabení nebo posílení role státu (Der Beitritt Tschechiens in die EU – Stärkung oder Schwächung der Rolle des Staates?), Praha 2003, S. 134.

Kohl. Solche Sonntagsreden erweckten in Mittel- und Osteuropa Erwartungen, die nicht erfüllt werden konnten. Der Grund für die Zurückhaltung, wenn es von Worten zu Taten kommen soll, waren die Erfahrungen mit der Eingliederung der ehemaligen DDR in die Gemeinschaft 1990[9] und der unvollendete Prozess der Vertiefung der Gemeinschaft mit dem Projekt „1992" und dem Maastrichter Vertrag (die EU und die Europäische Währungsgemeinschaft).

Statt einer sofortigen vollen Mitgliedschaft der MOE-Staaten in der EG, die so sehr seitens der ex-kommunistischen Staaten als Ausgleich für die kommunistische Vergangenheit gewünscht wurde, präsentierte die EG andere Lösungen, welche notwendigerweise als second-best oder sogar – angesichts der privilegierten raschen Eingliederung der ehemaligen sozialistischen Schwesterrepublik DDR in die EG – als schlichtes Unrecht angesehen wurden. Die erste klare Initiative – *Mitterrands* europäische Konföderation – wurde bald als „two speed Europe" zur Seite gelegt. Schließlich kam es 1990 zu Verhandlungen über die Assoziierungsverträge der MOE-Länder mit der EG. Dass Assoziierungsverträge zum zentralen Vertragsrahmen für die Zusammenarbeit beider Seiten dienen sollen, wurde von einigen als schwache Kompensation für eine volle Mitgliedschaft angesehen, denn derartige Verträge (nach Art. 238 (alt) EGV) hatte die EG beispielsweise auch mit Tunesien, Ägypten, Marokko oder anderen Staaten, die keine Aussicht auf eine volle Mitgliedschaft haben, geschlossen.[10]

Diese so genannten „Europa-Abkommen" erster Generation (1991 mit der ČSFR, Polen und Ungarn unterzeichnet) zeigten in ihrem Inhalt, nach dem Lauf der Verhandlungen sowie bei ihrer Ratifikation, dass die MOE-Staaten mit ganz anderen Partner – nämlich mit hartnäckiger Verhandlungskraft agierenden Gegenspielern – zu tun hatten. Die Tschechoslowakei hatte, wie auch die übrigen MOE-Staaten, reichlich Erfahrung mit Verhandlungen aus dem GATT[11] sowie aus den Verhandlungen der Handelsverträge mit der EG aus den 80er Jahren. Es fehlten aber komplett Verhandlungspraktiker für große Teile des *acquis communautaire,* etwa für den Verbraucherschutz, die Gemeinsame Agrarpolitik oder staatliche Beihilfen. Die Hartnäckigkeit der Verhandlungen zeigte sich für die

9 Vgl. z.B. *Mayhew* (Fn. 5), S. 18-20.

10 Diese Assoziierungsverträge wurden Europa-Abkommen genannt, obwohl sie sich inhaltlich von anderen Assoziierungsverträgen nicht unterschieden. Der andere Name sollte lediglich symbolisch die herausgehobene Stellung der MOE-Staaten zur EG unterstreichen. Insbesondere erwähnten diese Verträge nichts, was als bindendes Versprechen für den zukünftigen EU-Beitritt interpretiert werden konnte. Die Europa-Abkommen „zweiter Generation", ab 1992 mit Slowenien, den Baltischen Staaten und anderen MOE-Ländern einschließlich den Nachfolgestaaten der ČSFR (Tschechien und der Slowakei) geschlossen, unterschieden sich insbesondere in der Erwähnung: die Verträge dienen einer Vorbereitung der jeweiligen Länder auf ihren EG-Beitritt.

11 Vgl. *Mayhew* (Fn. 5), S. 41 f.

MOE-Staaten in der unerwartet harten Vorgehensweise der EG mit Protektionismus bezüglich des eigenen Marktes. Insgesamt hinterließen die Verhandlungen bei den mittel- und osteuropäischen Unterhändlern oft einen bitteren Nachgeschmack. Als Resultat wurde ab 1992 schrittweise der EG-Markt für die Tschechoslowakei geöffnet. Dies wurde aufgrund einer vorläufigen Vereinbarung[12] ermöglicht, die diejenigen Teile des Assoziierungsvertrages in Kraft setzte, die keine Ratifizierung durch die Mitgliedstaaten verlangten. Dieses Interim Agreement trat am 1. März 1992 in Kraft; nach der Teilung der ČSFR wurde es durch ein Protokoll erweitert, das am 1. Januar 1994 in Kraft trat.

Die erweiterte vorläufige Vereinbarung blieb bis zum 1. Februar 1995 neben dem Kooperationsvertrag von 1990 das einzig gültige vertragliche Instrument zwischen der EG, den Mitgliedstaaten und der ČSFR (bis 1992) bzw. der ČR (ab 1993). Angesichts des Zerfalls der ČSFR wurde der erste Assoziierungsvertrag zwischen beiden Seiten nie vollständig ratifiziert. 1993 wurde stattdessen ein neues Europa-Abkommen zwischen der EG und der (ab 1. Januar 1993) selbständigen ČR abgeschlossen. Er trat am 1. Februar 1995 in Kraft.

B. 1993 bis 1997: Die überwundene Zurückhaltung des Westens

I. Der Assoziierungsvertrag

Erst 1993 formulierten die Mitgliedstaaten eine plausible Strategie zu einer eventuellen Erweiterung nach Mittel- und Osteuropa. Die vorsichtige Bereitschaft zur Osterweiterung zeichnete sich bereits in den ab 1992 geschlossenen Europa-Abkommen ab, in welchen das Ziel einer EU-Mitgliedschaft der jeweiligen MOE-Länder sehr diplomatisch anerkannt wurde, jedoch ohne eine Zusage seitens der EU zu statuieren.

Der Assoziierungsvertrag zwischen Tschechien, der EU und den Mitgliedstaaten wurde am 4. Oktober 1993 unterschrieben und trat am 1. Februar 1995 in Kraft. Er schuf einen wichtigen institutionellen Rahmen zwischen der Gemeinschaft und der Tschechischen Republik, der zur gegenseitigen Information, zur Zusammenarbeit in den meisten Bereichen des *acquis,* zur schrittweisen Annäherung Tschechiens an die Anforderungen der EG/EU-Mitgliedschaft und der Eindämmung möglicher Konflikte zwischen beiden Seiten diente. Es wurden ein Assoziierungsrat, ein ihn unterstützendes Assoziierungskomitee und ein Parlamentarischer Rat (mit tschechischen und europäischen Abgeordneten) ab 1995

12 Vorläufige Vereinbarung über Handel und damit verbundene Fragen zwischen der ČSFR und EWG sowie der EGKS von 1. März 1992.

geschaffen.[13] Ein Spezifikum des tschechischen Europa-Abkommen gegenüber den übrigen Verträgen besteht in einer Suspensivklausel, die es erlaubte, den Vertrag einseitig und ohne gegenseitige Konsultationen außer Kraft zu setzen, falls die andere Seite wichtige Vertragsverbindlichkeiten brechen sollte. Ein gleichfalls wichtiges Element war die erstmalige Einführung der Beachtung der Menschenrechte als einem der Grundelemente der Assoziierung Tschechiens mit der EG (Art. 6 des Vertrages).[14]

II. Der Beitrittsantrag und das erste „Zeugnis" der Kommission

Am 16. Januar 1996 legte Tschechien seinen Beitrittsantrag als vorletzter Kandidat aus Mittel- und Osteuropa der italienischen Präsidentschaft vor. Daraufhin erarbeitete die Kommission anhand eines umfassenden, von der tschechischen Regierung und deren Verwaltung im Laufe 1996 ausgefüllten Fragebogens ihre Stellungnahme zu jedem der 10 Beitrittsanträge. Die Stellungnahme wurde als Bestandteil der Agenda 2000 im Juni 1997 dem Europäischen Rat vorgelegt.[15] Somit erhielten die Tschechische Republik sowie andere MOE-Staaten das erste „Zeugnis" über ihre Ausgangslage für einen möglichen Beitritt zur EU.

Die Stellungnahme der Kommission basierte auf den Beitrittskriterien der EU. Sie wurden in Kopenhagen im Jahre 1993 (1. politische Reife, 2. wirtschaftliche Reife und 3. Fähigkeit, alle aus dem Beitritt folgenden Pflichten zu erfüllen) und in Madrid im Jahre 1994 (die Fähigkeit der Verwaltung zur Umsetzung des *acquis communautaire*) formuliert.[16] Die Stellungnahme der Kommission von 1997 sah Tschechien als ein voll demokratisches Land an, welches mittelfristig die wirtschaftlichen Kriterien des Beitritts erfüllt wird. Insgesamt war die Stellungnahme durchaus positiv. Die Kommission identifizierte jedoch eine Reihe von Problembereiche, welche im Folgenden dargestellt werden. Zu den brisantesten Bereichen gehörten:[17]

---

13 Die Assoziierungsverträge wurden besprochen z.B. von *Müller-Graff/Stepniak* (Hrsg.), Poland and the European Union: between Association and Membership, Baden-Baden 1997; *Madl/Müller-Graff* (Hrsg.), Hungary: from Europe agreement to a member status in the European Union, Baden-Baden 1996; *Mayhew* (Fn. 5), S. 41 f.

14 Der Grund dafür ist die Deklaration des Rates der EG vom 11. Mai 1992, laut der eine solche Klausel zum festen Bestandteil aller Kooperations- und Assoziierungsverträge zwischen der EG und dritten Ländern (Mitgliedern der KSZE/OSZE) werden muss.

15 Bulletin of the European Union, Supplement 14/1997 (Agenda 2000).

16 Zu Beitrittskriterien vgl. *Mayhew* (Fn. 5), S. 161 f.

17 Für den Gesamttext siehe Bulletin of the European Union, Supplement 14/1997 (Agenda 2000).

Politisches Kriterium

- Es fehlt ein Gesetz über den Staatsdienst.
- Die Gerichte sind überlastet, die durchschnittliche Dauer eines Handelsstreites beträgt drei Jahre.
- Diskriminierung der Roma in Beziehung auf die Staatsbürgerschaft.

Wirtschaftliches Kriterium

- Der Staat hält einen entscheidenden oder mehrheitlichen Anteil in einer hohen Anzahl großer Betriebe und in den vier größten Banken des Landes.
- Allgemeine Kritik des Arbeitsmarktes: der Arbeitsmarkt wurde als zu rigide beschrieben, mit niedriger Zahl an qualifizierten Fachkräften und einer Überbeschäftigung.
- Allgemeine Kritik des Bankensektors: zu hoher Anteil des Staates, ungünstige Kredite, viele Fonds werden von Banken besessen.

Die Fähigkeit die Pflichten der Mitgliedschaft zu übernehmen

- Unklarheit bei der Freigabe staatlicher Beihilfen, insbesondere gibt es keine klare Übersicht von Beihilfen der Staats- und Selbstverwaltung.
- Hoher Energieverbrauch bei der Produktion im Bereich der schweren Industrie.
- Tschechien besitzt keine Regionalpolitik, die Entwicklung von Regionen wird durch sektorale Politik betrieben.
- Niedriges Informationsniveau über Verbraucherschutz, keine Verbraucherschutzorganisationen vorhanden.
- Eine neue Zollverwaltung wird benötigt.

Fähigkeit der Verwaltung zur Implementation des acquis (Kriterium von Madrid)

- Ungenügende Zahl an qualifizierten Arbeitskräften in der Staatsverwaltung.
- Im Staatssystem vorhandene Korruption mit einem anwachsenden Potenzial.

- Kein Plan zur Modernisierung der öffentlichen Verwaltung vorhanden.
- Das Gerichtswesen eine hat ungenügende Zahl von Fachkräften und Mitteln.

Trotz der Kritik gehörte Tschechien zu den besseren Beitrittskandidaten, und die Kommission empfahl dem Europäischen Rat die Eröffnung der Beitrittsverhandlungen mit der Tschechischen Republik. Dies wurde schließlich im Dezember 1997 in Luxemburg vom Rat beschlossen. Tschechien wurde zusammen mit Polen, Ungarn, Slowenien, Estland und Zypern Mitglied der sog. Luxemburger Gruppe von Staaten, mit welchen im März 1998 unter der englischen Ratspräsidentschaft die Beitrittsverhandlungen eröffnet wurden.

C. 1998 bis 2004: Der mühsame Weg zum Beitrittsvertrag

I. Der Beginn der Beitrittsverhandlungen

Der Erweiterungsprozess begann für Tschechien, zusammen mit anderen 10 Beitrittskandidaten, am 30. März 1998.[18] Ein Tag später, am 31. März 1998, wurde die Regierungskonferenz zwischen Tschechien einerseits und den Mitgliedstaaten und der EU andererseits eröffnet.

Auf tschechischer Seite stellte die Regierung den jungen Chefunterhändler *Pavel Telička*. Er wurde für die Position im Januar 1998 nominiert und blieb bis 2003 in dieser Funktion. Er beendete seine juristische Ausbildung Ende der 80er Jahre und trat unmittelbar als Diplomat ins Außenministerium ein. Er wurde als harter, aber fairer Diplomat angenommen und soll auch bei den EU-Unterhändlern an Respekt gewonnen haben.[19] Auf Seiten der Kommission war der mit Tschechien erfahrene Unterhändler *Klaus van der Pas* dabei. An der Spitze des für Tschechien zuständigen Verhandlungsteams standen die erfahrenen Eurobürokraten *Michael Leigh* und ab 2000 *Rutger Wissels*.

---

18 Im Gegensatz zum Beginn des Erweiterungsprozesses (mit allen 11 Länderkandidaten) wurde der Verhandlungsprozess nur mit 6 begonnen. Dies war Teil eines politischen Kompromisses der EU-Mitgliedstaaten.

19 Kurz vor dem EU-Beitritt wurde *Pavel Telička* zum Botschafter Tschechiens bei der EU und in April 2004 zum ersten Kommissar in der erweiterten *Prodi*-Kommission. Im Zusammenhang mit dem Regierungsumbau nach dem Europawahldebakel der Sozialdemokratie in Juni 2004 wurde seine ursprünglich für 5 Jahre gültige Nominierung als Kommissar seitens der Regierungskoalition zurückgenommen, um ihn mit dem ausscheidenden sozialdemokratischen Premierminister *Vladimír Špidla* zu ersetzen.

Als erster Schritt der Verhandlungen kam es zum *Screening,* das heißt einer Bestandsaufnahme des tschechischen Rechtsbestandes und die Feststellung dessen Kompatibilität mit dem *acquis.* Der Prozess dauerte bis Ende 1999. In Bereichen, in denen Differenzen festgestellt wurden, kam es zur Anpassung des tschechischen Rechtes, in dem es dem *acquis* angeglichen wurde.

II. Die regelmäßigen Berichte der Kommission

Während die Verhandlungen über die Angleichung der 31 Kapitel des *acquis* liefen, lieferte die Kommission jährlich einen regelmäßigen Bericht über den Stand der Vorbereitungen Tschechiens für den Beitritt. Die Berichte wurden zu einem regelmäßigen Spiegelbild der tschechischen Vorbereitungen auf den EU-Beitritt, wobei sie insbesondere in den Jahren 1999 und 2000 eine scharfe Kritik äußerten. Es wurden insgesamt fünf regelmäßige Berichte zwischen 1998 und 2002 veröffentlicht; im Jahr 2003 kam es dann zu einem abschließenden Bericht.[20]

Im Jahr 2000 präsentierte die Presse den neuen Bericht als eine „kalte Dusche aus Brüssel". Die tschechische Wirtschaft wurde stark kritisiert und ihre Fortschritte wurden auf einem Platz hinter Polen, den Baltischen Staaten und der Slowakei eingeordnet. Dies wurde von tschechischen Politikern als völlig ungerechtfertigt angesehen. *Václav Klaus*, zu jener Zeit Oppositionsführer der EU-kritischen bürgerlich-demokratischen ODS und Vorsitzender des Abgeordnetenhauses und später dann tschechischer Präsident, äußerte sich hinsichtlich des wirtschaftlichen *Rankings* folgendermaßen: „Ich halte es für absolut skandalös. Ich halte es für ein Spiel, für eine Spielerei, für ein Schachspiel, in welchem die EU versucht, durch ein andauerndes Kreieren von neuen subjektiven Kriterien, welche kein objektives Fundament besitzen, ihre Erweiterung zu verschieben und zu verlängern. (...) ich lasse mir von niemandem Noten geben"[21]. Demgegenüber war der exponierte Politiker der Christdemokratischen Union und zukünftige Außenminister *Cyril Svoboda* mit dem folgenden Bericht der Kommission aus dem Jahr 2001 einverstanden, hier konkret bezüglich des Gesetzes über den Staatsdienst: „Im Gegensatz zum Vorsitzenden der ODS *Klaus* denke ich nicht, dass die Europäische Kommission unsere Situation nicht begriffen hat, wenn sie das Fehlen eines Gesetzes über den Staatsdienst kritisiert."[22]

---

20 Comprehensive Monitoring Report on the Czech Republic, Europäische Kommission, 2003.

21 *Klaus*, zitiert in BBC Czech, 9. November 2000.

22 *Svoboda*, in: Integrace vom 12. Dezember 2001.

Im Jahre 2001 war der Bericht insgesamt sehr positiv ausgefallen, sodass der Premierminister *Zeman* Zufriedenheit äußerte. Wie diplomatisch die Berichte formuliert wurden, zeigt beispielsweise der lange Weg vom Satz: „Tschechien darf für eine Marktwirtschaft gehalten werden" (Berichte vor 2001) zum Satz: „Tschechien ist eine Marktwirtschaft" (Berichte seit 2001). Der Leiter der Delegation der Europäischen Kommission in Prag *Ramiro Cibrian* erklärte diese Satzänderung im Jahr 2001 unter anderem damit, dass bis 2001 die tschechischen Banken in den Händen des Staates gewesen sind.[23]

Doch es waren nicht nur die regelmäßigen Berichte der Kommission, auf die die tschechischen Politiker und die Öffentlichkeit sensibel reagierten. Tschechische Bürgerinnen und Bürger standen mit ihrer Präferenz für oder gegen die EU spätestens ab 2000 mehr als andere Beitrittskandidaten auf dem Prüfstand. Der unmittelbare Grund dafür waren Versuche, zwei in ihrer Natur bilaterale Probleme mit der österreichischen bzw. der deutschen, oder besser der bayerischen Regierung auf EU-Ebene zur lösen: die so genannten *Beneš*-Dekrete und das Kernkraftwerk Temelín.

III. Tschechisches Sonderthema 1: die so genannten Beneš-Dekrete

Das eine Problem waren die *Beneš*-Dekrete, die mit dem Verhandlungsprozess und dem EU-Beitritt Tschechiens verstärkt seit 2000 in Verbindung gebracht wurden.[24] Es waren insbesondere deutsche CSU-Europaabgeordnete, die es Mitte 2000 geschafft hatten, einen Aufruf des Europäischen Parlaments an die Tschechische Republik zu bewirken, der für die Beseitigung der sog. *Beneš*-Dekrete plädierte. Da dies zeitlich mit dem Temelín-Problem kollidierte (vgl. unten), wurde das Vorgehen der MdEPs der CSU durch einige ihrer österreichischen Kollegen stark unterstützt. Die Rhetorik deutscher und tschechischer Politiker verschärfte sich naturgemäß im Jahr 2002, welches in beiden Ländern das Parlamentswahljahr war. In April 2002 trat der Parlamentarische Rat zwischen

---

23 Zit. nach *Zeman*, BBC Czech, 10. November 2001.

24 Die so genannten *Beneš*-Dekrete, um welche der Streit ging, sind ausgewählte Gesetze der tschechischen bzw. tschechoslowakischen Rechtsordnung, durch den zweiten tschechoslowakischen Präsident *Edvard Beneš* in den Jahren 1945 und 1946 verabschiedet und später durch das Tschechoslowakische Parlament gebilligt, welche, vereinfacht gesagt, folgendes bewirken: a) Den Verlust der Bürgerschaft tschechoslowakischer Bürger deutscher und ungarischer Volksangehörigkeit, welche ihren aktiven Anteil als Anti-*Hitler*-Aktivisten nicht nachweisen konnten, b) die Verstaatlichung des Guthabens der tschechischen Bürger deutscher und ungarischer Volksangehörigkeit, welche ihren aktiven Anteil als Anti-*Hitler*-Aktivisten nicht nachweisen konnten und c) ermäßigte Strafen für Gewalttaten gegen Deutsche und Ungarn seitens der übrigen tschechoslowakischen Bevölkerung während der Zeit der sog. wilden Vertreibung (Amnestiegesetz).

dem EP und dem tschechischen Parlament zusammen, um unter dem Vorsitz von *Jan Zahradil* (für Tschechien) und *Ursula Stenzel* (für das EP) das Problem offen zu diskutieren. Die Auffassung der CSU hatte insbesondere folgende Elemente: a) die Dekrete sind nicht vereinbar mit dem *acquis communautaire,* insbesondere weil sie aufgrund der Rasse pauschal diskriminieren, b) die Tschechische Republik soll eine Gegenleistung für die Vertriebenen und den Entzug ihres Besitzes aufbringen, zumindest in Form einer symbolischen Entschuldigung und expliziter Aufhebung der betroffenen Dekrete und c) eine tschechische „Vergangenheitsbewältigung", möglicherweise nach deutscher Art, sollte stattfinden. Die tschechische Argumentation lief dazu konträr: a) die Dekrete sind gegenstandslos und als ein nicht zu revidierendes Produkt des zweiten Weltkrieges und der Jalta-Konferenz anzusehen, b) der *acquis* regelt weder die Staatsbürgerschaft noch Besitzrechte, weshalb die Dekrete nicht Sache des Gemeinschaftsrechtes sind und c) Tschechien ist ein souveränes Land, welches nicht aufgrund fremden Drucks ihre Gesetze zu ändern braucht.

Ein unabhängiger Rat von juristischen Experten, geleitet von dem Heidelberger Professor *Jochen Frohwein*, kam im September 2002 in einer Studie für das Europäische Parlament zu der Schlussfolgerung, dass die *Beneš*-Dekrete kein Hindernis für die EU-Mitgliedschaft Tschechien darstellen. Das Problem wurde nach den Parlamentswahlen in BRD und Tschechien schließlich beiseite gelegt. Bundeskanzler *Schröders* Strategie war in dieser Frage, dass beide Länder in ihre gemeinsame Zukunft in der EU blicken und keine alten Belastungen auf den Tisch bringen sollen. Die CSU-Europaabgeordneten äußerten ihren Protest zum Stand der Dinge schließlich dadurch, dass sie sich bei der Zustimmung des EP zu dem tschechischen EU-Beitritt am 9. April 2004 zurückhielten. Es gehört zum deutsch-tschechischen diplomatischen Dauerthema, dass sich der bayerische Ministerpräsident *Edmund Stoiber*, die Vorsitzende des Bundes der Vertriebenen *Erika Steinbach* (MdB) oder der Europaabgeordnete sudetendeutscher Abstammung *Bernd Posselt* laut darüber äußern, dass die *Beneš*-Dekrete auch nach dem Beitritt Tschechiens eine politisch brisante Frage bleiben. Ihre Meinung ist jedenfalls nicht diejenige der amtierenden deutschen Bundesregierung. Zuletzt brachten am 2. Juni 2004 die Äußerungen des Sprechers der Europäischen Kommission *Filori* eine erneuerte Bestätigung, dass „für die EU die Frage der *Beneš*-Dekrete gelöst und abgeschlossen (sei)"[25].

IV. Tschechisches Sonderthema 2: das Kernkraftwerk Temelín

Das Jahr 2000 verlief nicht nur im Zeichen einer tschechisch-deutschen, sondern auch einer tschechisch-österreichischen diplomatischen Spannung. Als nämlich

---

25 Pressekundgebung vom 2. Juni 2004.

Anfang des Jahres die Probetests für die ersten Reaktoren des südböhmischen Kernkraftwerks Temelín gemacht wurden, meldeten sich einige österreichische Interessengruppen mit lauten Protesten. Zum Advokat der sofortigen Schließung des gerade neu eröffneten, seit den 80er Jahren konstruierten und mit großem Aufwand zu Ende gebrachten Projektes wurde insbesondere der Landeshauptmann von Oberösterreich *Josef Pühringer* sowie eine Reihe ÖVP-Politiker. Bald schien Österreich in einer Welle von Anti-Temelín-Hysterie gefangen zu sein. Es fanden regelmäßige Proteste und Blockaden der Grenzübergänge während des ganzen Jahres 2000 statt. Beide Regierungen kamen schließlich in einem bilateralen Verhandlungsprozess zu einer Vereinbarung im Dezember 2000. Mit dieser sog. Vereinbarung von Melk (nach dem Tagungsort benannt) wurde der sog. Melker-Prozess gestartet, in welchem sich beide Seiten zur gegenseitigen Information, Kooperation und zum gegenseitigen Entgegenkommen verpflichtet hatten. Es wurde eine Inspektionskommission nach Temelín geschickt, unter anderem fanden über 10 Prüfungsinspektionen der Internationalen Organisation für Atomenergie statt. Der Prozess galt als hochbrisantes Thema und gewann Aufmerksamkeit bis auf höchster Ebene der Staatspräsidenten (*Klestil* und *Havel*) und noch öfter bei den Treffen auf der Ebene der Ministerpräsidenten (Bundeskanzler *Schüssel* und Premierminister *Zeman*).

Wie im Falle der *Beneš*-Dekrete versuchten auch im Falle des Kernkraftwerkes einige österreichische Akteure die Frage zu „europäisieren". Schließlich setzte sich aber der Wunsch der Österreichischen Regierung nicht durch, die mit Temelín verbundenen Rechtsfragen (insb. das Klagerecht wegen Sicherheit) unter die Jurisdiktion des Europäischen Gerichtshofes zu stellen. Dies steht auch im Abschlussprotokoll zum Melker-Prozess, welcher als Anhang zum Beitrittsvertrag Tschechiens zur EU steht. Beide Seiten trafen sich im November 2001 in Brüssel, um unter Vermittlung von Erweiterungskommissar *Günter Verheugen* diesen Abschlussvertrag über die Beendung des Melker-Prozesses auszuhandeln. Durch diesen Abschlussvertrag wird eine bilaterale Zusammenarbeit eingeführt (z.B. Info-Hotline, Zusammenarbeit der beiden nationalen Energieagenturen, Vereinbarungen über gegenseitige Information, über Sicherheitsfragen u.a.).

Die EU-Dimension der Temelín-Frage zeigte sich schmerzhaft darin, dass die österreichische Regierung bis November 2001 den Abschluss des *Acquis*-Kapitels Energie blockierte. Sie drohte dieses Kapitel sogar auf der Ratssitzung im Dezember 2002 in Kopenhagen wieder zu öffnen und somit den gesamten Prozess der Beendigung der Beitrittsverhandlungen aufzuhalten. Der Fall Temelín wurde für die Tschechen ein wichtiger, breit wahrgenommener Präzedenzfall dafür, wie hartnäckig nationale und sogar partikulare innenpolitische Interessen auf EU-Ebene europäisiert werden können.

V. Die Anpassung des Rechtes

Von brisanten Fragen abgesehen, besaß der Beitrittsprozess auch seine unspektakulären, dennoch oft wichtigen Momente, etwa im Bereich der juristischen Kleinarbeit der Rechtsangleichung. Der Prozess dieser Anpassung des tschechischen Rechtes an den *acquis communautaire* bedeutete eine hohe Belastung für die legislative Arbeit der Regierung und des Parlamentes. Die koordinierende Stelle für die Rechtsangleichung und die Ausarbeitung der entsprechenden Legislativakte befand sich direkt im Amt des Premierministers. Die aufwendigste Arbeit bei der Anpassung war die so genannte Transformation der etwa 1.100 Richtlinien des *acquis* in das tschechische Rechtssystem. Die Richtlinien sind insofern kompliziert zu transponieren, weil sie oft nicht nur die Änderung der Gesetze, sondern auch vieler untergesetzlicher Normen verlangen.[26] Als Reaktion auf die Kritik im regelmäßigen Bericht der Kommission führte die sozialdemokratische Regierung von *Miloš Zeman* zwei „Legislativstürme" in den Jahren 1999/2000 und 2001 durch, deren Ziel es war, die Anpassung des Rechtes rasch voranzubringen.

Ein konkretes Beispiel soll erläutern, was den Prozess der Transformation von Richtlinien in das tschechische Rechtssystem so kompliziert macht. Die Charta der Grundrechte und Freiheiten (Ges. Nr. 2/1993) ist ein untrennbarer Bestandteil der tschechischen Verfassungsordnung mit Verfassungsrang. In Art. 4 Abs. 1 steht, dass alle Pflichten ausschließlich durch ein Gesetz auferlegt werden können. Richtlinien des *acquis* bestehen dabei oft aus sehr detaillierten Bestimmungen über konkrete Rechte und Pflichten von Personen. Gleichzeitig enthalten Richtlinien eine Reihe technischer Bestimmungen, die in aller Regel Gegenstand von untergesetzlichen Normen sind. Die schwierige juristische Arbeit bei der Transformation besteht darin, die Rechte und Pflichten einerseits und die technischen Bestimmungen andererseits zu trennen, um sie jeweils in Gesetze bzw. in untergesetzliche Normen in das tschechische Rechtssystem einzugliedern. Dies alles muss derart stattfinden, dass der Sinn der jeweiligen Richtlinie nicht verändert wird. Wie *Markéta Whelanová*, Juristin in der Abteilung für Kompatibilität mit dem EU-Recht im Amt des Prämierministers, meint, ist diese Aufgabe in manchen Fällen äußerst schwierig.[27]

---

26 Vgl. auch *Wahlerová*, Aproximace práva: překázky na cestě aproximačního úsilí (Anpassung des Rechtes: Hemmungen auf dem Weg zur Angleichung), in: Integrace vom Oktober 2001.

27 *Wahlerová*, Anpassung des tschechischen Rechtes an das Recht der EG – ein Vergleich mit Frankreich und Irland, in: Integrace vom 12. Juni 2002.

VI. Übergangs- und Ausnahmeregelungen und finanzieller Rahmen

Die Beitrittsverhandlungen zogen sich über fünf Jahre hin und es gab, wie geschildert, mannigfaltige Herausforderungen an beide Seiten des Verhandlungstisches. Worauf sich das Interesse der Öffentlichkeit schließlich konzentrierte waren zwei Verhandlungsresultate: der finanzielle Rahmen des Beitritts einerseits und die Anzahl der Übergangs- und Ausnahmeregelungen andererseits. Im Folgenden werden die wichtigsten Ausnahme- und Übergangsregelungen aufgelistet.

1. Übergangs- und Ausnahmeregelungen für Tschechien

Im Bereich der *vier Freiheiten* erhielt Tschechien eine Ausnahme von fünf Jahren für das Recht der EU-Bürger, die nicht das Aufenthaltsrecht in Tschechien innehaben, Immobilien, agrarwirtschaftliches Land und Wälder in Besitz zu nehmen. Oft wird diesbezüglich erwähnt, dass diese Ausnahme als „Kompensation" für die Restriktionen auf Zugang zum Arbeitsmarkt der alten Mitgliedstaaten zu verstehen ist.

Im Bereich der *Steuern* wird bis zum Jahre 2007 eine ermäßigte Mehrwertsteuer von 5 % für die Distribution von Wärme und für Wohnungsbauarbeiten beibehalten. Des Weiteren wurde eine dauerhafte Ausnahmeregelung ausgehandelt, welche bewirkt, dass Personen mit jährlichem Umsatz unter 35.000 EUR keine Mehrwertsteuerzahlungspflicht haben.

Im Bereich des *Umweltschutzes* werden die Einhaltung der Abwasserqualität bis Ende 2005 und die Versorgung jeder Gemeinde über 2.000 Einwohner mit einer Kläranlage bis 2010 verschoben.

Im *Energiebereich* wurde auf zwei Wünsche der tschechischen Regierung eingegangen. Erstens wurde der Aufbau einer Ölbevorratung mit der Kapazität von 90 Tagen auf 2005 verschoben. Zweitens, der Termin für die Liberalisierung des Erdgasmarktes wurde auf Ende 2004 verschoben.

Schließlich wurden im Bereich der *Landwirtschaft* zwei Übergangsregelungen für hygienische Standards ausgewählter Fleischbetriebe (bis 2006) und für Standards für die Putenzucht (bis 2009) ausgehandelt.

2. Finanzieller Rahmen

Die Entscheidung über den finanziellen Rahmen des tschechischen Beitritts lag auf der Seite der Mitgliedstaaten und wurde auf dem Kopenhagener Rat im Dezember 2002 getroffen.

In Kopenhagen wurden für Tschechien insgesamt 3,351 Mrd. EUR Einnahmen aus dem EU-Budget und 778 Mio. EUR Ausgaben in das EU-Budget für die Jahre 2004 bis 2006 ausgehandelt. Mit dieser Einkommenssumme erreichte Tschechien die absolut zweithöchste Summe unter den Beitrittskandidaten (nach Polen). Aus dieser Summe sind 2,603 Mrd. EUR für Landwirtschaft, Struktur- und Kohäsionsfonds sowie für den Aufbau von Institutionen vorgesehen. Die übrigen 747 Mio. EUR sind für Kompensationszahlungen vorgesehen für den Fall, dass Tschechien zu einem Netto-Zahler werden würde. Dies wird damit bis 2006 weder für Tschechien noch für andere MOE-Staaten der Fall sein. Im Rahmen der gemeinsamen Agrarpolitik wurde die Möglichkeit ausgehandelt, bis zu 30 % zusätzlich über die ursprünglich ausgehandelten Quoten für Direktzahlungen aus nationalen Mitteln einerseits und aus den für den ländlichen Raum bestimmten Mitteln andererseits aufzustocken (d.h. Agrarzahlungen bis zu folgender Prozenthöhe der Altmitgliedstaaten: 25-55 % im Jahr 2004, 30-60 % im Jahr 2005 und 35-65 % im Jahr 2006).

Nachdem die 31 Verhandlungskapitel abgeschlossen und der finanzielle Rahmen festgelegt waren, war der Europäische Rat von Kopenhagen der letzte Schritt zum Abschluss der Beitrittsverhandlungen. Es folgte der Ratifizierungsprozess, dessen wichtigstes Ereignis in Tschechien das Referendum über den Beitritt zur EU war.

VII. Das Referendum

Das historisch erste landesweite Referendum in Tschechien fand am 13. und 14. Juni 2003 zum Thema des EU-Beitritts statt. Die Bürgerinnen und Bürger entschieden mit 77,33 % Ja-Stimmen und 22,67 % Nein-Stimmen klar für den Beitritt des Landes zur EU. Die Wahlbeteiligung lag bei 55,21 %. Das Außenministerium beteiligte sich mit einem Budget von 200 Mio. CZK (6,6 Mio. EUR) an der bei weitem teuersten Überzeugungskampagne in der Geschichte Tschechiens. Mit dem „Ja“ zum Beitritt waren die zentralen Bedingungen Tschechiens für den Beitritt in die EU erfüllt.

D. Europäisierung des Verwaltungssystems durch die EU Struktur- und Entwicklungshilfe

I. Die Vorbeitrittshilfe

Die Assoziierung sowie die Beitrittsvorbereitung Tschechiens waren mit immenser Herausforderung an die administrativen und finanziellen Mittel des tschechischen Staates verknüpft. Die Europäische Union investierte zwischen 1990 und 2004 in Tschechien in die erfolgreiche Beitrittsvorbereitung insgesamt etwa 1,8 Mrd. EUR an Entwicklungshilfe verschiedenster Art (Zur differenzierten Übersicht siehe die Tabelle).

Tabelle: EU-Finanzielle Vorbeitrittshilfe zwischen 1990 und (Mai) 2004

PHARE (1990 bis Mai 2003)	993,5 Mio. EUR
ISPA	507 Mio. EUR
SAPARD	92 Mio. EUR
Solidaritätsfonds (für Folgen des Hochwassers in 2002)	129 Mio. EUR
Gesamt	*1520 Mio. EUR*

Quelle: Delegation der Europäischen Kommission in Tschechien, 2004

Diese Mittel bilden insgesamt zwar nur einen kleinen Anteil der tschechischen öffentlichen Mittel (die Gesamtsumme der EU-Vorbeitrittsförderung zwischen 1990 und 2004 für Tschechien liegt unter 1/10 eines tschechischen Jahresbudgets), dennoch haben sie auf konkrete Projekte sowie auf die Arbeitsweise und Organisation der Staatsverwaltung einen großen Einfluss genommen. Es stellt sich die Frage nach dem genauen Zweck und der Wirkung dieser Entwicklungshilfe. Im Folgenden wird nicht auf die „harten" Folgen von erfolgreichen Projekten und Investitionen eingegangen, sondern vor allem auf die oft unsichtbaren strukturellen Veränderungen geschaut, welche die Einführung der EU-Fonds zur Folge hatte.

II. Die Ziele der Vorbeitrittshilfe

Die Ziele der Vorbeitrittshilfe sind grundsätzlich der Vorbeitrittsstrategie für Tschechien zu entnehmen. Sie waren darauf gerichtet, die Erfüllung der Kopenhagener Kriterien zu unterstützen. PHARE konzentrierte sich ab 1995 mit 30 % an *Twinning*-Projekten (Zusammenarbeit zwischen Staatsverwaltungen von

Tschechien und unterschiedlichen Mitgliedstaaten zum Austausch von Erfahrungen und Know-how), mit 10 % an Lieferungen von Geräten und spezieller Ausrüstung zur Erfüllung bestimmter EU-Standards, z.B. spezielle Lesegeräte für die Grenzpolizei, mit 40 % an Konstruktionsarbeiten zur Erfüllung von EU-Standards, z.B. Aufbau von 40 Abwasserbetrieben, und mit 25 % an Stidendien und Austauschen. Als ein wichtiger Bestandteil des PHARE-Programms waren Investitionen in die grenzüberschreitende Zusammenarbeit (Cross-Border-Cooperation, CBC-PHARE, lief ab 1994) zu sehen. CBC-PHARE betrug zwischen 1995 und 1999 etwa 34 Mio. EUR jährlich und 2000 bis 2002 etwa 19 Mio. EUR jährlich.[28]

Ab 2000 führte die Kommission mit der so genannten verstärkten Vorbeitrittsstrategie ein weiteres Ziel der Entwicklungshilfe der EU ein, nämlich die Vorbereitung der Beitrittskandidaten auf die Instrumente der Strukturpolitik der EU. Die Vorbeitrittsinstrumente ISPA und SAPARD dienten der Vorbereitung auf den Kohäsionsfonds und den Strukturfonds.[29] ISPA war auf größere Projekte im Umweltschutz (45 %) und den Ausbau der Infrastruktur für Transporte (55 %) gerichtet, deren Ziele mit jenen des Kohäsionsfonds identisch waren. Das Ziel von SAPARD war es, tschechische Endbegünstigte auf die gemeinsame Agrarpolitik und die Strukturfonds vorzubereiten, indem es die Landwirtschaft und die Entwicklung der ländlichen Gebiete förderte.

III. Die Auswirkungen der Vorbeitrittshilfe

Die Folgen der Einführung der Entwicklungs- und Strukturhilfe in Tschechien lagen insbesondere in einem massiven Druck auf die Sicherstellung einer ausreichenden Implementationsfähigkeit. Es fehlte an administrativer Kapazität und Infrastruktur, konzeptioneller Vorarbeit sowie Umsetzungsfähigkeit der Regionalpolitik.[30] Darüber hinaus begleitete die Öffentlichkeit sensibel die Fähigkeit der Ausnutzung des Strukturfonds, u.a. aus folgenden, vom Chef-Unterhändler *Pavel Telička* aufgelisteten Gründen[31]: (1) die oppositionelle bürgerlich-liberale Partei ODS baute ihre politische Strategie gegenüber der EU mit „eurorealistischen" Argumenten auf; es galt, den höchsten Profit vom Beitritt zu erzielen.

---

28 Quelle für die Summen: Delegation der Europäischen Kommission in Tschechien, 2003, 2004.

29 ISPA – Instrument for Structural policies for Pre-Accession, SAPARD – Special Accession Program for Agriculture and Rural Development.

30 Vgl. insb. Das entsprechende Kapitel in den regelmäßigen Berichten der Europäischen Kommission für die Jahre 1997 bis 2002.

31 *Telička/Barták*, Kterak jsme vstupovali (Wie wir beigetreten sind), Praha 2003, S. 72 f.

Die Minderheitsregierung der ČSSD befand sich im „Oppositionsvertrag" mit der ODS und hing *de facto* von ihrer Unterstützung ab, (2) die mediale Präsenz des Themas war seit 2000 stark angestiegen[32] und (3) die rechtzeitige Nutzungsfähigkeit brachte auch ein Prestige gegenüber anderen Beitrittskandidaten.

Erst seit 1998 verfügte Tschechien über erste Anzeichen einer EU-konformen regionalpolitischen Konzeption. Bis dahin wurde jegliche regionale Entwicklungspolitik durch sektorale Subventionen durchgeführt. Erst 1997 wurde ein Ministerium für Regionalentwicklung gegründet. In den Jahren 2000 bis 2003 wurde für Tschechien, hauptsächlich unter Leitung des genannten Ministeriums, eine vollständige, EU-taugliche Regionalpolitik formuliert. Sie wurde zur Grundlage für andere Ministerien bei der Entwicklung von operationellen Programmen, d.h. strategischen Planungsdokumenten zur Bestimmung von Investitionsprioritäten nach EU-Vorbild.[33] Es sind operationelle Programme für SAPARD und ISPA entstanden sowie kurz darauf insgesamt sechs Sektorale operationelle Programme (SOP) und ein Gemeinsames regionales operationelles Programm (zur Ausnutzung des Strukturfonds). Ähnlich verlief die Formulierung der regionalpolitischen Planungsdokumente bei den Kreisverwaltungen – ihr Inhalt stammte grundsätzlich aus den Dokumenten, welche die EU für die Implementation ihrer Strukturpolitik verlangte. Dabei ist wichtig zu sehen, dass die Etablierung einer vollständigen Regionalpolitik mit ihren dezentralen Mechanismen ein wichtiger Schritt auf dem Weg zur Demokratisierung des Landes ist. In diesem Sinne kann gesagt werden, dass die Modellvorgabe, die Motivation und manchmal der Druck der EU-Entwicklungs- und Strukturpolitik einen spürbaren Einfluss auf die Regionalpolitik in Tschechien genommen hat.

Ähnliches wie für die Regionalpolitik gilt für die Formierung der Staats- und Selbstverwaltungsstruktur in Tschechien. Eine auf Subsidiarität und Selbst-

---

32 Die Präsenz des Themas „EU-Regionalpolitik" ist zwischen 2000 und 2003 exponentiell angewachsen. 1999 bis 2000 widmete sich dem Thema noch überwiegend nur die fachlich interessierte Öffentlichkeit, gemessen an der schrittweise anwachsenden Zahl von relevanten Artikeln in den wichtigen Monatszeitschriften Veřejná správa (Öffentliche Verwaltung) und Naše obec (Unsere Gemeinde). In die öffentliche Presse gelangten insbesondere Themen wie die Höhe der Zahlungen des Vorbeitrittsfonds an Tschechien sowie die Vorbereitung Tschechiens auf die EU-Strukturfonds zwischen 1999 bis 2001. Ab 2001 stieg die Zahl der für die EU-Regionalpolitik relevanten Presseartikel exponentiell. Keine Ausgabe der angegebenen Fachzeitschriften blieb ohne ihre ausführliche Behandlung. Ähnlich ist es mit den wichtigen Monatszeitschriften Ekonom, EURO, Týden (Die Woche). Dutzende von Internetseiten zur EU-Regionalpolitik sind zwischen 2002 und 2003 erschienen. Hunderte Konferenzen und Seminare werden von Ministerien und der Europäischen Kommission sowie den Selbstverwaltungen organisiert (vgl. insb. www.europeum.org/sf; www.strukturalni-fondy.cz; www.ireas.cz; www.crr.cz; www.eurospok.cz; www.verejna-sprava.cz; www.evropska-unie.cz).

33 Zur Programmplanung vgl. Art. 9 der Verordnung (EG) 1260/1999.

verantwortung basierende Strukturpolitik der EU verlangt eine feste und möglichst dezentrale Staats- und Selbstverwaltung. Als die Vorbereitungen für die Einführung von strukturpolitischen Instrumenten der EU im Jahre 2000 anfingen, traf es Tschechien mitten in seiner größten Verwaltungsreform seit Ende des Zweiten Weltkrieges. Dass diese bereits seit 1992 stets überarbeitete Reformvorlage endlich 1999 auf den Weg gebracht wurde, war zum Teil auch der Verdienst der EU, ihrer Kritik und ihrer Drohung, dass ohne Reformen keine zufriedenstellende Aufnahmekapazität für die EU-Fonds erreicht wird. Im Jahr 2000 wurden 14 selbstverwaltete Kreise (NUTS-3 Ebene) eingeführt und diese wurden rasch in 8 NUTS-2 Regionen gemäß der EU-Vorgabe gruppiert (NUTS-2 – Standardebene für den Mittelempfang aus dem Strukturfonds). Es wurden schnell regionale operationelle Programme und Investitionsprioritäten ausformuliert. Dank der europäischen regionalpolitischen Vorgaben kam es dabei unter anderem zur bei weitem größten systematischen Umsetzung des Partnerschaftsprinzips (ebenfalls nach Vorgaben des *acquis*).[34] Somit kann gesagt werden, dass auch der institutionelle Rahmen der heutigen tschechischen Regionalverwaltung stark von der EU beeinflusst wurde und zwar in seiner zeitlichen Dimension (Druck und Motivation der EU brachten die Reform voran), seinem institutionellen Aufbau (NUTS-2-Ebene führte neue Kooperationsinstitutionen zwischen den neuen selbstverwalteten Kreisen ein, neue Partnerschaftsmechanismen wurden eingeführt) und seinen Funktionsweisen (die Politikformulierung verläuft völlig nach EU-Vorgaben). Der institutionelle Rahmen der regionalen Verwaltungsstrukturen – selbst ein wichtiger Baustein auf dem Weg Tschechiens zur voll entwickelten Demokratie – wurde somit klar seitens der Europäischen Union beeinflusst.

Die Auswirkung der Entwicklungs- und Strukturhilfe der EU ist ein sehr gutes Beispiel für die spezifische Normübernahme bzw. einen Prozess des „institutionellen Exports“ von Arbeitsweisen, Institutionen und Praktiken der EU. Sie hat tief greifende Einwirkungen auf die Akteure sowie Institutionen der Regionalpolitik und das Beispiel zeigt, wie die Grenze zwischen einer Europäisierung (definiert als Einfluss der EU im tschechischen politischen System) und der

34 Zum Partnerschaftsprinzip vgl. ebenda. Siehe Regierungsbeschluss Nr. 102/2002. Vgl. auch die in Tschechien durchgeführte Studie „Analyse der Zusammenarbeit der nichtstaatlichen Nichtregierungsorganisationen und der öffentlichen Verwaltung bei der Vorbereitung von Kreisentwicklungsdokumenten sowie weiteren für die EU relevanten Dokumenten“, Gabal, Analysis & Consulting (GAC), 2003; Die Studie basiert auf Interviews von Beamten der öffentlichen Verwaltung und Vertretern relevanter NGOs in jeweiligen Kreisen bzw. politischen Sektoren. Die Interviews wurden zwischen Januar und Februar 2003 durchgeführt und zeigen ein recht unterschiedliches Bild davon, wie die regionalen Selbstverwaltungen mit NGOs zusammengearbeitet haben.

demokratischen Transformation (Entwicklung vom Kommunismus zur Demokratisierung) oft nahezu untrennbar miteinander verbunden sind.[35]

35 Mit dem Einfluss der Europäisierung auf die (tschechische) Regionalpolitik und die Regionalpolitik beschäftigt sich insbesondere *Brusis*, Between EU Requirements, Competitive Politics and National Traditions: Re-creating Regions in the Accession Countries of Central and Eastern Europe, in: Governance 2002, Vol. 15, Nr. 4, S. 531-559; *Weiss*, Regionalisierung als politisches Projekt – die tschechischen Regionen in ihrem zweiten Jahr, in: EZFF Tübingen (Hrsg.), Jahrbuch des Föderalismus 2003, Baden-Baden 2003, S. 305-317; *Illner*, Thirteen Years of Reforming Subnational Government in the Czech Republic, unveröff. Manuskript, Konferenz „Reforming Local Government. Closing the Gap Between Democracy and Efficiency", 26./27. September 2002, Universität Stuttgart; siehe auch *Břízová/Maryška*, Dezentralisierung in der Tschechischen Republik – Weg und Ergebnisse einer zehnjährigen Entwicklung, in: EZFF Tübingen (Hrsg.), Jahrbuch des Föderalismus 2001, Baden-Baden 2001, S. 319-329; Zum Einfluss der Europäisierung auf die Bürokratien in Mittel- und Osteuropa vgl. *Goetz*, Making Sense of Post-Communist Central Administration: Modernization, Europeanization or Latinization?, in: Journal of European Public Policy 2001, S. 1032-1051; *Goetz/Wollmann*, Governmentalizing Central Executives in Post-Communist Europe: A Four-Country Comparison, in: Journal of European Public Policy 2001, S. 864-887; *Grabbe*, How Does Europeanization Affect CEE Governance? Conditionality, Diffusion and Diversity, in: Journal of European Public Policy 2001, S. 1013-1031; für die theoretische Diskussion über den Prozess der Europäisierung vgl. z.B. *Eising*, Europäisierung und Integration. Konzepte in der EU-Forschung, in: Jachtenfuchs/Kohler-Koch (Hrsg.), Europäische Integration, 2. Aufl., Opladen 2003, S. 387-416.

E. Zur „Zukunft Europas“ in Tschechien

Die Beteiligung an der Diskussion über die Zukunft Europas war neben der Entwicklungshilfe und den Beitrittsverhandlungen das dritte wichtige Element der tschechischen Beziehungen zur EU in der Zeitperiode zwischen 1989 und 2004. Einen wichtigen, jedoch nicht scharfen Bruch in der Entwicklung der tschechischen Debatte bedeutete die Zusammenrufung des Konvents zur Zukunft Europas in 2002. *Vaclav Havel*, der erste tschechische Staatspräsident zwischen 1990/1993 und 2002, äußerte sich bereits seit Anfang der 90er Jahren zum europäischen Integrationsprojekt. Seine Meinungen stießen aber mehr im Ausland als in Tschechien auf Aufmerksamkeit. Es war zuerst *Vaclav Klaus* mit seiner kraftvollen und einfach formulierten „eurorealistischen“ Kritik an der EU, der die innenpolitische Debatte ab 2000 beherrschte. Erst ab 2001/2002 mit dem Konvent und der Nominierung tschechischer Vertreter kam es dann zu einer Öffnung und Differenzierung der Debatte. Alle drei wichtigen Aspekte der Europadebatte werden im Folgenden kurz präsentiert.[36]

I. Václav Havel

Havel vertritt bereits seit Anfang der 90er Jahre eine konsistente prointegrationistische Meinung. Seine Hauptanliegen sind die folgenden:

- ein Plädoyer für ein föderales Europa,
- ein einfaches, für die Menschen verständliches Gebilde der EU,
- ein konsistentes Plädoyer für eine einfache, verständliche Verfassung für Europa.

Havel vertrat im März 1999 vor dem französischen Senat die Idee einer „schrittweisen und ständig vertiefenden Parlamentarisierung und Föderalisierung Europas“. Die Verfassungsfrage betreffend war *Havel* seit seiner Rede vor dem Europäischen Parlament im Jahr 1994 stets für ein einfaches Verfassungsdokument, das kurz und knapp die Ziele, Kompetenzen und Grundsätze der EU darstellt. Deshalb äußerte er nach der Veröffentlichung der Konventsvorlage Zweifel daran, ob dies die intendierten Zwecke – nämlich die Vereinfachung der Verträge und die Bürgernähe – wirklich erfülle.[37]

---

36 Eine der wenigen theoretisch Analysen der tschechischen Europadebatte bis 2002 liefert *Königová*, The Future of Europe Debate in the Czech Republic, in: OIIP Working Paper Series 2002, erhältlich unter www.iir.cz.

37 Eine gute Übersicht der Beiträge *Havels* befindet sich unter www.vaclavhavel.cz.

II. Václav Klaus

Einen deutlich abweichenden Zugang zum europäischen Integrationsprojekt vertritt der erste tschechische Premierminister, langjähriger Vorsitzender der bürgerlich-demokratischen ODS-Partei, Wirtschaftsprofessor und seit 2003 Präsident Tschechiens *Václav Klaus*. Seine Schwerpunkte liegen anders als bei *Havel* bei der wirtschaftlichen Integration. Liberal in der Wirtschaftskonzeption und konservativ wenn es auf das Menschenbild ankommt, folgt seine Meinung diesem Anliegen.[38]

- die europaweite wirtschaftliche Liberalisierung ist eine grundsätzlich sehr gesunde Entwicklung,
- das intergouvernementale Prinzip für Europa ist richtig und das supranationale oder föderalistische ist falsch,
- die politische Integration, einschließlich der Einführung des EURO, ist keine natürliche Entwicklung und nicht wünschenswert,
- die europäische Integration in Form der heutigen EU ist Opfer eines „Europäismus“, eines im Grunde genommen sozialistischen Projekts, inspiriert von christlich-sozialistischen, kommunitaristischen politischen Tendenzen und an Machterhalt interessierten Eurobürokraten.

III. Die Positionen der Parteien und der Konvent

Als das Jahr 2000 abgelaufen war und die notwendige Partizipation Tschechiens an der Europadebatte unausweichlich wurde, griffen weitere Akteure in die Debatte ein. Anfang 2002 wurden in den Konvent zur Zukunft Europas drei deutlich unterschiedliche Repräsentanten von drei politischen Strömungen gesandt: ein Sozialdemokrat als Vertreter der Regierung, ein konservativer Politiker als Vertreter der sog. Vierer-Koalition, einer Gegenspielerin der ODS, und ein Vertreter der liberal-konservativen EU-kritischen Bürgerlich-demokratischen Partei (ODS)[39].

---

38 Es werden nur die wichtigsten Thesen der Kritik von *Klaus* wiedergegeben. Eine gute Quelle für seine Beiträge befindet sich unter www.klaus.cz.

39 Die Aufteilung der Konventskandidaten verlief nach einer politischen Vereinbarung der stärksten demokratischen parlamentarischen Kräfte im Land. Die Kommunistische Partei wurde mit Absicht außer Acht gelassen.

(1) *Der sozialdemokratische Supranationalismus (Sozialdemokratische Partei Tschechiens, ČSSD).* Die tschechische Sozialdemokratie regierte über die meiste Zeit der Beitrittsvorbereitungen Tschechiens, zwischen 1998 und 2002 als Minderheitsregierung unter Premierminister *Miloš Zeman* und ab 2002 in einer Koalition mit der Christdemokratischen Union (KDU-ČSL) und der liberalen Freiheitsunion (US-DEU) unter *Vladimír Špidla* (bis Mitte 2002). Unglücklicherweise für die Regierung schaffte es die oppositionelle ODS im Jahr 2000 den hochbrisanten und populären Begriff „Schutz der nationalen Interessen in der EU" fast ausschließlich für sich zu besetzen. Die erste sozialdemokratische Regierung musste deshalb vorsichtig in ihrer europapolitischen Programmatik vorgehen, immer durch eine populäre Kritik seitens der ODS bedroht. Die sozialdemokratischen Mitglieder des Konvents *Jan Kavan* (Sozialdemokrat) und ab Mitte 2002 *Jan Kohout* vertraten zwar eine supranationale Strategie. Noch als Außenminister der *Zeman*-Regierung vertrat aber *Jan Kavan* die ambivalente Position der Regierung: „Die Rolle der nationalen Staaten wird auch weiterhin zentral sein, und wir haben keineswegs die Absicht einen Überstaat, Superstaat, eine klassische Föderation zu schaffen. Nichtsdestoweniger halten wir die Vertiefung der europäischen Integration (...) – mit Ausnahme der Bereiche, wo eine intergovernementale Zusammenarbeit benötigt wird – aus der Sicht (...) Tschechiens für günstig."[40] Die *Špidla*-Regierung bekannte sich demgegenüber ab 2002 klar zu einer supranationalen Europakonzeption. Unter der Regierung *Špidla* hat die Sozialdemokratie das Außenministerium der föderalistisch ausgerichteten Christlich-demokratischen Partei (KDU-ČSL) überlassen. Die Regierungsvertretung wurde bereits früher von *Jan Kavan* an *Jan Kohout* (unparteilicher Staatssekretär im Außenministerium) übergeben. In dieser Konstellation waren die Ausformulierung und die Vertretung einer sozialdemokratischen Europapolitik in den Händen des Premierministers *Špidla* gelandet. *Špidla*, ein überzeugter Vertreter eines skandinawisch-kontinentalen europäischen sozialen Models, formulierte bei weitem am klarsten die sozialdemokratischen Positionen in der tschechischen Zukunftsdebatte. Er vertrat eine Entwicklung hin zu einer möglichst tief gehenden Gemeinschaftsmethode. Hinsichtlich des Souveränitätsverlustes infolge des EU-Beitritts meint er: „Die Worte um die Souveränität sind sehr leer. Europa basiert auf einer Gleichberechtigung. Und wir besitzen die gleiche Souveränität wie Deutschland oder Frankreich oder Britannien. (...) Die faktische Souveränität, die faktische Fähigkeit, unser Schicksal zu beeinflussen, ist viel größer (als vor dem Beitritt – IM)"[41]. *Špidla* wird nun Kommissar für Soziales und Beschäftigungspolitik unter dem neuen Kommissionspräsidenten *Barroso*.

---

40 Zitiert nach einem Interview in Hospodarske Noviny, 13. Dezember 2001.

41 Zitiert nach Pravo, 21. Juni 2004.

(2) *Der konservativ-christliche und liberale Föderalismus (KDU-ČSL und US-DEU).* Im tschechischen politischen System ist der Mitte- und Mitte-Rechts-Teil sehr gespalten und wird von der pro-integrationistischen Christdemokratischen Union (KDU-ČSL), welche genau wie die ODS Mitglied der Europäischen Volkspartei ist, jedoch eine radikal unterschiedliche europapolitische Ausrichtung vertritt, besetzt. Weiterhin befindet sich hier die liberale und föderal ausgerichtete Freiheitsunion (US-DEU, eine Abspaltung von der ODS). Beide Parteien sind zugleich Regierungsparteien in einer Koalition mit der Sozialdemokratie seit 2002. Ihre Europapolitik ist grundsätzlich sehr supranational bis föderalistisch ausgerichtet. Als Konventsmitglied für diese Gruppierung (welche zur Zeit der Parlamentswahl von 2002 zusammen mit zwei kleineren Parteien eine sog. Vierer-Koalition bildete) wurde der ehemalige tschechische Außenminister und heutiger Europaabgeordneter *Josef Zieleniec* gewählt.[42] *Zieleniec* vertrat eine konservativ orientierte pro-integrationistische Haltung im Konvent. *Zieleniec* ist sich zwar über die Mängel des Verfassungsentwurfs im Klaren, trotzdem ist für ihn die einzige Perspektive, sie anzunehmen. Die weitere Integration der EU ist eine Mahnung vom „Geist aller dieser Wiener Kongresse, Münchner Abkommen, Jalta Abkommen oder *Breznew*-Doktrinen, die ein für alle Mal zur europäischen Geschichte gehört."[43] Als eine zweite wichtige Figur dieser politischen Strömung ist seit 2002 der tschechische Außenminister und bis 2003 Vorsitzende der Christdemokratischen Union *Cyril Svoboda* anzusehen. In ähnlichem Ton wie *Zieleniec* vertritt er die Mitgliedschaft Tschechiens in der EU aus drei Gründen: a) das Vorhandensein von überwältigenden Problemen, die ein Staat nicht alleine bewältigen kann, b) die Friedensgarantie der EU für Europa und c) die EU als Demokratiegarantie für die europäischen Staaten.[44]

(3) *Der konservativ-liberale Eurorealismus (ODS).* Die Bürgerlich-demokratische Partei (ODS) vertritt eine konsistent kritische Haltung gegenüber der jetzigen Form der Europäischen Union und unterscheidet sich damit klar von den übrigen wichtigen Parteien im rechten Spektrum des politischen Systems. Im Kern baut ihre Konzeption auf die ihres ehemaligen Vorsitzenden *Klaus* auf. Der Vertreter im Konvent war der ODS-Schattenaußenminister und ab Juni 2004 Europaabgeordnete *Jan Zahradil.* Seine kritische Haltung kam zuerst in einem programmatischen Dokument der ODS von 2001 namens „Manifest des tschechischen Eurorealismus" sichtbar an die Öffentlichkeit. Zusammen mit anderen

---

42 *Zieleniec* blieb ohne Parteizugehörigkeit und ließ sich in der Europawahl 2004 als Spitzenkandidat auf die Liste einer dritten mitte-rechts-orientierten politischen Koalition „Europäische Demokraten – Bund der Unabhängigen" wählen.

43 Tageszeitung Mlada fronta Dnes, 21. November 2003.

44 Vgl. *Svoboda* in der Tageszeitung Pravo, 29. April 2004.

Autoren überlegte *Zahradil* darin Alternativen zum EU-Beitritt und bekennt sich resolut zum intergovernementalen Prinzip der europäischen Zusammenarbeit.[45] Als Konventsmitglied konnte er mit dem Verfassungsentwurf nicht einverstanden sein. In seiner Rede vor dem tschechischen Abgeordnetenhaus äußerte er seine Zweifel wie folgt: „es soll (...) keiner darüber sprechen, dass die europäische Integration und die Vorbereitung dieses (Verfassungs-)Vertrages geeignet sind, um einer Machtpolitik zu begegnen, da wir gerade Zeugen einer Machtpolitik in der Zwischenregierungskonferenz waren." Zur Beziehung des Verfassungsvertrages zur tschechischen Republik meinte er, der Vertragsentwurf „bedeutet einen großen und sichtbaren Schritt zum Gemeinschaftsmodell gegenüber dem heutigen Stand, welcher im Nizza-Vertrag kodifiziert ist. (Es ist ein Schritt weg) von jener Europäischen Union, zu der wir den Beitritt im Referendum billigten. Es ist eine weitere unzweifelhafte Beschränkung der Staatssouveränität der Tschechischen Republik"[46].

Schlusswort

Der Weg Tschechiens in die EU ist trotz einiger Spezifika kein Sonderweg. Die geopolitische Lage des Landes zusammen mit seinen wirtschaftlichen Eigenschaften macht es trotz aller überlegten Alternativen politisch unrealistisch und nachteilig, an einer erweiterten EU nicht teilzunehmen. Darauf haben sich schließlich alle wichtigen Parteien einschließlich der kritischen ODS geeinigt.

Die Zeit zwischen 1989 und 2004 ist nicht nur für Tschechien, sondern für ganz Mittel- und Osteuropa mit Analysestoff für das Studium der „Gleichzeitigkeit von Prozessen" gefüllt. Einerseits fand eine rasche wirtschaftliche und gesellschaftliche Transformation zum Liberalismus und zur Demokratie statt. Andererseits greifen in diesen Prozess stark die Europäisierung und die Globalisierung ein.[47] Eine umfassende politikwissenschaftliche Analyse der Osterweiterung wartet noch auf ihre Bearbeitung.

---

45 Manifest des tschechischen Eurorealismus, Dokument für die Ideenkonferenz der ODS, 2001, erhältlich unter www.zahradil.cz.

46 Rede von *Jan Zahradil* im Abgeordnetenhaus des tschechischen Parlaments am 7. Oktober 2003.

47 Vgl. hierzu *Sander*, Die Teilhabe mittel- und osteuropäischer Staaten an wirtschaftlichen Integrationsräumen, am Beispiel der Tschechischen Republik, in: Classen/Dittmann/Fechner/Gassner/Kilian (Hrsg.), „In einem vereinten Europa dem Frieden der Welt zu dienen ...". Liber amicorum Thomas Oppermann, Berlin 2001, S. 301-328.

Slovakia: Its Short Way from Independence to the European Union

*Jana Lednárová**

Introduction

The collapse of communism in Central and Eastern European (CEE) countries in 1989 made the East-West divide obsolete, and the slogan "back to Europe" became one of the most pronounced wishes of the revolutionary days. The new leaders of post-communist countries perceived the integration into the European Union (EU) as a chance to overcome the separation caused by the bloc politics of the previous 45 years and therefore EU-membership became their priority. Membership was thus perceived as "confirmation of their historical affiliation with the West and as another step away from Soviet rule"[1] while at the same time representing the opportunity to achieve economic and political stability. Also for Slovakia "the general social transformation and the endeavour to join the EU became two sides of the same coin."[2] Although the romantic image of EU membership was soon overshadowed by the highly technical and bureaucratic criteria for the enlargement process, CEE political elites continued to view accession into the EU as the top priority of their foreign policies.

This article outlines the main developments in Slovakia's endeavour to join the European Union, concentrating more on political, rather then economic or social aspects of the integration. The focus is on the role of the governing elites – analyzing how they approached and influenced the integration process of the Slovak Republic. The emphasis placed on the governing elites comes from my conviction that it has been the character of political elites and their approach to the European integration process that in the end shaped the relationship between Slovakia and the European Union, so influencing its association ambitions. As *Pridham* puts it: the *success of the EU-integration process* and the enactment of detailed EU conditions *"depends more than anything else on the willingness of*

---

* Master's thesis, Postgraduate Programme "Master of European Studies" 2002-2003.

1 *Pehe*, Enthusiasm for EU Club has Evaporated, Japan Times 31/8/03.

2 *Meseznikov*, Unity in the Union, NGO News – Issue 22, 2003.

political, and mostly government, elites in candidate countries to put them into effect in practice."[3]

After providing a short description of the dissolution of Czechoslovakia and its influence on the political development in the independent Slovakia, the article explores the nature of the first governing elite which, despite its pro-European rhetoric, became an obstacle to Slovakia's road to the EU. In order to illustrate this point, the article provides some concrete political acts and declarations of the Slovak government that prompted negative feedback not only domestically but also abroad. Indeed, the non-transparent and undemocratic practices of the *Meciar* government (1994-98) led to the exclusion of Slovakia from the first wave of enlargement negotiations.

The parliamentary elections of 1998 brought change in the governing elite and Slovakia's domestic and foreign policy. As a consequence, the relationship between Slovakia and the EU reached a qualitatively new level. The continuity in pro-European foreign policy after the parliamentary elections in 2002 and the positive developments in the integration process were rewarded at the Copenhagen Summit, where Slovakia - together with the other 9 first wave candidate countries – was invited to join the EU in 2004.

A. "Velvet Revolution" in 1989: Its Influence on the Dissolution of the Czechoslovakia

The strict communistic system in Czechoslovakia prevented the emergence of democratic challengers and therefore it is not surprising that in 1989 the democratic political parties were either nonexistent or in their early development stage. Therefore, it was the role of civic movements, which during the "Velvet Revolution" mobilized public support for democratic change, to negotiate new governments in order to replace the old Communist bureaucrats. In order to express the importance of this crucial historical moment, the "most potent electoral slogan [of civic movements] had been '*return to Europe*' – emphasizing the fact that the communist period had been an aberration from the country's democratic interwar history."[4] Although these civic movements – Civic Forum (OF) in the Czech Republic and Public Against Violence (VPN) in Slovakia – had either in-

3 *Pridham*, Complying with the EU's Democratic Conditionality, in: Europe-Asia Studies, No. 7, 1999, p. 1237.

4 *Henderson/Robinson,* Post-Communist Politics: An Introduction, London et. al. 1997, p. 136.

adequate or no experience in governance, they received widespread support in the first free and fair elections in 1990: OF ca. 50 % of the vote in the Czech Republic and VPN in Slovakia ca. 30 %, followed by the Christian Democratic Movement (20 %) and the Slovak National Party (13 %). Consequently OF, VPN and the Slovak Christian Democratic Movement (KDH) formed a coalition government at the federal level with a two year mandate.

One might claim that "[t]he elections themselves were used as a means of validating the rejection of communism"[5] and confirmation of the new, democratic course of the country.

The next elections in June 1992 were marked by the success of new political parties that had separated from the dissident base of the original civic movements. In the Czech Republic it was the conservative, market-oriented Civic Democratic Party (ODS) under the leadership of *Václav Klaus* and in Slovakia *Meciar*'s populist Movement for Democratic Slovakia[6] (HZDS) - each gaining approximately 33 percent of the vote for the Federal Parliament. The Communists came in second, with 14 percent.

In fact, the victory of ODS and HZDS had one common denominator - citizens of both parts of the country needed, in the uncertain period of the transformation, to lean on strong personalities such as the resolute and self-confident ODS leader Vaclav Klaus in the Czech Republic and HZDS leader *Vladimir Meciar* in Slovakia. Yet, the political and economical goals of both leaders were incompatible as the absolute winner in Slovakia, *Meciar*'s HZDS, was insisting on national emancipation for Slovakia and moderate economic reform, while right-centre oriented ODS in the Czech Republic, headed by *Václav Klaus*, emphasized maintenance of a strong federal system in Czechoslovakia and radical economic reform. This difference in the election-programme of the two parties secured the votes for HZDS: large-scale economic change after 1989 had more painful consequences in Slovakia than in the Czech Republic. For many Slovaks voting *Meciar* "was the choice of protest against the economical 'shock therapy' ordered from Prague."[7]

The conflicting priorities of new political elites and their conceptions about future development within the common state, combined with the unwillingness of *Meciar* and *Klaus* to retreat from their positions, led to the division of Czechoslovakia at the end of 1992. As *Zák* emphasizes: "(...) both parties lacked the ability to make compromises and to share the power. For decision-makers on

---

5 *Birch*, Electoral Systems and Party System Stability in Post- Communist Europe, Basingstoke 2001, p. 9.

6 HZDS is viewed as a party with a wide programme profile, based on 3 main pillars: Christian, national and social.

7 *Vodička*, Koalitionsabsprache, in: Kipke/Vodička (eds.), Abschied von der Tschechoslowakei, Köln 1993, p. 99.

both sides, preserving the republic was of less importance then their other political goals."[8] This happened despite the fact that the citizens did not provide the winners of elections 1992 with a mandate for the split of the republic, as the only party pursuing independence in their election programme was the Slovak National Party (SNS) that achieved less then 10 % of the vote in Slovakia, and there was no referendum on the division of the state. Therefore, the legitimacy of the Czechoslovakia's split might be questioned. Nevertheless, after achieving independence, both republics continued to be governed by the parties that had been elected to the National Parliaments in the June 1992 elections and that brought about an independence which had not been specifically mandated.

With the dissolution of the common state, Slovakia was left with very difficult tasks of "creating simultaneously a new nation, a new economic structure, and new legal and political institutions."[9] Moreover, as *Henderson* and *Robinson* emphasize, "the difficulties of new statehood were reflected in the political system as well. Whereas in the Czech Republic the major political cleavage was an economic one between right and left, in Slovakia the main cleavage revolved around issues of Slovak nationhood."[10]

B. Period of 1993 – 1998: A struggle for democracy

After the split of the common state in 1993, political developments in Czech Republic and Slovakia took clearly different paths. "The Czech Republic became seen as a model of democratic development, securing early membership in NATO and the European Union, while Slovakia continued its questionable commitment to democracy and failed to be admitted to either NATO or the EU."[11]

With the emergence of a sovereign nation-state, Slovakia found itself in an awkward position. In January 1993, the "thousand-year desire" for an independent Slovak nation was finally achieved. The Slovak question was then believed to be closed. However, this did not happen, since Slovak independence was not

8 *Musil*, Introduction, in: Musil (ed.), The End of Czechoslovakia, Budapest et. al. 1996, p. 5.

9 *Elster/Offe/Preuss*, Institutional Design in Post-communist Societies, Cambridge et. al. 1998, p. 292.

10 *Henderson/Robinson* (see fn. 4), p. 373.

11 *Glenn*, International Actors and Democratization: US Assistance to New Political Parties in the Czech Republic and Slovakia, EUI Working Paper SPS No. 99/7, 1999, p. 34.

the clearly expressed preference of the vast majority of its citizens. Thus political discourse continued to be framed in terms of differing images of the nation. Clearly, Slovakia as a newly born state needed sufficient time to gain public legitimacy and to cultivate self-confidence in the international environment. To Slovakia's disadvantage, the process of national consolidation (which had occurred in other Western countries one century ago) took place at a time of international globalisation and, in our context, European integration. Thus Slovakia faced a dilemma, which consisted of two justifiable historical moves: on one side "return to Europe" as a clear departure from 40 unfortunate years of communist rule and, on the other side, defending Slovak independence and sovereignty as a solution for its long-standing, unsatisfied nationalist aspirations. Understanding this perspective, it becomes more explicable why the question of national sovereignty resonated in the first year of the independent Slovakia in the public debate and on the Slovak political scene. Moreover, this logic can be also applied to developments in the independent Slovakia, where nationalist and populist parties, with ambiguous pro-EU integration programmes, were becoming leading governing parties in Slovakia. These political forces, while claiming that EU-membership was desirable, were emphasizing that entering the EU would mean the transfer of just gained sovereignty from the ever dominating Czechs (and formerly Hungarians) to the supranational body of the EU.

Whereas the fate of national sovereignty and consequently national identity was among the most common topics in the discussion about the future of the European Union and whereas Slovakia performed quite sensitively on this issue, one may understand that the program of European integration polarized, in the first years of the existence of the Slovak Republic, the political scene as well as the wider public. In this period, we may observe two competing principles on the political scene in Slovakia. On one side, there were parties defending membership in the EU as a guarantee of security and prosperity for the individual citizens. On the other side, there were parties struggling for "the rights of the nation". The latter principle prevailed in the Slovak politics of 1993 – 1998 and its consequences should be touched upon in the following paragraphs.

It is important to note that the party system in the first years of the independent Slovakia was characterised "by splits, new party formations, temporary election alliances and 'renversement d'alliances' in the course of the legislature, the collapse of coalitions and the consequent destabilisation of governments."[12] This turbulence was caused by the controversial figure of *Meciar* as the "parties have defined themselves in relation to *Meciar*: for him or against him."[13]

12 *Fitzmaurice*, Politics and Government in the Visegrad Countries, Basingstoke et. al. 1998, p. 139.

13 *Fitzmaurice* (see fn. 12), p. 33.

The Slovak political scene was, in its first years, dominated by the HZDS party with its controversial leader *Meciar*. The influence of other parties – Party of Democratic Left (SDL with 19 % in the 1992 elections), Christian Democratic Movement (KDH, 12 %), Slovak National Party (SNS, 10 %) and Hungarian Coalition (8 %) – was of minor importance.

Interestingly enough, the autocratic style of *Meciar* became the target of criticism from his own party-affiliates already in his first years in office. As a result, during 1993 a group of HZDS members around Foreign Minister *Moravcik* formed a new party – the Democratic Union (DU). This party-fragmentation led to the loss of HZDS' political majority in the Parliament. In fact, it was President *Kovac*, who "added his weight to the anti-*Meciar* movement in parliament in a speech on March 9 in which he accused the prime minister of incompetence and obstruction of democracy"[14] and which led to the no-confidence vote against *Meciar*'s government. The vote resulted in *Meciar*'s demise and he was replaced in spring 1994 by *Moravcik*, supported by a broad anti-*Meciar* coalition of both left and centre-right opposition parties.[15] The new government's expectations of getting enough support in the upcoming September elections to continue in office were disappointed; indeed, *Meciar* returned to power. The failure[16] of the Democratic Union could be attributed, among other factors, to the weak leadership of *Moravcik* and the short period of government that didn't provide enough time for developing the party's credibility among voters.

With *Meciar*'s populist-nationalist government "firmly reinstalled through the general elections of fall 1994, and with the two coalitions parties of the ruling HZDS being positioned, respectively, on the far right (Slovak National Party) and the far left (Union of Slovak Workers), majority nationalism and the defence of the nation against its alleged enemies has become the unifying agenda of the governing forces."[17]

In order to consolidate his repossessed political power, *Meciar* started to pursue harsh repressive practices. This led to further conflicts with opposition political parties and President *Michal Kovac*[18], who indeed "effectively emerged as a one-man opposition to the personalised rule of *Meciar* as a leader

---

14 *Goldman*, Slovakia since Independence: A Struggle for Democracy, Westport et. al. 1999, p. 68.

15 The coalition was formed by SDL, KDH, DU and several other small parties.

16 Party received 10 % support in the elections.

17 *Elster/Offe/Preuss* (see fn. 9), p. 257.

18 Although a founding member of the HZDS, President *Kovac* turned against *Meciar* (becoming non-party as president) during 1993 in the interests of national stability and brought about the downfall of the *Meciar* government in 1994.

of HZDS."[19] President *Kovac*'s role had thus major political significance for the foreign policy of the country under these particular conditions in Slovakia.

Although the period of *Meciar*'s government was marked by unexpected economic success, it was – on the other hand - troubled by continual violation of democratic principles by its leader. In the words of one commentator, who perceived the reality of the political situation in Slovakia as: "the 'curious notion of democracy' (...) in which the ruling coalition perceived that 'winning a democratic election meant gaining a mandate to govern entirely as they wished'."[20]

I. Official foreign policy of the Slovak Republic and institutional relations with the EU

Since the establishment of the independent Slovakia, the Slovak government has continuously reaffirmed its adhesion to the county's pro-European orientation - joining the EU being the top foreign policy priority. For instance, *Meciar*'s "government's program, announced in January 1995, underscored the determination of Slovakia's new leadership to follow the rules laid down in the international documents that the country had signed, to make an effort to harmonize national legislation with EU standards [and] to proceed with full trade liberalization."[21]

Moreover, when comparing the election programs of the main Slovak political parties in respect to European integration, one sees that all of them declared their support for Slovakia's integration into the political and economic structures of Europe.

Yet the everyday political reality was much more pluralistic. When comparing the party programs with the rhetoric of particular political representatives, one may reveal more diverse approaches towards the EU-enlargement issue. First, the parties with a clear commitment to EU-membership could be identified. Among the parliamentary parties these were represented by the Christian Democratic Movement (KDH), the Party of the Democratic Left (SDL), the Democratic Union (DU), the Democratic Party (DS) and the Hungarian Coalition "Coexistence". Second, we can identify parties with a rather "eurosceptic" character, such as the extreme right Slovak National Party (SNS) and even the

---

19 *Lewis*, East-Central Europe, in: White/Batt/Lewis (eds.), Developments in East European Politics, Basingstoke/London 1993, p. 37.

20 *Zajac*, Conclusion, in: Butora/Skladony (eds.), Slovakia 1996-1997: A Global report, Bratislava 1998, p. 211.

21 East European Constitutional Review: Constitutional Watch: Slovakia, Fall 1997, Vol. 6, N. 4, p. 1. (http://www.law.nyu.edu/eecr/vol6num4/constitutionwatch/slovakia.html [13.05.2003]).

Association of Workers of Slovakia (ZRS) – both coalition partners of HZDS's government in the years of 1994 – 1998. One of their "eurosceptic" arguments is the prerequisite of avoiding Slovakia's loss of sovereignty as a result of entrance into the EU. However, there is no direct disagreement with EU-membership articulated openly in their election programs. The drive for such moderate formal expression on the issue might have been traced to the fear of losing a part of the electorate, which was still greatly committed to a "Western orientation". Yet the parties′ rhetoric made the real position of these parties clear for observers. To use a (somewhat extreme) example: the Chairman of the SNS, *Jan Slota*, on the EU criticism of Slovak fulfilment of the political criteria for membership in 1996, reacted that "the members of the SNS will not suck up to anyone, neither the EU nor NATO. For 40 years we have been listening to the arrogant Soviets, Bolsheviks, Communists and criminals. Now we are expected to listen to another arrogant lot for the next 40 years. No way."[22] This kind of rhetoric shows that the vivid memory of an "inferiority complex" of an unfulfilled nation, cultivated during the whole Czechoslovak era, can help create an underlining argument for a party's opposition to Slovak membership in the EU.

Meciar's HZDS, with a very ambiguous party programme, could be also designated as eurosceptic in character. HZDS maintained, at least formally in its election program, that integration into the EU and NATO was desired. On the other hand, in its foreign policy chapter, the HZDS claimed to actively promote state independence, territorial unity and sovereignty of the Slovak Republic. Moreover, as I will prove later in this paper, the official rhetoric of HZDS' EU-membership support was quite far from the real politics of the *Meciar′*s regime, which led to Slovakia's exclusion from the first wave of EU candidate negotiations.

The first Slovak government inaugurated in July 1992 proclaimed that membership of the European Union was the primary goal for an autonomous Slovak Republic. Accordingly, Slovakia started to undergo formal procedures to accomplish this goal. Firstly, in 1993 Slovakia signed new European Agreements with the EU, which was a necessary consequence of the dissolution of Czechoslovakia.[23] In 1994 the country's representatives took part in the EU Summit in Essen where the Strategy of Preparation of the Associate Countries for the Membership in the EU was accepted.

Also the program of the new government installed in January 1995 stated that its foreign policy priorities included membership of Slovakia in the EU. Consequently, in order to express the seriousness of their undertaking, Slovakia

22 See the article of *Mesežnikov*, How Political Actors View European Integration in Slovakia, in: Bajomi-Lazar/Hegedus (eds.), Media and Politics, Budapest 2001.

23 Europe (Association) Agreements were signed with Czechoslovakia on 16 December 1991.

submitted its official application for membership in June 1995. The willingness to enter the EU was re-emphasized in the Memorandum accompanying the official Slovak Application for the Membership:

"The strategic objective of the Slovak Republic is to become a full-fledged member in the EU within the time horizon around the year 2000. The Slovak Republic wishes to join the EU as an equal member actively contributing to the advantageous multifaceted cooperation."[24]

As a result of progressing relations and negotiations with the EU, special working bodies constituting the institutional framework were entrenched. The preparation of the institutional framework stood as a precondition for selecting negotiation partners as well as securing the mechanisms of implementing, managing and monitoring all areas of the relations. Therefore, the Council for Integration into the European Union at ministerial level and specialized departments responsible for all EU-related matters in each ministry were created. Also, there was a Committee for European Integration at the parliamentary level established in 1996, where the governing coalition decided to abandon the customary method of assigning committee membership proportionally to party composition in the parliament. After such delimitation of opposition politicians from membership (or chairs) in this committee, *Meciar*'s government took practically all the responsibilities and power concerning integration under its control. In fact, we might talk about the hegemony over foreign policy executed by the politics of *Meciar* and his team, as will be discussed in the following chapter.

II. Working on approximation to the EU in domestic policies and domestic debate on EU membership

From what was demonstrated so far it is obvious that officially the Slovak government committed itself to European integration. In this chapter I attempt to investigate the consistency of this commitment according to the performance in domestic politics and in debates undertaken on the domestic political scene.

The Slovak governmental elite, although officially proclaiming EU-integration as being the main aim of their foreign policy, proved in reality to be reluctant as regards European integration in several ways. It was *Meciar*'s pursuit of political dominance which overshadowed the country's prospects for EU membership. As commented by some observers: "although the programme of *Meciar*'s third government prioritised the desire for integration into European structures, much of Slovakia's internal politics appeared counter-productive to this goal."[25]

---

24 *European Commission*, Agenda 2000 – Opinion on the Slovakia, Brussels 1997, p. 58.

25 *Henderson/Robinson* (see fn. 4), p. 375.

Also in the field of foreign policy there were rather negative signals sent by *Meciar*'s government in contrast to its official proclamations. One example was the improper handling of the Ministry of Foreign Affairs and its personnel. Had the governing elite been really committed to the soonest possible accession into the EU, it would have definitely concentrated on supporting the strong representation of the country in its member states. The opposite was however happening. In 1996, for example, there were empty ambassadorial posts in Italy, Great Britain and Ireland. Leaving the diplomatic post empty in the Netherlands, in the first half of 1997, was notably unfortunate because the Netherlands was at that time presiding over the EU. This was a great political mistake by *Meciar*'s regime, particularly if we take into consideration that Slovakia was a newly born state seeking international credibility.

Last, but not least, the cabinet's reluctant commitment to European integration was manifested by naming *Kalman* (Association of Workers of Slovakia) as a Deputy Prime Minister responsible for European Integration, and *Sitek* (Slovak National Party) as a Minister of Defence respectively. One may ask in this respect, whether the representatives of parties openly opposing NATO and EU-membership might articulate support to these organizations in the international discourse.

However, it was mainly the domestic behaviour of the governing political elite, which was making membership of the EU a more and more distant reality. The governmental elite approached the consolidation of the new state with authoritarian and nationalist aspirations. For example, national minorities, officially making up more than 10 %[26] of the population, suffered institutional discrimination. Passing the law on the state language – depriving the minorities from officially using their mother tongues, demonstrated nationalistic tendencies pushed by coalition politics and it increased international concerns about the political course of the Slovak government. Also *Meciar*'s views on the Roma question aggravated the tension at both the national and international level. "His treatment of minorities has emerged as a major sticking point for European and trans-national organizations."[27]

Besides the nationalistic aspirations of the governing elite, *Meciar*'s politics was guided by authoritarian aspirations. In order to strengthen his dominant role, it was necessary to get rid of the political competition. The amendment of election law and changing the procedural habits in parliamentary management were designed to serve this purpose. Accordingly, the opposition were discriminated against in Slovakia. With respect to European integration, the opposition

26 A census conducted in May 2001 states following: 9.7 % citizens declared themselves to be Hungarian, 1.7 % Roma, 0.8 % Czech, 0.65 % of Ruthenian and Ukrainian origin. Estimates put the Roma minority, however, at up to 10 % of the overall population.

27 *Lewis* (see fn. 19), p. 38.

MP's were, for example, deprived of membership or chair positions in the respective committees. As *Abraham* stresses:

"Thanks to this intimidation, the opposition must have constantly fought for its sheer survival and thus did not have enough energy for exercising standard opposition politics. They were effectively removed from all executive or legislative positions usually allocated for the opposition as well as from state TV and Radio, through which they could have influence or expose the excesses of the *Meciar* government."[28]

Since the opposition did not have naturally any formal access to the ministries, the opposition politicians did not operate with any legal means to articulate their position on integration. It was President *Kovac* alone who mediated the information on Slovakia's non-standard political situation as well as the oppositions' support for democracy and EU-integration abroad. In order to eliminate his opponent, *Meciar* tried different means to weaken and discredit the President. When *Meciar*'s plan of a "no confidence vote" for the President in Parliament failed, he used more extreme tactics. "Although the evidence is circumstantial, many people believe that *Meciar* had a hand in the kidnapping of President *Kovac*'s son, *Michal Jr.*[29], at the end of August 1995, in an effort to distract and demoralize the President."[30] The ongoing conflicts between President and Prime Minister had a negative impact on domestic as well as international affairs. Using the international space for fighting domestic problems together with diverse and inconsistent Slovak state presentation led to a "schizophrenic image" of the foreign policy of Slovakia.

As a reaction to *Meciar*'s efforts to strengthen his powers, there were signals coming from the EU regarding the „worrying“ trend of the political development in the Slovakia. "The European Union issued Slovakia with two demarches, the first in November 1994 relating largely to attempts to oust the Democratic Union from parliament, and the second in October 1995 as a reaction to attacks against the President."[31] Yet it was not unusual when governing elites responded to these criticisms defensively. When EU officials, in 1996, pointed at Slovakia's political development being inconsistent with the Copenhagen political criteria for membership, *Meciar* „commented on the critical statements, 'it

---

28 *Abraham*, The End of Illiberal Democracy in Slovakia?, in: Slovak Foreign Policy Affairs, Fall 2001, p. 8.

29 President's son was kidnapped to Austria; Austrian police was in fact informed by the abductors where to find *Kovac Jr.* as he was wanted for questioning in a fraud case in Germany. Later Austrian court ruled that the abduction was most likely the work of Slovak authorities, although *Meciar* repeatedly denied this.

30 *Goldman* (see fn. 14), p. 73.

31 *Henderson/Robinson* (see fn. 4), p. 375.

is necessary to listen to everyone but we will do things our way'."[32] And instead of complying with EU recommendations in order to improve Slovakia's international reputation as well as its chances of EU-membership, *Meciar*'s government pursued further its quasi-authoritarian style of leadership. As *Goldman* emphasizes: "by 1997, *Meciar* had contrived an undemocratic concentration of power in the cabinet that, when taken together with HZDS control of parliament, established something of political dictatorship."[33]

Therefore, the European Commission's 1997 Opinion on Slovakia's application for EU membership, stressing that neither the rule of law nor the democratic institutions were firmly established in the country, was no surprise to anybody but the government. The government's reaction was following the path of its previous feedbacks; with *Meciar* claiming: "we refuse to accept the EU countries' attempts to manipulate Slovakia as if we were some lost carriage. There is no future for a Europe of equal nations if it repeats the mistakes of the Soviet Union, and if it carries on in the ways which we were used to in the past and which harmed us."[34]

Despite these reactions, the EU's opinion provided the government with an impetus to demonstrate their continuous commitment to European integration to both internal and external observers. In the course of 1997, notwithstanding the struggles between coalition and opposition parties, Parliament passed almost unanimously a declaration on their shared intention to join the European Union. Subsequently, "*Kovac* and *Meciar* jointly issued a similar statement, pledging to 'work together to facilitate Slovakia's entry into the EU'."[35]

Nevertheless, the observable violations of the Copenhagen criteria such as violating democratic and human rights principles were pointed out in "Agenda 2000 – Commission Opinion on Slovakia's Application for Membership of the European Union". The Commission, among other things, states that "Parliament in Slovakia does not carry out its duties in conditions which comply with the normal rules for the operation of democracy" and that "the present government does not fully respect the role and responsibilities of the other institutions and frequently adopts an attitude which goes beyond the confrontations traditionally accepted in a democracy."[36] As a result, *Slovakia was excluded from the first wave of candidate negotiations*.

The decision of the European Commission even aggravated the anti-EU sentiments of the Slovak governing elite. In respect to the international commu-

---

32 *Mesežnikov* (see fn. 22).

33 *Goldman* (see fn. 14), p. 78.

34 *Mesežnikov* (see fn. 22).

35 East European Constitutional Review (see fn. 21), p. 4.

36 *European Commission* (see fn. 23), p. 15-16.

nity the governmental political elite started to suggest that it felt "offended". *Meciar* accused the EU of unjust evaluations, "double standards" applied to Slovakia. His famous statement "If they do not want us in the West, we will go to the East" only confirmed the ideas with which *Meciar* and his supporters collaborated – the idea of a unique role of Slovakia in the international field as a bridge between the West and the East. Consequently, Slovakia started to strengthen its relations with Russia. Already in 1996, there were meetings of Slovak and Russian Foreign Policy Committees, later on Russian MPs were invited to the HZDS Republic Assembly. A set of new agreements – on cultural centres, cooperation in the area of special (military) technique or police cooperation were signed. Such a swift change in foreign policy orientation confirmed how vague the Western orientation of the *Meciar* government was.

Even in front of the domestic audience the government did not accept any criticism and responsibility for the failure to keep the track with other Visegrad countries, as Slovakia was the only associated country evaluated as not meeting the political criteria and thus not being included into the first wave of negotiations. Rather, *Meciar* "blamed Slovakia's 'negative image' on the alleged intransigence of his political rival President *Michal Kovac* and the opposition's anti-government rhetoric."[37]

Interestingly enough, *Meciar* – despite the negative reaction of both international (EU, NATO) and domestic actors – has routinely mentioned in his speeches that "'strategic geopolitical location' and 'excellent economic performance' will guarantee the success of Slovakia's bid to join European structures."[38] On the other hand, he continued the course of his own problematic leadership, which caused Slovakia's exclusion from the EU integration process.

At the beginning of 1998, when President *Kovac*'s term in office ended, Parliament was incapable of electing a successor as no candidate[39] was able to obtain the required three-fifths of the vote from MPs. As a consequence, after the expiration of *Kovac*'s mandate in March 1998, Prime Minister *Meciar* was able to take many presidential powers upon himself. "*Meciar*'s first acts as interim president were to dismiss 28 ambassadors appointed by *Kovac* (Art. 102.b), to grant amnesty to those connected with the 1995 kidnapping of

---

37 East European Constitutional Review (see fn. 21), p. 2.

38 Ibid.

39 The underlying problem of unsuccessful presidential elections was the fact that neither HZDS nor its coalition partners (SNS, ZRS) nominated their candidate. Observes assumed this being a tactics of *Meciar* in order to obtain the presidential powers himself. What, in fact, turned to be a good tactics.

Kovac's son (Art. 102.i) and to cancel the referendum on direct presidential elections called by *Kovac*."[40]

C. Period of 1998 – 2002: 1998 Elections and their implications on the EU integration process

That the 1998-elections were absolutely critical for further political development in Slovakia was apparent to all opposition parties and most Slovak intellectuals. The Slovak Democratic Coalition[41] (SDK) as an anti-*Meciar* platform - with its main election campaign slogan being "SDK – a real chance for change" – was set up to achieve this aim. The clear message of the new party – 'to build a democratic state in Slovakia', convinced a significant part of the electorate and SDK got 26,3 % of the votes, following closely behind *Meciar*'s HZDS with 27 %. Although HZDS received the largest percentage of the vote in the elections, it was unable to form a coalition government. As *Abraham* implies, the fall of *Meciar*'s government was "the result of a shift in the overall political culture in a society that had overwhelmingly rejected populist and nationalist policies and rhetoric; the democratic heritage that, although much damaged and distorted, survived somehow in the historical memory"[42] and allowed for the emergence of a new, democratic government.

The need for joint action against *Meciar*'s authoritarian power and common views on democracy and Slovak foreign policy allowed the formation of a broad coalition government, which included: SDK, the Party of the Democratic Left (SDL), the Party of the Hungarian Coalition[43] (SMK), and the newly created Party for Civic Understanding (SOP). "Despite the diversity of their political programs, ideological profiles, and approaches to societal problems, all of the coalition members were committed to democratic principles and the rule of

---

40 East European Constitutional Review, Constitutional Watch: Slovakia, Winter 1998, Vol. 7, N. 1, p. 4.

41 SDK – created in 1997 as a coalition of conservative right-center Christian Democratic Movement, liberal Democratic Union, conservative-liberal Democratic Party, Social Democratic Party of Slovakia and Green party in Slovakia.

42 *Abraham* (see fn. 28), p. 1.

43 SMK was established prior to 1998 elections by including Hungarian Christian Democratic Movement, Coexistence and Hungarian Civic Party.

law, and all supported Slovakia's integration into the European Union"[44] what made their post-election cooperation at the governmental level possible.

The opposition was formed by two previous governmental parties: *Meciar*'s HZDS and Slovak National Party (SNS).

The leader of the Slovak Democratic Coalition (SDK), *Mikulas Dzurinda*, replaced Prime Minister *Meciar*. The new government under *Dzurinda*'s leadership articulated a clear commitment to Slovakia's accession into the EU. SDK itself hoped for Slovakia's membership on the earliest possible occasion as they perceived this membership as a guarantee for future political as well as economic stability and prosperity. SDL, a party of reform communists, having a "prudent approach to privatisation, placing emphasis on control of private monopolies and social rights"[45], shared this vision with SDK. Its manifesto explicitly stated that SDL wanted Slovakia to contribute to the creation of the common European space, which would ensure stability and security for the country. SMK, a right-centre party that professes Christian, conservative and liberal values, favours full decentralisation of the state, while minimalizing its impact in the economy as well as in public administration. The party is, according to *Rulíková*, "besides the SDK the most enthusiastic party as far as the European integration is concerned. Their motivation seems logical given the EU's promotion of minority rights [in terms of the accession criteria]".[46] President *Schuster*'s SOP[47], while created shortly before the elections, initially lacked a clear political profile, balancing between centrist and left-centrist orientation, though in some aspects leaning towards the right-centre axis. The party manifesto, being rather ambiguous, promoted partial state decentralization and limited state-control of the economy. Similarly, the party did not approach EU integration in much detail. Its manifesto proclaims concisely, but clearly, that Slovakia's membership in the EU is the party's foreign policy priority with the aim of joining the EU together with the Czech Republic, Poland and Hungary.

Shortly after the new government was elected, "the leaders of the four coalition parties have undertaken in a joint letter to the Commission to speed-up integration to the EU, fulfil the Copenhagen criteria as soon as possible and focus

---

44 *Bútora/Mesežnikov/Bútorová*, Introduction, in: Bútora/Mesežnikov/Bútorová/Fisher (eds.), The 1998 Parliamentary Elections and Democratic Rebirth in Slovakia, Bratislava 1999, p. 10.

45 *Fitzmaurice* (see fn. 12), p. 141.

46 *Rulíková*, The European issue in party manifestos in the Czech and Slovak national parliamentary elections between 1989 and 2002, 2003 (unpublished paper), p. 6.

47 SOP has been originally established in early 1998 only as a vehicle for the successful presidential candidacy of *Rudolf Schuster*; the party itself suffered in following years from organizational weakness what resulted in absolute unsuccess in next elections in 2002 (party did not reach necessary 5 % of votes to get to the Parliament).

on the short-term political priorities as defined in the Accession Partnership."[48] Political changes that had followed the parliamentary elections in 1998 together with the clearly pro-European attitude of the new government were verbally praised by the EU representatives. Nevertheless, the expectations of the new cabinet that Slovakia would be promptly invited to start negotiations on EU-membership proved too optimistic.

The new government began its term in office "against the background of slowing economic growth, widening macroeconomic imbalances, lagging transition reforms, concerns over governance, and a malaise in Slovakia's international relations."[49] Also a public sector with intense centralism, a discredited legal and judicial system and extensive administrative corruption – a heritage of *Meciar*'s government – was in need of quick transformation. Hence, one of the first acts of *Dzurinda*'s government, after being approved by the Parliament, was announcement of an anti-corruption program and public sector reforms, covering all problematic areas from public finance management, decentralization and civil service reform to judicial reform.

Another major problem for the new government was the need to elect a new Slovak president as Slovakia has been without one since the expiration of *Kovac*'s term in March 1998, when then Prime Minister *Meciar* assumed some of the presidential powers. After the necessary revision of the Constitution in order to allow for direct presidential elections, these elections were held in May 1999, resulting in a victory for the coalition candidate *Rudolf Schuster* (founder of the SOP) over former Prime Minister *Meciar*. This was perceived as another success of Slovak democracy by Slovak observers as well as foreigners.

EU officials in Brussels and other international organizations welcomed all these initiatives of the new government. Not only the government's official proclamations about EU-integration being one of the main goals of its foreign policy but also the cabinet's programme aimed at convincing the European Union that Slovakia should become a full member. New policies towards ethnic minorities are worth emphasizing in this respect. As stressed by *Bilčík*, "the passage of the Law on the Use of the Languages of National Minorities in July 1999 represented a fundamental change on the domestic political scene, as did the generally stable functioning of the new coalition, of which the Hungarian

48 *European Commission*, Regular Report on Slovakia's Progress Towards Accession, Brussels 1998, p. 8.

49 *World Bank*, Memorandum of the President of the International Bank for Reconstruction and Development on a Country Assistance Strategy for the Slovak Republic, Washington, D.C., 2001, p. 5.

Coalition Party was also a member."[50] Also the government's approval of the European Charter for Regional or Minority Languages, which was signed in February 2001, represented an important step in settling the controversial minority issues "inherited" from *Meciar*'s government.

Based on the developments in the first year of the new government, the Regular Report on the Preparedness of Slovakia for EU Entry in 1999 confirmed the fulfilment of criteria for opening negotiations on entry to the Union and recommended these negotiations to be opened with Slovakia. Consequently, the EU member states decided at Helsinki Summit in December 1999 to invite Slovakia (together with another 5 countries) to begin EU entry negotiations. This decision was perceived as the most important foreign policy success in Slovakia's short history. On the other hand, it represented an important challenge in terms of domestic economic, legal and institutional transitions in order to progress in negotiations with the EU.

Being aware of the fact that only an intensification of the country's legislative efforts would improve its chances of joining the Union together with the Luxembourg group (and specifically with so called Visegrad countries[51]), Slovakia managed, in the course of 2001, "to catch up with the best candidate countries, at least as far as the number of preliminarily closed chapters[52] of the acquis communautaire was concerned" [53].

Moreover, with the start of 2001 the Slovak government launched a "National Convention on the European future of Slovakia", aimed at stimulating nationwide public debate on the European issues. At this occasion Prime Minister *Dzurinda* presented his position regarding the finalité of the EU, being rather supportive of supranational concepts together with "the federalist model of the EU" [54]. Interestingly, Slovakia became the first EU candidate country to open

---

50 *Bilčík/Bruncko/Duleba/Lukáč/Samson*, Foreign and Defense Policy of the SR, in: Mesežnikov/Kollár/Nicholson (eds.), Slovakia 2000: A Global Report, Bratislava 2001, p. 243.

51 Group of countries: Czech Republic, Hungary, Poland, and Slovakia, which started their informal cooperation in 1990.

52 By June 2001 Slovakia closed 20 chapters compared to Czech Republic with 19, Hungary 22 and Poland 17 chapters.

53 *Bilčík*, Slovakia's integration to the EU, in: Mesežnikov/Kollár/Nicholson (eds.), Slovakia 2001: A Global Report, Bratislava 2002, p. 286.

54 *Dzurinda* argued that this model should guarantee the equality of all EU members, thus voicing concerns peculiar to a representative of a small state. His specific institutional proposals centered on a strengthening of the roles of the Commision, of the Parliament and of the Court while leaving the Council as an open question. (see in: Drulák (ed.), Analýzy 2002: Aktuální otázky integrace České republiky do Evropské unie, Praha 2002, p. 12).

such a public debate, thus signalling the government's serious commitment to EU ideas.

Yet, Slovakia's progress towards EU accession was not without impediments. In spring 2001 a scandal over mismanagement of EU aid funds broke out, to which the EU responded by freezing some of its funds for Slovakia. As a result of this scandal, the Deputy Prime Minister for European Integration was removed from his post and the Supreme Audit Office began investigations, with a negative outcome (no evidence of criminal behaviour was uncovered). Nevertheless, Slovakia, in order to please EU officials,[55] adopted a Financial Supervision Law on October 2001. Subsequently, the European Commission reacted by releasing the entire aid package to Slovakia, thus repealing its earlier decision to withhold the money.

With forthcoming elections in 2002 many foreign representatives were conveying their anxiety regarding the possible return of *Meciar* to power even though the HZDS, as a reaction to the genuine threat of the long-lasting political isolation, has attempted since 2000 to acquire the confidence of both domestic and foreign political representatives. HZDS demonstrated its pro-integration orientation using different tools, like organizing an extensive campaign for EU support or declaring the change of political profile of HZDS to a "people's party", while aiming at membership in European party structures.[56] Additionally, HZDS ceased cooperation with the Eurosceptic Slovak National Party. Yet, all these initiatives of HZDS did not convince domestic nor foreign observers their sincere and consequent intentions. For instance, "*Günter Verheugen*, the EU's commissioner in charge of enlargement, warned that Slovakia's chances of joining the EU 'could be jeopardized' if the country were to be led by a government 'incapable of completing preparations' for accession by 2004"[57], pointing in fact at the period of *Meciar*'s rule when Slovakia suffered from a democratic deficit, and was not fulfilling the Copenhagen criteria.

As the period of 1994 – 1998 led to de facto international isolation of Slovakia due to the undemocratic practices of *Meciar*'s government, the new cabinet devoted itself to improving the international reputation of Slovakia. In order to solidify the country's position on the international scene, the Slovak government tried to maintain close ties not only with EU officials, but also with indi-

---

55 Union urged the Slovak government to "create a more transparent organizational structure for drawing and allocating finances from EU funds, and adopt the legislation necessary to introduce control mechanism that should minimize the risks of abusing funds provided by EU taxpayers." (Hospodárske noviny, June 8-10, 2001).

56 *Balík/Kopeček*, Slovenské volby 2002 (Slovak Elections 2002), in: Central European Political Studies Review, Part 4, Vol. IV, Autumn 2002.

57 East European Constitutional Review: Constitutional Watch: Slovakia, Summer 2002, Vol. 11, N. 3, p. 3.

vidual member states. "These contacts were kept on both the lower (political and expert) level as well as on the level of governments, parliaments, and important non-governmental organizations."[58]

With the EU-integration as the focal aim of the foreign policy, the new government recognized the need for institutional improvements in order to support this aim and therefore, along with the establishment of the post of Deputy Prime Minister for European Integration, Human Rights and Minorities, the Office of Government increased the number of professionals dealing with integration issues. Moreover, during the first official visit of Prime Minister *Dzurinda* to Brussels, the creation of the European Commission – Slovakia High Level Working Group was agreed with EU Commissioner *Hans van den Broek*, in order to help Slovakia to enter effectively the process of preparing for EU membership.

The new cabinet realized soon the significance of bringing the Slovak Constitution in line with EU standards as a key prerequisite for EU accession, so the parliamentary Commission for Constitutional Change was formed in the spring of 1999. Consequently, by February 2001, Parliament adopted significant amendments[59] to the Constitution, which Prime Minister *Dzurinda*'s SDK considered necessary in order to resolve several contradictions in the Basic Law. According to the *Meseznikov*, "[t]he amended constitution deepened the country's democratic character and modernized the regulation of bonds between particular institutions."[60]

The institutional stability of political system in Slovakia after the parliamentary elections in fall 1998 as well as communal and direct presidential elections in the first months of 1999 together with relatively stable functioning of the new coalition presented encouraging signals to foreign observers about consolidation of Slovak domestic politics. Already the Regular Report 1999 confirmed the rectitude of the policies and transformations pursued by new government, while praising the fulfilment of political criteria as regards democracy, the rule of law and human and minority rights, and approving that Slovakia fulfilled the basic criteria for opening the negotiations on entry to the European Union, as discussed in above chapter. European Commission pointed in its report also some serious impediments in Slovakia's transformation process, like

58 *Marušiak/Duleba/Melišová-Bates/Lukáč*, Foreign Policy, in: Mesežnikov/Kollár/Nicholson (eds.), Slovakia 2001: A Global Report, Bratislava 2002, p. 231.

59 The amendments provide for the reform of public administration and the passage of legislation on regional elections, changes in the judicial system (e.g. establishing a new institution, the Judicial Council, in an effort to strengthen the judiciary), establishing the office of ombudsman, etc.

60 *Mesežnikov*, Slovakia: Consolidation of Democracy with State Sovereignity, in: Review of International Affairs (Mezđunarodna politika), Vol. L – LII, Nos 1078-1104, 2003.

the problem of independence of judiciary, high levels of corruption in both public and private sectors and the treatment of the Roma minority.

In the course of 2000 *Dzurinda*'s government declared corruption-fighting to be one of their key priorities. Consequently, they presented "National Program to Fight Corruption" which, among other, "includes preparation of concrete measures to improve public governance in the executive and judicial branches of government, reform the management of courts, and introduce better financial control and audit mechanisms."[61] One of the concrete steps, taken shortly after the above-mentioned program was announced, was adoption of a "Freedom of Information Act" by Parliament.

The EU Commission's report, issued in November 2001, was more positive than preceding reports, emphasizing the country's considerable progress in the further deepening of the stability of its institutions guaranteeing democracy as well as confirming Slovakia's economy to be a functioning market economy. Further, it praised the country's progress in the fight against corruption, decentralization of public administration, strengthening of the independence of the judiciary as well as undertaken constitutional reform. The report, however, pointed at the inadequate improvement in the situation of the Roma community and the need for immediate implementation of agricultural reforms.

The composition of the coalition government – with diversified political programs and ideological profiles of individual parties, where the aim of joining the EU constituted the only basis for its cohesion – brought with it several conflicts on adopting some legislation required for EU entry. One such conflict came up in 2002 over the passage of an anti-discrimination bill aimed at prohibition of discrimination based on race, language, age, religion, health, gender, and political or sexual orientation. The proposal provoked intense protests from the conservative KDH, which "claimed this law would be the first step toward allowing homosexual couples to adopt children, a policy they firmly oppose."[62] Indeed, at the time of writing this article the adoption of this legislation is still pending.

In May 2002 the government demonstrated, by refusing to sign the European Code of Social Security[63], that it does not accept uncritically all recommendations coming from the EU. As Vice Prime Minister *Miklos* emphasized "signing the code at that time would be irresponsible, because committing to the code would incur financial obligations Slovakia could not meet."[64] This, in fact,

61 *World Bank* (see fn. 49), p. 11.

62 East European Constitutional Review (see fn. 57), p. 2.

63 The code is a recommendation for EU members and candidates defining norms for social security coverage and minimum levels of protection for medical care, unemployment, and old-age benefits.

64 East European Constitutional Review (see fn. 57), p. 2.

was the first time that Slovak government had denied a recommendation of the European Commission.

As far as the *acquis communitaire* is concerned, its implementation has continued to run smoothly and no significant problems have been noted. In fact, the Chapter 2 – Free movement of persons – caused the most tensions in the negotiation processes as the imposition of a transitional period for the new EU members for a period of five to seven years was perceived negatively by both public and some politicians. The Slovak government has understood this decision of the European Commission as a "political approach", and there were also voices, that such a transitional period for new members is "unfair and taking all sense out of the European Union"[65]. Nevertheless, Slovakia accepted this transition period for the free movement of people and progressed successfully with the negotiations. By the end of September 2002, when new elections in Slovakia were taking place, 27[66] chapters out of 30 had been provisionally closed, equal to the number closed by Poland and more than the number of chapters closed by the Czech Republic and Hungary.

D. New elections in 2002 and their influence on a Foreign Policy and the EU-relations

The new parliamentary elections in Slovakia took place during very intensive EU negotiations, a few months before the significant Copenhagen Summit. The election results were awaited with some anxiety at home and abroad as they could influence considerably the enlargement negotiations. The elections were to confirm whether Slovak citizens preferred populist Eurosceptics or pro-European oriented politicians. In fact, re-election of *Meciar*'s HZDS could have led to the country's exclusion from the integration process.

The Slovak parliamentary election in September 2002 brought with it a few surprises. Although the elections were formally won by *Meciar*'s HZDS with 19.5 % of votes[67], followed closely by the Slovak Democratic Christian Un-

---

65 *Marušiak/Duleba/Melišová-Bates/Lukáč* (see fn. 58), p. 237.

66 Chapters to be negotiated: Competition Policy (Ch.6), Agriculture (Ch.7), Financial and budgetary provisions (Ch.29).

67 In comparison with previous results of HZDS: 1992 – 37 %, 1994 – 35 % and 1998 – 27 %, this result is rather weak.

ion[68] (SDKU) with 15.1 %, they in fact signified a significant victory for centre-right, pro-reform forces, as HZDS was unable to find a coalition partner and thus stayed outside the government. The new governing coalition was formed by the following parties: right-centre SDKU, right-centre Hungarian Coalition Party (SMK – 11.2 %), the conservative Christian Democratic Movement (KDH – 8.3 %), and the liberal Alliance of the New Citizen[69] (ANO – 8 %). Unlike the previous governing coalition, which was in fact an anti-*Meciar* alliance of centre-right and left-left parties, the new ruling coalition consisted of four right-right political subjects with similar programs, three of which (SDKÚ, SMK and KDH) were members of the previous government. Indeed, certain continuity between the new cabinet and the previous, with Prime Minister *Dzurinda* and Foreign Minister *Kukan* retaining their positions, could be perceived as a positive aspect for Slovak foreign policy. In fact, "an array of EU representatives as well as individual member states expressed in their statements unambiguous understanding of *Dzurinda*'s continuing engagement as prime minister as an assurance of Slovakia's smooth EU accession."[70] Without doubt, the election results created favourable conditions for strengthening the country's general pro-reform and democratisation course. Moreover, the results might indicate a new political era in Slovakia: the "pro-*Meciar*" and "anti-*Meciar*" division of the political scene seems to have been replaced by a more traditional right-left divide.

The opposition was formed by HZDS, a new party, Smer[71] (13.5 %), and the unreconstructed Communist Party of Slovakia (KSS – 6,3 %), which reached the 5 percent electoral threshold for the first time in the history of independent Slovakia, and so joined Smer and ANO as first-time parliamentary parties. The surprising electoral success of the Communists can be interpreted as a function of the lack of any viable alternative on the left, as the major centre-left party – SDL, perceived as the most problematic partner in the previous governmental coalition, virtually disintegrated and suffered from a huge loss of electoral support (from 14 % in 1998 to 1.36 % in 2002 elections). Moreover, the "dissatisfaction on the part of Slovak peripheries – eastern and partially centre Slovakia

---

68 SDKÚ was established at the beginning of 2000, partially as a follower of SDK after it dissolved back to original parties, which were forming this coalition. SDKU was formed from two main streams – *Dzurinda*'s wing of KDH and some party representatives from DU (e.g. Minister of Foreign Affairs *Kukan*).

69 ANO – centre oriented, liberal party – was founded prior to elections in 2001, by media magnate *Pavol Rusko*.

70 *Kopeček/Šedo*, Czech and Slovak Political Parties and Their Vision of European Integration, in: Central European Political Studies Review, Part 1, Volume V, Spring 2003, p. 9.

71 SMER ("Direction") was founded by *Robert Fico*, former Deputy Chairman of Slovak Democratic Left, in 2000.

where they won most of the votes and where negative economic and social phenomena developed in the course of the 1990's (high unemployment, lowering of living standards during social and economic transformation etc.)"[72] contributed to this success.

The parties of the new government coalition, as already indicated above, are all clearly pro-European oriented. *Dzurinda*'s SDKÚ, right-centre political party with Christian-democratic and liberal orientation, stressed during the 2002 election campaign its role in the success of Slovakia in the EU integration process, claiming to continue the policy-direction of the former SDK. In its Manifesto, the party presents itself as a guarantee for EU-membership, while emphasizing relations with the EU as being a basic pillar of their party programme.

The political ideas of SMK regarding the EU-integration do not differ from those of SDKU to any great extent. One of the main slogans of SMK's Manifesto is "Come with us to Europe", where the party underlines its participation in the previous government in connection with the success in the EU accession process and stresses the necessity to continue this process. Also KDH presents itself as a continuously pro-European party with a comparable view on the integration process to SDKU or SMK, while claiming in its Manifesto that there is no reasonable alternative to European integration.

ANO's election programme is relatively vague on the subject of European integration; besides stating that the party's basic priority is quick entry into the EU, the party stresses that "it is still necessary for our integrating ambitions to gain a wide-ranging global promotion"[73] through intensified contacts to the EU institutions and the member states.

The opposition parties are more heterogeneous regarding their relations to the issue of European integration, when compared with coalition parties. The biggest political party, HZDS, as already indicated in the previous chapter, adopted in the course of 2000 a strongly pro-European rhetorical stance. Already in its Political Declaration from 2000, HZDS stated that „[b]elieving that only a united Europe can guarantee freedom, stability, territorial integrity, inviolability of state borders, security, economic growth, and protection of the environment, the Movement for a Democratic Slovakia strongly supports Slovakia's integration into NATO and the European Union."[74] Further they stress that fully-fledged membership of the EU is in Slovakia's vital national interest and a key foreign policy priority. Likewise, the HZDS' Memorandum on the Integration of the Slovak Republic into NATO and the European Union from 2001 as well as its election programme for 2002 put a strong emphasis on the party's active role in ensuring Slovakia's membership in the European Union.

72 *Kopeček/Šedo* (see fn. 70), p. 7.

73 ANO Election Programme (http://ano-aliancia.sk), 2002, p. 11.

74 HZDS, Political Declaration (http://www.hzds.sk), 2000, p. 1.

Another party in opposition – newly founded Smer – can be described as left oriented with social democratic inclinations, although its leader claims that it is a "non-ideological" political subject. "As regards the party's approach to voters, its appeal contained a significant trace of social populism."[75] In its relations to the EU integration process Smer, since its establishment, supports fully Slovakia's membership in the EU. Nevertheless, its Party Thesis deals with the subject very generally, stating that "the objective of Smer is to be an active element in shaping the culture of a new Slovakia as an equal and judicious partner in the processes of European integration" with no further remarks on the integration process.[76] On the other hand, Smer's political strategy, since its founding, was based on strong criticism of *Dzurinda*'s cabinet, also in connection with the negotiation process with the EU, which intensified in the course of the 2002 elections. Moreover, Smer's rhetoric often accentuates the national interests and national identity, which together with the criticism of the government's - in Smer's judgment, unjustifiable - compliance with EU demands during conclusions of individual negotiation chapters might indicate the party's inclination to euroscepticism.

KSS sees itself as the successor of the Communist Party of Czechoslovakia that ruled the state till 1989. KSS presents no clear vision about the integration or further development of the EU. Although the party's 2002 election programme articulated support for EU membership, it stressed that the issue of EU accession will be relevant only after Slovakia "is unquestionably ready to face it."[77] Yet the unclear standpoint of KSS was, as pointed out by *Kopecek* and *Sedo*, delineated by the tone of KSS' magazine *Úsvit*, where articles on the issue of Slovak accession and the character of the EU were univocally negative.[78] In this respect, we may characterize also KSS as a Eurosceptic party.

Generally, it can be concluded that the results of the 2002 elections in Slovakia were very favourable for the country's integration ambitions, while also being positively received by foreign observers. The new coalition continued the efforts of the former government to progress in the process of EU integration. Similarly, the conclusions of the Commission's Regular Report 2002 confirm progress in many areas e.g. in the areas of public administration, judiciary as well as economic performance, where "macroeconomic stability has been achieved, reforms have accelerated while the Slovak authorities' commitment to

---

75 *Kopeček/Šedo* (see fn. 70), p. 6.

76 SMER, Party Thesis (http://www.strana-smer.sk), 2002, p. 3.

77 KSS, Election Program (http://www.kss.sk), 2002, p. 7.

78 *Kopeček/Šedo* (see fn. 70), p. 9.

the economic requirements of EU accession has been sustained".[79] Moreover, the government's efforts regarding the fight against corruption and the improvement of the situation of the Roma community were appreciated by the Commission, while adding that these efforts needed to be continued.

I. Copenhagen 2002

The end of 2002 was marked by very high expectations of the political elite vis-à-vis the historic Copenhagen Summit, where the accession processes of 10 candidate countries were completed.

One might claim that Slovakia's negotiators were coming to Copenhagen without any extensive demands. As *Jan Figel*, Slovakia's main negotiator, emphasized, the interest of the Slovak Republic is not only to enter the EU, but to be able to turn into an equal partner in its competitive environment. As *Figel* put it, "it is not in the interest of our country, thanks to compensation-payments, to slow down the formation of the [market] mechanisms, which would become sooner or later necessary as a part of more effective structural policy."[80] As a consequence of this policy Slovakia placed less emphasis on getting more financial resources from the EU budget. Therefore, when Slovak representatives managed, during the closing negotiations, to gain a $22.7 million increase for agricultural subsidies, additional funds for rural development as well as last-minute increases to funds for the decommissioning of the *Jaslovske Bohunice* V1 nuclear power plant, both coalition and opposition parties perceived the negotiation results as great successes.[81]

II. Referendum on EU membership

Although the Copenhagen Summit has given the "green light" to EU-enlargement, the accession of the respective countries into the EU was conditioned by the outcome of national referenda on EU membership, as well as the ratification of the accession treaty by the European Parliament and national Parliaments of the 15 current Member States.

---

79 *European Commission*, Regular Report on Slovakia's Progress Towards Accession, Brussels 2002, p. 126.

80 *Spengler/Thanei*, Slowakische Republik: Vom Problemfall zum Musterschüler der Europäischen Union, in: Welt-Report, Konrad-Adenauer Stiftung, März/April 2003, p. 17.

81 See East European Constitutional Review: Constitutional Watch: Slovakia, Vol. 11/12, N. 4/1, Winter 2002/ Spring 2003, p. 3.

The referendum in Slovakia is binding and complements the ratification of the Accession Treaty by the Parliament. The referendum outcome was, in fact, anticipated with some apprehension. However – in contrast to some other candidate countries – citizens' support for EU-membership was not the main cause for concern. Rather, the concern was whether the 50 % voter turnout required for the referendum's validity would be achieved. This anxiety reflected experiences from the past, when in the cases of four referendums that were held on other topics the 50 percent threshold was not reached. As far as the support for EU-membership is concerned, public opinion polls demonstrated continuous high support among citizens for EU-membership since Slovakia declared its intention of becoming a fully-fledged member of the European Union (see graph below).

"What would at present be your decision if there were a referendum on the entry of Slovakia into the EU?"

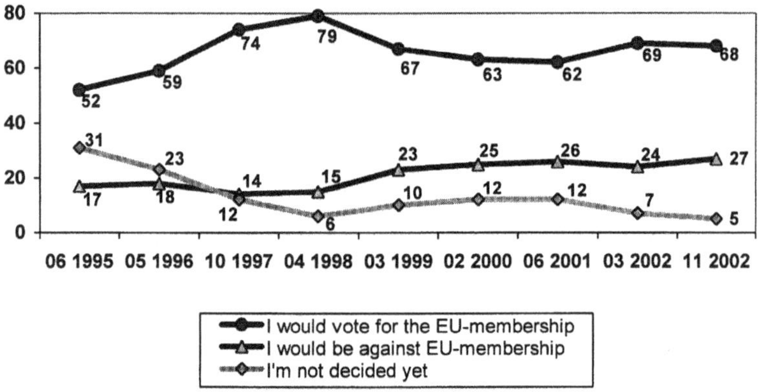

Source: Ústav pre výskum verejnej mienky (Public Opinion Research Institute)

Interestingly, Slovakia experienced the strongest support for the country's accession in the Union during the period of *Meciar*'s government, when the country due to its Prime Minister's undemocratic practices had been left out of early membership talks. It was at the end of the *Meciar*'s regime, in April 1998, when the EU-support reached its highest value – 79 %. As *Mesežnikov* explains, "the direct link that existed between the country's domestic political developments and its position in EU enlargement raised the public's concern with European integration."[82] The high public support for EU accession in that period can be

82 *Mesežnikov* (see fn. 22).

therefore perceived as a manifestation of the citizens' disagreement with the political course of the country.

As already mentioned above, there had been concerns among the political elite regarding the validity of the referendum due to the minimal turnout rule of 50 %. Despite the efforts of governing elites and media to boost the interest of citizens for EU- integration and the coming referendum and thus increase their participation, during the two-day referendum on 16 and 17 May only 52.15 % of eligible voters took part, only slightly above the minimum threshold required by law. There are different reasons for such low participation, but there is one common denominator for more of them – and that is apathy of the potential voters. These factors have been contributing on the domestic scene: Slovakia's previous negative experiences with referenda and its decreased credibility in the eyes of the citizens; so called voting fatigue due to the frequent elections; perception of Slovakia as a country that already passed all acts important for the EU-membership (Parliamentary elections 1998, 2002; closed accession negotiations and signed Treaty of Accession); declaration of politicians that even in the case that referendum is invalid the accession agreement can be ratified by the parliament,[83] to mention just a few. Indeed, the apathy of the voters can be traced also to the too complex and technical negotiations that were not understandable to ordinary people or signals of "second class membership" – the transitional period for the free movement of persons and lower economic solidarity as offered to previous newcomers to the EU.

Nevertheless, this was the first referendum in the history of the Slovak Republic to succeed and the outcome was an overwhelming: 92.46 % in favour of EU membership, with only 6.20 % against. This rather high support[84] can be traced, according to the *Gyárfášová*, to the insufficient public debate on the specific EU-issues such as European identity, the future of European integration and the place of Slovakia within this process, or what should the Slovak citizens expect from the EU-accession.[85] Also the homogenous rhetoric of all relevant parliamentary parties – fully devoted to Slovakia's membership in the EU – contributed to this positive outcome. Slovak political elites welcomed the referendum results very enthusiastically. Also the European Commission congratulated Slovakia for such significant support for EU accession, while claiming: "[t]his demonstrates the strong will of the Slovak people to join the European family of democratic nations as a member of the European Union, with equal rights and

---

83 See *Mesežnikov*, Co ovplyvnilo ucast na euroreferende, daily SME, 2.6.2003. p. 8.

84 Compared to other future Member States: e.g. Czech Republic 77.33 %, Hungary 83.76 %, Poland 77.45 %.

85 *Gyárfášová*, K Európskej únii o krôcik bližšie (One Step Closer to the EU), in: Mosty 10, March 2001, p. 2.

obligations."[86] All in all, the referendum on the EU-accession was successful and thus confirmed the willingness of Slovak citizens to join the European Union.

Conclusion

Ten years after achieving independence, Slovakia is close to realizing its strategic goal of becoming a fully-fledged member of the European Union. The accession negotiations were successfully closed on 13 December 2002 and the Treaty of Accession was signed on 16 April 2003. Following the positive outcomes of the referendum on the EU-accession, Slovakia's parliament ratified the European Union accession treaty on 1st July 2003 with an overwhelming majority (the vote was 129 to 10, with one abstention). The only Members of Parliament voting against the treaty were members of the eurosceptic Communist Party, claiming that Slovakia should be allowed to join under more favourable conditions. In general, though, the ratification results confirmed the strong will of Slovakia's governing elite as well as the public to become the part of the European Union. The Ratification Document to the Treaty of the Slovak Republic's Accession to the European Union was signed also by President Rudolf Schuster, on 26 August 2003. The Treaty of ten countries accession to the European Union shall come into effect on 1 May 2004 after being ratified by all EU member states.

Nevertheless, with this ratification the transformation process is not at an end. The recently (November 2003) published "Comprehensive monitoring report on Slovakia's preparations for membership" claims that although Slovakia has "reached a high level of alignment with the *acquis* in most policy areas"[87], in certain areas the commitments and requirements are met only partially and four issues were regarded as being of serious concern. Yet, as stressed by the Commission, Slovakia has made enormous progress since May 2003 when it was characterized as "the least prepared accession country in terms of ability to draw from the structural funds"[88] and there are no doubts that the country will be prepared for accession by May 2004. Moreover, the head of the Delegation of the European Commission to Slovakia *Eric van der Linden* emphasized that the

86 See http://www.euractiv.com/cgi-bin/cgint.exe/426700-928?204&OIDN=1505685&-home=search (17.06.2003).

87 *European Commission*, Comprehensive monitoring report on Slovakia's preparations for membership, Brussels 2003, p. 52.

88 *Gyárfášová*, Slovakia heads for the EU, in: Az Európai Tanulmányok (Európa 2002), Vol. IV, No.2, July 2003, p. 4.

monitoring report on Slovakia is „one of those positive ones, if not the most positive“[89]. The Slovak government welcomed the report as being objective, while emphasizing that it motivates the government in its efforts to complete Slovakia's preparations for accession before the actual date of accession.

In May 2004, Slovakia, together with 9 other countries, will join the European Union as a full member with a stable institutional system, a functioning market economy and a sufficient standard of human rights protection. However, Slovakia has to continue its efforts in order to become an equal partner of the EU member states. There are still challenges - such as adoption of the single currency or joining the Schengen Agreement - facing the country even after the accession. As *Bilčík* points out: "[f]or meeting EU standards will require that Slovakia's domestic institutions and coordinating structures are adequate. Making domestic decision mechanisms more European in nature remains a long-term challenge".[90]

But all in all, Slovakia's accession can be perceived as the final step in the country's democratic and societal transformation. The intense efforts of the governing elites and citizens to become a part of the EU will be soon rewarded and the legitimacy of the first post-communist governing elites "back to Europe" – objective will be thus confirmed.

---

89 Daily SME, 6. 11. 2003, http://www.sme.sk/clanok.asp?cl=1157807 (6.11.2003).

90 *Bilčík*, Slovakia's Integration to the EU, in: Mesežnikov/Kollár/Nicholson (eds.), Slovakia 2002, Bratislava 2003, p. 340.

Reine Verhandlungssache? – Über Erfolgsbedingungen eines EU-Beitritts der Türkei

Jens Bergstein und *Oliver Schlodder**

Einleitung

Der Beitritt der Türkei in die EU ist seit Jahrzehnten ein in den kerneuropäischen Ländern kontrovers diskutiertes Thema. Nicht immer basieren die vorgebrachten Argumente auf rein rationalen Überlegungen, sondern oftmals auf Emotionen und Vorurteilen, die der Türkei und dem türkischen Volk entgegengebracht werden. Was sind also die Erfolgsbedingungen eines Beitritts der Türkei in die EU? Ist ein Beitritt reine Verhandlungssache, oder sprechen fundamentale Gründe dagegen? Im Folgenden wird eine Stellungnahme herausgearbeitet, beginnend mit der Geschichte der Beziehungen zwischen der Europäischen Union und der Türkei, bis zu Themen, die bisher in der öffentlichen Diskussion eine nur sehr untergeordnete Rolle gespielt haben.

A. Geschichtliche Grundlagen

Die Geschichte der Beziehung zwischen der Europäischen Union bzw. der Europäischen Gemeinschaft und der Türkei kann als ein Prozess gesehen werden, der sich bereits seit Jahrzehnten entwickelt und der durch eine sich verstärkende Annäherung beschrieben werden kann. Bereits 1949 wurde die Türkei eines der ersten Mitglieder im Europarat[1], 1952 trat sie der NATO bei[2] und 1959, zwei Jahre nach der Gründung der Europäischen Wirtschaftsgemeinschaft (EWG), stellte die Türkei bereits einen Antrag auf eine assoziierte Mitgliedschaft. Im September 1963 wurde als vorläufiger Höhepunkt das Assoziierungsabkommen

---

* Vortrag gehalten auf dem Tagesseminar der Europa-Union Tübingen am 7. Mai 2004.

1 Deutschland trat dem Europarat im Jahr 1950 bei.

2 Deutschland trat der NATO 1955 bei.

von Ankara zwischen der EWG und der Türkei abgeschlossen, in dem der Türkei die „Möglichkeit des Beitritts“[3] eröffnet und Hilfe der EWG, die „später den Beitritt der Türkei zur Gemeinschaft erleichtern soll“[4], zugesagt wurde.

Nachdem 1970 in einem Zusatzprotokoll zum Assoziierungsabkommen detailliert die Schritte zu einer Zollunion erörtert wurden, verschlechterten sich wegen des Militärputsches im September 1980 die Beziehungen zur EWG für mehrere Jahre. Nachdem die Generäle im Jahr 1983 die Macht an Zivilpolitiker zurückgegeben hatten, stellte die Türkei im April 1987 einen Antrag auf Vollmitgliedschaft in der EG. 1989 lehnte die EU den Beitritt der Türkei zwar aus wirtschaftlichen und politischen Gründen ab, sie betonte jedoch die „Fähigkeit“ der Türkei, der Gemeinschaft in der Zukunft beizutreten.

Der nächste Schritt war das Inkrafttreten der Zollunion zwischen der Türkei und der EU 1996. Ein Jahr später gab der Europäische Rat auf der Gipfelkonferenz in Luxemburg türkischen Forderungen nach konkreten Beitrittsverhandlungen nicht nach, stellte aber fest, dass die Türkei grundsätzlich für einen Beitritt in Frage komme. Ein Gipfel-Boykott der türkischen Delegation war die Folge.[5] 1999 wurde der Türkei schließlich offiziell der Kandidatenstatus auf dem EU-Gipfel in Helsinki zuerkannt. Konkrete Beitrittsverhandlungen werde es allerdings erst dann geben, wenn die 1993 festgelegten politischen „Kopenhagener Kriterien“ erfüllt sind. Da die Türkei in der Folge der positiven Aussichten viele Reformen in Angriff genommen und umgesetzt hatte, sicherte die EU der Türkei 2002 Beitrittsverhandlungen zu, wenn bis Dezember 2004 alle politischen Kriterien erfüllt sind.

Insgesamt festzustellen ist, dass sich die Beziehungen zwischen der Türkei und der Europäischen Union seit Jahrzehnten stetig verbessert haben und eine stetige Annäherung zwischen beiden Seiten erfolgt ist. Hervorzuheben ist besonders, dass bereits 1963 die Möglichkeit eines Beitritts der Türkei in die EWG erwogen wurde und auch in Folge dessen alle weiteren politischen Maßnahmen und Absichtserklärungen sowohl von Seiten der EU bzw. EWG, als auch von Seiten der Türkei in Richtung eines Beitritts zu interpretieren sind.

B. Kann die Türkei ein Vollmitglied der EU werden?

Der europäische Verfassungsentwurf betont als allen Mitgliedsstaaten gemeinsame „Werte, auf die sich die Union gründet, [...] die Achtung der Menschen-

---

3 Artikel 28 sowie § 4 der Präambel des Assoziierungsvertrags.

4 § 4 der Präambel des Assoziierungsvertrags.

5 *Koch,* Türkei sieht EU in der Bringschuld, in: Financial Times Deutschland vom 17.02.2004, S. 15.

würde, Freiheit, Demokratie, Gleichheit, Rechtsstaatlichkeit und die Wahrung der Menschenrechte [...].“ Anstelle einer Religionsorientierung ist die Religionsfreiheit maßgebliches Prinzip der EU, trotzdem deren Mitglieder sich vor allem auf christliche Werte berufen. Die Beitrittsbestrebungen der islamischen Türkei stehen somit in keinem normativen Spannungsverhältnis zur Religionspraxis der EU, zumal schon jetzt über 15 Mio. Muslime in der Union leben.

Gemäß Artikel 49 des EU-Vertrages wird als Kriterium für einen Beitritt zur Union das Europäischsein des Beitrittslandes genannt. Zwar bedeutet der EU-Beitritt der Türkei eine geografische Überwindung von Europas Grenzen nach Asien, durch die Assoziierungsabkommen, Handelsverflechtungen und vor allem Beitrittszusicherungen von kerneuropäischen Ländern wie Deutschland in den 1960er Jahren wurde jedoch eine politische Realität geschaffen, die aus Gründen der Glaubwürdigkeit bindend ist und das Europäischsein der Türkei pro europäisch entschieden hat. Die Verleihung des Status eines Beitrittskandidaten hat in diesem Zusammenhang ein klares Faktum geschaffen.

Insgesamt lassen sich keine Argumente finde, die gegen eine Bewerbung der Türkei mit dem Ziel der Vollmitgliedschaft in der EU sprechen. Wie für jeden Beitrittskandidaten ist konsequenterweise die Erfüllung der Kopenhagener Kriterien die Bedingung für die Aufnahme von Beitrittsverhandlungen.

C. Kopenhagener Kriterien

Die Kopenhagener Kriterien wurden 1993 auf dem EU-Gipfel in Kopenhagen beschlossen und ihre Erfüllung ist seitdem konditional für den Beitritt eines Landes in die EU. Sie setzen sich aus drei Teilbereichen zusammen: dem politischen, dem wirtschaftlichen sowie dem „Acquis“-Kriterium[6].[7] Im Kern unserer Betrachtungen stehen vor allem das politische und das wirtschaftliche Kriterium.

---

6 Die Fähigkeit, sich die aus einer EU-Mitgliedschaft erwachsenden Verpflichtungen und Ziele zu Eigen zu machen, das heißt: Übernahme des gemeinschaftliche Regelwerkes, des „gemeinschaftlichen Besitzstandes“ (Acquis communautaire, ungefähr 80.000 Seiten Rechtstexte).

7 Siehe *Auswärtiges Amt*, http://www.auswaertiges-amt.de/www/de/eu_politik/aktuelles/e_raete/kop_kriterien_html, zugegriffen am 04.05.2004.

I. Politisches Kriterium

Die Politischen Kriterien müssen nach Festlegung des Europäischen Rats erfüllt sein, bevor Beitrittsverhandlungen mit dem jeweiligen Staat aufgenommen werden. Sie unterteilen sich noch einmal in die Punkte institutionelle Stabilität, demokratische und rechtsstaatliche Ordnung, Wahrung der Menschenrechte, sowie Achtung und Schutz von Minderheiten.

1. Demokratie und Rechtsstaatlichkeit

In dem Bereich Demokratie und Rechtsstaatlichkeit hat die Türkei in den letzten Jahren enorme Fortschritte erzielt. Besonders das im Juli 2003 im türkischen Parlament verabschiedete siebte Reformpaket hat maßgeblich zur Weiterentwicklung beigetragen. Es enthielt unter anderem einige wichtige Änderungen in Bezug auf den Nationalen Sicherheitsrat (NSR), der stellvertretend für eine sehr große Machtfülle des Militärs steht. Die Befugnisse des Generalsekretärs des NSR wurden beschnitten und der Rechnungshof hat nun ein Prüfungsrecht über die Verteidigungsausgaben. Trotzdem verfügt das Militär im Vergleich zu den EU-Staaten weiterhin über eine außergewöhnliche Machtfülle, vor allem wegen der finanziellen Autonomie in Bezug auf Sicherheitsausgaben und die bedeutende Stellung in Medien und Öffentlichkeit.

Im Bereich der Justiz haben sich ebenfalls einige Dinge in positiver Weise entwickelt, viele Gebiete sind allerdings von einem europäischen Standard noch weit entfernt, was hinsichtlich der Bedeutung der Justiz bei der Umsetzung der politischen Reformen kritisch zu betrachten ist. In Bezug auf die Effizienz gibt es weiterhin einen großen Aufholbedarf, was z.B. durch einen hohen Rückstand an unbearbeiteten Fällen deutlich wird. Positiv hervorzuheben sind Schulungen für Richter und Staatsanwälte zur Umsetzung der eingeleiteten Reformen, die seit Oktober 2002 durchgeführt werden. Teilgenommen haben allerdings erst rund 15 % der Richter und Staatsanwälte.[8]

Strukturell ist die in der Praxis zum Teil nicht vorhandene Unabhängigkeit der Justiz und die fortbestehende Existenz der Staatssicherheitsgerichte – die Türkei hat ihre Abschaffung in Aussicht gestellt – nicht mit europäischen Grundwerten zu vereinbaren. So bestätigte das Staatssicherheitsgericht in Ankara noch im April 2004 eine sehr umstrittene Strafe gegen die Bürgerrechtlerin *Leyla Zana*, die 1994 wegen Unterstützung der kurdischen Arbeiterpartei PKK

---

8 *Europäische Kommission*, Regelmäßige Berichte 2003 über die Fortschritte der Kandidatenländer auf dem Weg zum Beitritt, Brüssel 2003, S. 23.

zu 15 Jahren Haft verurteilt wurde.[9] Für die Europäische Kommission ist *Zana* eine politische Gefangene.

Im Bereich der Korruptionsbekämpfung wurde das zivilrechtliche Übereinkommen über Korruption ratifiziert. Am Ausmaß der Korruption hat sich dadurch allerdings wenig geändert. Nach der Aufstellung des Corruption Perceptions Index 2003 (CPI) der politisch unabhängigen Nichtregierungsorganisation Transparency International wird die Türkei mit einem CPI von 3,1[10] lediglich auf Rang 77 geführt.[11] Weiterhin sind 80 % der türkischen Unternehmer der Ansicht, dass Korruption das wichtigste Hindernis für ausländische Investitionen darstellt.[12]

2. *Menschenrechte und Minderheitenschutz*

Im Bereich der Menschenrechte und des Minderheitenschutzes hat die Türkei zwar mit den durchgesetzten Reformen einige Fortschritte erzielt, doch ist dies weiterhin eines der großen Problemfelder. Als positiv sind vor allem die Abschaffung der Todesstrafe, eine „Null-Toleranz-Politik" gegen Folter, verbunden mit einer erheblichen Verschärfung der Rechtsvorschriften, die Ratifizierung internationaler Pakte zu den Menschenrechten und die Reform des Systems der Haftanstalten anzuerkennen. Dies kann jedoch nicht über die großen Defizite in den meisten Bereichen hinwegtäuschen. Vor allem die Umsetzung der beschlossenen und ratifizierten Gesetze und Verträge in der Praxis ist eines der Hauptprobleme der Türkei. Urteile des Europäischen Gerichtshofs für Menschenrechte (EGMR) werden nicht vollstreckt und die „Null-Toleranz-Politik" gegen Folter offenbart zwar einige positive Ergebnisse, dennoch wird sie uneinheitlich umgesetzt und zeigt in einigen Bereichen und Regionen noch keine Wirkung.

Als ungenügend müssen die Bemühungen der türkischen Regierung zur Stärkung der Meinungs- und Religionsfreiheit gesehen werden. Im Hinblick auf die Meinungsfreiheit wurden zahlreiche geltende Einschränkungen aufgehoben,[13] dennoch gibt es Fälle der Verfolgung von Menschenrechtlern und einen unverhältnismäßigen Einsatz von Gewalt bei friedlichen Demonstrationen.

---

9 EU übt scharfe Kritik an der Türkei, in: Handelsblatt 22.04.2004, S. 6.

10 CPI 2003 Score between 10 (highly clean) and 0 (highly corrupt).

11 Siehe *Transparency International*, Corruption Perception Index 2003, erhältlich unter: http://www.transparency.org/pressreleases_archive/2003/2003.10.07.cpi.en.html, London, 07.10.2003, zugegriffen am 04.05.2004.

12 *Europäische Kommission* (Fn. 8), S. 24.

13 *Europäische Kommission* (Fn. 8), S. 32.

Bei der Religionsfreiheit haben alle bisher beschlossenen Reformen keine Wirkung gezeigt. Nach den Standards der Europäischen Union ist die Religionsfreiheit ernsthaft eingeschränkt. Für alle religiösen Minderheiten, wie beispielsweise die türkischen Christen, gilt ein Verbot für die Ausbildung von Geistlichen und es bestehen Unklarheiten in Bezug auf die Rechtspersönlichkeit und die Eigentumsrechte.

Gewalt gegen Frauen ist ein weit verbreitetes Phänomen. Laut Schätzungen ist rund die Hälfte der Frauen körperlicher oder psychologischer Gewalt ausgesetzt.[14]

Dem Minderheitenschutz gebührt vor dem Hintergrund der Kurdenproblematik eine besondere Aufmerksamkeit. Hier wirkte sich die Aufhebung des Ausnahmezustands in mehreren türkischen Provinzen positiv aus. Ebenfalls wurde per Gesetz erlaubt, dass Schulunterricht in der eigenen regionalen Sprache gehalten werden darf. Trotzdem liegt auch hier das Kernproblem in der schleppenden und uneinheitlichen Umsetzung.

3. Freiheit

Nach Untersuchungen der amerikanischen Nichtregierungsorganisation *Freedom House* schneidet die Türkei in einer vergleichenden Bewertung mit den anderen EU-Staaten in Bezug auf die Kriterien „Political Rights“ (PR) und „Civil Liberties“ (CL) negativ ab. Sie kommt bei PR lediglich auf eine Bewertung von 3[15], bei CL auf eine Bewertung von 4 (Durchschnitt 3,5) und wird nur als teilweise frei bezeichnet. Die EU-15 Staaten kommen zum Vergleich im Durchschnitt auf 1 und selbst die MOE[16]-1- und MOE-2-Länder[17] wurden zum Zeitpunkt der Aufnahme der Beitrittsverhandlungen mit 1,2 bzw. 1,8 wesentlich besser bewertet.[18] Hier wird deutlich, welchen Abstand und Reformbedarf die Türkei zu den anderen europäischen Ländern hat.

14 *Europäische Kommission* (Fn. 8), S. 40.

15 1 represents the most free and 7 the least free category.

16 Mittel- und osteuropäische Länder.

17 MOE-1-Länder: Beitrittsländer 01.05.2004, MOE-2-Länder: Bulgarien und Rumänien.

18 *Freedom House*, Table of Independant Countries, auf: http://www.freedomhouse.org/research/freeworld/2003/table.pdf, 2003, zugegriffen am 04.05.2004.

II. Wirtschaftliches Kriterium

Im Gegensatz zu den Politischen Kriterien von Kopenhagen müssen die wirtschaftlichen Kriterien erst zum Beitrittszeitpunkt erfüllt sein.[19] Für das Erreichen einer funktionsfähigen Marktwirtschaft und innereuropäischen Wettbewerbsfähigkeit der Türkei im Binnenmarkt – als den beiden wirtschaftlichen Teilkriterien – ist das erfolgreiche Durchlaufen weiterer Wachstums- und ökonomischer Transformationsprozesse unmissverständlich notwendig. Als wesentlichem Fundament und Antrieb der europäischen Integration kommt der Wirtschaft seit jeher eine große Bedeutung für Stabilität und Entwicklungsperspektiven innerhalb der Union zu. Entsprechend klar treten die Defizite der Türkei für das Erreichen wirtschaftlicher Konvergenz hervor. Auch die Erfüllung der „Maastrichter Kriterien" liegt in weiter Ferne.

Aktuelle wirtschaftliche Daten, wie zum Beispiel das BIP der Türkei pro Kopf, das momentan lediglich 23 %[20] des EU-15 Durchschnitts beträgt, bezeugen große Rückständigkeiten. Ein erfolgreicher Aufholprozess würde selbst bei deutlich höheren Wachstumsraten als den bisherigen über ein halbes Jahrhundert andauern.[21] Umso wichtiger erscheint es, die nun beschriebenen Blockaden für sich selbst verstärkende, dynamische Wachstumsprozesse zu lösen, damit die zunehmende Heterogenität der sich erweiternden Union nicht die Koordination der Wirtschaftspolitik überfordert.

Innerhalb des weitgehend etablierten rechtlichen Rahmens, als Basis für marktwirtschaftliche Strukturen und Prozesse, kommt den Privatisierungsanstrengungen eine bedeutsame Aufgabe im Zusammenhang mit der Entstaatlichung der Wirtschaft und der Konsolidierung der enormen Staatsverschuldung zu. Trotz Gesetzesänderungen bleiben die Privatisierungserlöse deutlich hinter den Erwartungen zurück und beliefen sich Mitte 2003 erst auf 24 Mio. EUR anstatt angestrebter 1,9 Mrd. EUR.[22] Das Investitionsklima ist schlecht. Die Investitionsquote ist mit 16,7 % (2002) im Vergleich zu den mittel- und osteuropäischen Ländern (MOEL) gering. Gerade der so wichtige Zufluss an ausländischen Direktinvestitionen, durch die dringend benötigter technischer Fortschritt importiert wird, war bisher nur geringfügig. Gründe hierfür sind vor allem geringes Vertrauen wegen politischer Instabilitäten, Korruption und Bürokratie

19 *Quaisser/Reppegather*, EU-Beitrittsreife der Türkei und Konsequenzen einer EU-Mitgliedschaft, Osteuropainstitut München, Working Paper Nr. 252, München 2004, S. VII.

20 *Quaisser/Reppegather* (Fn. 19), S. XI.

21 *Quaisser/Reppegather* (Fn. 19), S. XV.

22 *Europäische Kommission* (Fn. 8), S. 56.

bedingter Prozessträgheit.[23] Die Verlagerung des Großteils der Omnibusproduktion von MAN und Mercedes in die Türkei bleiben leider Ausnahmeprojekte ausländischen Investitionsengagements. Steigende Löhne, Lohnnebenkosten von 100 % und vergleichsweise hohe Ertragssteuern von 37 % sind vielen Investoren zunehmend ein Dorn im Auge.[24]

Die Exportstruktur der Türkei in die EU gibt Auskunft über die Wettbewerbsfähigkeit in der Güter- und Dienstleistungsproduktion. Auf einfache, traditionelle und arbeitszeitaufwändige Warenkategorien wie Textilprodukte (40 %) entfällt der größte Teil der Exportleistungen, Maschinen, Apparate und Beförderungsmittel kommen zusammen nur auf 28 %.[25] Aus der Spezialisierung auf Textilprodukte lassen sich in Zukunft keine Wachstumsimpulse erwarten, zumal sich durch den Fall des Welttextilabkommens und den zunehmenden Freihandel im Zuge der EU-Osterweiterung der Wettbewerb auf dem begrenzten Textilmarkt weiter verschärfen wird. Zur Verbesserung der türkischen Außenhandelsposition ist die Steigerung des Wettbewerbspotentials von traditionellen, arbeitsintensiven und das Generieren von Wettbewerbspotential in forschungs- und entwicklungsintensiven Bereichen des türkischen Exports weiter voranzutreiben, um neben inter-industriellem Handel den für starkes Wachstum wichtigen intraindustriellen Handel betreiben zu können und so Arbeitsplätze zu schaffen.

Die Wirtschaftskrisen der Jahre 1999 und 2001 haben wesentlich zur Zunahme der Arbeitslosigkeit beigetragen. Vor allem Jugendlichen fehlen angesichts einer Arbeitslosenquote von 19,6 % (2. Quartal 2003) erwerbswirtschaftliche Perspektiven. Diese Situation motiviert zur Migration in westliche Dienstleistungsgesellschaften. Bisher hat die sehr große Bedeutung der Landwirtschaft für die türkische Wirtschaft die Arbeitslosigkeit auf dem Land im Vergleich zu der in den Städten niedrig gehalten. Durch zunehmende ökonomische Transformation und Strukturwandel vor und nach einem eventuellen EU-Beitritt kann sich dies in Zukunft jedoch ändern. Schon heute wird mit einer enormen versteckten Arbeitslosigkeit in den strukturschwachen ländlichen Regionen gerechnet. Starke familiäre Netze und Schattenwirtschaft konnten allerdings die weitere Ausbreitung von Armut in den einkommensschwachen Gebieten verhindern. Besonders Kinder und Jugendliche, die früh in die Arbeitsabläufe integriert werden, benötigen Chancen für Bildung und Wissenserwerb, um sich für Arbeitsplätze in wachsenden und zukunftsträchtigen Wirtschaftssektoren zu qualifizieren.

---

23 *Riemer*, Die Türkei und die Europäische Union. Eine unendliche Geschichte?, in: Aus Politik und Zeitgeschichte, B10-11/2003, S. 44.

24 *Höhler*, Deutsche Firmen blicken Richtung Türkei, in: Handelsblatt vom 25.02.2004, S. 6.

25 *Quaisser/Reppegather* (Fn. 19), S. 39.

Ebenfalls hat sich krisenbedingt das durchschnittliche Wachstum des BIP in den Jahren 1998 bis 2002 auf lediglich 1,2 % verlangsamt. Die türkische Wirtschaft erholt sich seitdem langsam und erreichte 2003 ein Wirtschaftswachstum von 5,9 %[26], was auf gestiegene Exporte von Waren und Dienstleistungen sowie auf die erfolgreiche Senkung der mit 18,7 %[27] immer noch sehr hohen Inflationsrate zurückzuführen ist. Für das Aufrechterhalten des Wachstumsprozesses kommt der Durchbrechung der Preis-Lohn-Spirale durch die Kopplung der Löhne an Inflationsziele weiterhin eine große Bedeutung zu. Die rückläufige Inflation hat erfreulicherweise das im Hinblick auf Investitionen wichtige Vertrauen in die Geldpolitik der zunehmend unabhängigen Zentralbank gesteigert.

D. Spezifika der Türkei

I. Völkermord an den Armeniern

Ein sehr dunkles Kapitel in der türkischen Geschichte sind die Deportationen und Massaker von Türken und Kurden an dem armenischen Volk im und nach dem ersten Weltkrieg, besonders 1914/15 und in den 20er Jahren des 19. Jahrhunderts. Diese Geschehnisse wurden seit 1965 weltweit von 14 Staaten, darunter USA, Kanada, Frankreich, Belgien, Schweden, Italien und Griechenland als Völkermord gemäß der UNO-Völkermordkonvention von 1948 bewertet. Im August 1985 haben auch die Vereinten Nationen in der Menschenrechtskommission und 1987 das Europäische Parlament die Verbrechen an den Armeniern als Völkermord anerkannt.[28] Von der Türkei wird dieser Tatbestand jedoch bis heute geleugnet. Bei jeder dieser Anerkennungen durch Länder oder Organisationen übte die Türkei sogar stets massiven politischen Druck aus, um entsprechende Beschlüsse zu verhindern.[29] So verhinderte die türkische Regierung im

26 *Kramer*, Die Türkei im Prozess der „Europäisierung“, in: Aus Politik und Zeitgeschichte, B 33-34/2004, S. 9 (17).

27 Siehe *Auswärtiges Amt*, http://www.auswaertiges-amt.de/www/de/laenderinfos/laender/laender_ausgabe_html?type_id=24&land_id=176, zugegriffen am 20.04.2004.

28 *Stocker/Hofmann*, Ein Zeichen der Gerechtigkeit für die vergessenen Opfer von 1915 – Für eine Anerkennung des Völkermords an den Armeniern, Dokumentation der Gesellschaft für bedrohte Völker, Bern 2002, S. 9 f.

29 Völkermord oder „tragische Kriegsereignisse“? – Der historische Hintergrund der Massenvernichtung von Armeniern 1915, in: Neue Züricher Zeitung vom 18.08.2001.

Oktober 2000 eine weitere Resolution des amerikanischen Repräsentantenhauses und ergriff massive Repressalien, u.a. Boykott französischer Waren, als Frankreich den Völkermord als solchen im Januar 2001 ebenfalls anerkannte. In einer darauf folgenden Stellungnahme „verurteilt die türkische Regierung das Vorgehen und die Haltung Frankreichs“ und stellt fest, dass „ein solches Vorgehen und eine solche Haltung mit Freundschaft nicht vereinbar sind“.[30] Auf Grund dieser Tatsachen und Geschehnisse scheint fraglich, ob sich die Türkei zu den Grundsätzen eines demokratischen und freiheitlichen Staates bekennt. Anstatt die bislang für die Öffentlichkeit hinter Verschluss gehaltenen Archive offensiv zugänglich zu machen und eine vollständige Aufarbeitung der Quellen sowie einen wissenschaftlichen Austausch zu fördern, versucht die Regierung dies mit massiven Mitteln zu behindern.[31] Mangelnde Bereitschaft die eigene Geschichte ohne Tabus aufzuarbeiten und aus Fehlern in der Vergangenheit zu lernen, sollten bezüglich der Frage, ob die Türkei die politischen Kopenhagener Kriterien erfüllt, deshalb nicht außer acht gelassen werden.

II. Zypernkonflikt

Seit der Besetzung des nördlichen Teils Zyperns durch türkische Truppen 1974, fünf Tage nach dem Putsch der griechischen Militärjunta, ist die Mittelmeerinsel geteilt, wobei die Grenze durch Blauhelmsoldaten der Vereinten Nationen kontrolliert wird. In zahlreichen Versuchen, die Teilung der Insel zu überwinden, war die türkische Seite bis zuletzt nicht bereit, Zugeständnisse zu machen und auf eine Anerkennung der „Türkischen Republik Nordzypern“ als Vorbedingung für eine Überwindung der Teilung zu verzichten. So scheiterten zahlreiche Verhandlungen, zuletzt im Frühjahr 2003. Deshalb war die türkische Bereitschaft, eine Lösung für den Zypernkonflikt zu erreichen, bisher ein wichtiger Indikator für die Aufnahme von Beitrittsverhandlungen mit der Europäischen Union. Erst mit dem Beginn der Amtszeit des türkischen Ministerpräsidenten *Erdogan* im Mai 2003 änderte sich dies. Er vollzog eine 180 Grad Wende in der türkischen Zypernpolitik und verzichtete auf eine offizielle Anerkennung des türkischen Teils von Zypern. So machte er den Weg für eine Volksabstimmung frei, was in der türkischen Öffentlichkeit einen breiten Konsens fand.

Die Volksabstimmung Ende April 2004 war eine historische Chance, im Falle einer mehrheitlichen Zustimmung der griechischen und der türkischen Sei-

30 Stellungnahme der türkischen Regierung vom 30. Januar 2001 zur Annahme des Gesetzes in der Französischen Nationalversammlung in Bezug auf den sogenannten „Völkermord an den Armeniern“, http://www.tcberlinbe.de/de/aussenpolitik/armenien/ar0602011.htm, zugegriffen am 04.05.2004.

31 Neue Züricher Zeitung (Fn. 29).

te, die Wiedervereinigung der Insel nach dem Annan-Plan[32] herbeizuführen. Während die Türken mit einem Votum von 64,91 % für eine Wiedervereinigung stimmten, was vor allem durch ein massives Werben der türkischen Regierung erreicht wurde, entschied sich die griechische Seite jedoch mit 75,83 % für das vorläufige Weiterbestehen der Inselteilung.[33] Strittige Punkte aus griechischer Sicht sind weiterhin die Freizügigkeit der von der türkischen Seite vertriebenen Griechen, die mit dem Kompromiss nicht zufrieden waren und trotz des Neins keine politischen Konsequenzen zu befürchten haben, da der griechische Teil am 1. Mai 2004 der EU beigetreten ist.

Dennoch steht fest, dass die türkischen Bemühungen für eine friedliche Beilegung des Konflikts international anerkannt sind und von europäischer und amerikanischer Seite durch Zusicherung finanzieller Unterstützung ausdrücklich gelobt wurden. Deshalb scheint es sicher zu sein, dass der Zypernkonflikt für eine Aufnahme der Türkei in die EU kein Hindernis mehr darstellen wird. Wenn in den nächsten Jahren überhaupt noch eine Lösung gefunden werden kann, dann voraussichtlich nur mit Hilfe der EU. Eine Anerkennung des türkischen Teils gilt jedoch nach wie vor als ausgeschlossen.

III. Beziehungen zu Griechenland

Die Beziehungen zwischen der Türkei und Griechenland haben sich nach Jahrzehnten des Stillstands und des offenen Konflikts seit dem Jahr 2000 deutlich verbessert. Zwischen beiden Ländern herrscht seitdem ein konstruktiver Dialog, der sich auf verschiedene vertrauensbildende Maßnahmen, darunter Austauschmaßnahmen zwischen Militärakademien und Militärkrankenhäusern, stützt. Die gegenseitige Annäherung wurde zweigleisig, auf der Ebene der NATO und auf der Ebene der Außenministerien, vorangetrieben. Verschiedene „Low-Key-Abkommen" wurden unterzeichnet. So unterstützt die griechische Regierung die europäische Perspektive der Türkei und auch die handelspolitischen und wirtschaftlichen Beziehungen haben sich weiter vertieft.[34]

Trotz aller Fortschritte gibt es jedoch weiterhin Grenzstreitigkeiten zwischen den beiden Ländern, insbesondere bei der Abgrenzung des Festlandsockels in der Ägäis. Bevor konkrete Beitrittsverhandlungen mit der Türkei im Dezember 2004 aufgenommen werden, sollte die Lösung dieser Probleme ein Feld intensiver Betrachtungen sein.

---

32 Benannt nach dem Generalsekretär der Vereinten Nationen *Kofi Annan*.

33 Griechische Zyprer stimmen gegen Wiedervereinigung – 75 Prozent lehnen Annan-Plan ab/Nur Süden wird EU-Mitglied/Verheugen: Schatten über Beitritt, in: Frankfurter Allgemeine Zeitung vom 26. April 2004, S. 1.

34 *Europäische Kommission* (Fn. 8), S. 46.

E. Europäische Union

I. Handlungs- und Steuerungsfähigkeit

Bereits die Erweiterung der EU um zehn auf 25 Länder zum 1. Mai 2004 hat die Frage nach ihrer Handlungs- und Steuerungsfähigkeit aufkommen lassen. Auf Grund dessen haben die EU-15-Länder versucht, die internen Entscheidungsprozesse und Institutionen der Union zu reformieren, um die Handlungsfähigkeit auch weiterhin sicherzustellen. Ein sehr bedeutender Punkt war hier die Einführung von Mehrheitsentscheidungen in vielen Bereichen und die Begrenzung der Mitglieder im Europaparlament sowie der Europäischen Kommission. In der Kommission wird jedes der Mitgliedsländer ab sofort nur noch maximal ein Mitglied stellen. Trotzdem gibt es in diesem Bereich noch einen sehr großen Handlungsbedarf, vor allem in Bezug auf einen Beitritt der Türkei. Dies kann man sich anhand der so genannten Kohäsionsländer[35] vor Augen führen. Schon bei der Erweiterung der EU-15 auf die EU-25 ist zu erkennen, dass sich die politische Machtbalance zugunsten der Kohäsionsländer verschoben hat.[36] So repräsentieren sie 36,1 % der Parlamentsstimmen, 42,1 % der Ratsstimmen[37], allerdings nur 14,3 % des BIP. Geht man von einem EU-28-Szenario, d.h. eine um Bulgarien, Rumänien und die Türkei erweiterten EU-25 und einer verabschiedeten Europäischen Verfassung aus, dann vereinen die Kohäsionsländer sogar 40,7 % der Parlaments- und 43 % der Ratsstimmen auf sich, allerdings nur 9,8 % des BIP. Entscheidungen ohne Einverständnis dieser Länder werden auch hinsichtlich budgetwirksamer Entscheidungen unmöglich. Eine Benachteiligung der reicheren Nettozahler (Deutschland, Großbritannien, Frankreich) ist die Folge. Diese vorhersehbare Entwicklung stellt die Frage, ob nicht ein vollkommen neuer Weg der Machtverteilung in den europäischen Gremien gefunden werden muss. So sollten in Zukunft die Anzahl der Stimmen im Europäischen Parlament und im Europäischen Rat nicht allein an der Bevölkerungsgröße der Mitgliedsländer ausgerichtet sein, sondern auch die wirtschaftliche Stärke muss in adäquater Weise berücksichtigt werden. Dies ist von großer Bedeutung, da eine erweiterte Europäische Union nur mit einer starken Wirtschaft als Fundament international als „Global Player" auftreten kann. Werden allerdings die wirtschaftsstarken Länder, die in einer erweiterten EU klar in der Minderheit sind, benachteiligt, sind dieses Fundament und damit auch die positive Ausstrahlungskraft der gesamten EU in Gefahr. Nur mit einer großen Wirtschaftskraft als

---

35 Kohäsionsländer liegen unter der 90-prozentigen Einkommensschwelle der jeweiligen EU, gemessen am BIP pro Kopf der jeweiligen EU im angenommenen Jahr.

36 *Quaisser/Reppegather* (Fn. 19), S. 80.

37 Stimmenanteile nach den Regeln der zurzeit noch nicht verabschiedeten Europäischen Verfassung berechnet.

Basis können die Grundsätze der Union, wie Demokratie, Rechtsstaatlichkeit, Menschenrechte und Freiheit, wirkungsvoll kommuniziert und international durchgesetzt werden.

Ebenfalls von hoher Bedeutung ist die „gemeinsame Stimme“ einer erweiterten Union. Nur, wenn die EU in internationalen Konflikten geschlossen und mit einer gemeinsamen Haltung auftritt, kann sie in der Weltpolitik eine Rolle spielen und Handlungsmacht demonstrieren. Je mehr Länder einer Union beitreten, desto unwahrscheinlicher wird das geschlossene Auftreten nach außen sein. Gerade die Türkei bringt durch ihr islamisches Kulturfundament neue Wege und Weisen Außenpolitik zu denken mit.

Insgesamt muss deshalb deutlich sein, dass die EU vor einem Beitritt der Türkei, die mit ihrer Größe und inneren Heterogenität ganz andere Anforderungen an die Institutionen der Union stellt, unter einem großen Reformdruck steht. Eine Aufnahme sollte keinesfalls überhastet oder auf Grund vergangener Versprechen erfolgen, wenn die Institutionen der EU noch nicht bereit dafür sind. Andernfalls droht das Projekt EU auf lange Sicht zu scheitern, was für die USA weiterhin die alleinige internationale Dominanz bedeuten würde. Für die Türkei ist nur der Beitritt in eine starke, handlungsfähige Europäische Union ein Vorteil und deshalb wünschenswert.

II. Finanzierung

Durch eine Aufnahme der Türkei in eine um bereits Bulgarien und Rumänien erweiterte EU, würden sich bestehende Probleme der Finanzierung weiter verschärfen. Mit der Türkei als Teil der EU wird es ein noch größeres Wohlstandsgefälle zwischen West und Ost geben, das durch die Größe der Türkei eine problematische Dimension erhält. Von erheblicher Problematik sind ebenfalls die intranationalen Unterschiede der Türkei. Kein anderes Land Europas hat eine in diesen Maßen uneinheitliche Wirtschafts- und Infrastruktur, was eine große Anstrengung für die EU und ihren finanziellen Strukturausgleich bedeuten würde. Da jedoch mit jeder bisherigen EU-Erweiterung im Vergleich zu den EU-15-Ländern und ihren wirtschaftlichen Kennzahlen deutlich strukturschwächere Länder aufgenommen wurden, muss in Frage gestellt werden, ob ein Beitritt der Türkei finanziell überhaupt verkraftbar ist, ohne das wirtschaftliche Fundament der Union zu beschädigen und ohne die ökonomischen Hoffnungen der Türkei zu enttäuschen.

III. Strategische Fragen der Außenpolitik

Eine Erweiterung der Europäischen Union um die Türkei hätte außenpolitisch vor allem hinsichtlich einer Integration des Islam und einer möglichen Befriedung des Nahen Ostens eine große positive Ausstrahlungskraft. Die EU hätte bei möglichen internationalen Friedenseinsätzen in islamischen Ländern mit einer türkisch-islamischen Beteiligung eine höhere Akzeptanz in der Bevölkerung des Landes zu erwarten, was die Erfolgswahrscheinlichkeiten dieser Einsätze erhöhen würde. Ebenfalls ist durch ein funktionierendes Modell Türkei/EU mit einer Demokratisierung des Nahen Ostens zu rechnen. Eine in die EU integrierte Türkei könnte als Musterbeispiel für eine Verträglichkeit von Islam und Menschenrechten gelten mit Ausstrahlungswirkung auf Länder wie den Irak oder den Iran.

Basis für jede positive Wirkung eines EU-Türkeibeitritts ist jedoch dessen Funktionieren. Kann die EU die Einwohner starke, wirtschaftlich heterogene Türkei nicht verkraften, werden die eben genannten Vorteile nicht ihre Wirkung entfalten können und z.T. sogar in das Gegenteil umschlagen. Funktioniert die Integration der Türkei in die EU nicht in dem erhofften Maße, kann dies für islamische Länder ein Argument sein, sich nicht einer entsprechenden Demokratisierung zu unterziehen. Ebenfalls zu beachten wäre hierbei eine außenpolitische Schwächung der EU, gerade in Bezug auf die oben angesprochene mögliche Rolle als gleichberechtigtes Gegenüber der USA.

IV. Vertrauen

Eines der höchsten Ziele der Europäischen Union ist die Verwirklichung einer „immer engeren Union der Völker Europas“, wie es der Vertrag über die Europäische Union festschreibt. Die politische Stabilität und Leistungsfähigkeit der Europäischen Union ist in weitem Maße abhängig von ihrem inneren Zusammenhalt, von der Integration ihrer verschiedenen Kulturen und Völker. Eine erfolgreiche Integration Europas hängt nicht zuletzt vom Vertrauen ab, welches die Völker einander entgegenbringen.[38] Wegen der wirtschaftlichen Verflechtung, sich angleichenden Lebensweisen oder einfach auf Grund von Gewöhnungseffekten ist das Vertrauen unter den Mitgliedsländern ständig gestiegen. Grundsätzlich wird dem eigenen Volk mehr vertraut als den anderen Völkern und das gegenseitige Vertrauen zwischen Staaten ist dann am größten, wenn durch geografische Nähe auch kulturelle und sprachliche Ähnlichkeit besteht.[39]

---

38 *Delhey*, EU: Identität und Integration. Nationales und transnationales Vertrauen in Europa, in: WZB-Mitteilungen, Heft 103, März 2004, S. 7.

39 *Delhey* (Fn. 38), S. 8.

Vor dem Hintergrund einer sich nach Osten erweiternden EU ist hervorzuheben, dass durch den Beitritt von ärmeren Ländern mit geringerer institutioneller Stabilität der europäische Zusammenhalt geschwächt wird.[40] Dabei ist Vertrauen und solidarisches Verhalten der Mitgliedsstaaten notwendig, um die im Zuge der Erweiterung durchgeführten institutionellen und strukturellen Reformen sowie die Aufgabe des Einstimmigkeitsprinzips in vielen Politikfeldern mit einer Gemeinschaftlichkeit zu füllen, so dass die Staaten, die im Entscheidungsprozess nicht repräsentiert werden, verantwortungsvoll in den Entscheidungen berücksichtigt werden. Das Maß, in dem die Mitgliedsstaaten sich gegenseitig vertrauen und verantwortlich fühlen, determiniert wesentlich die Erfolgschancen für eine einheitliche europäische Politik.

Dem Beitrittskandidaten Türkei wird von allen EU-Nationen tiefes Misstrauen entgegengebracht.[41] Wegen der geografischen Entfernung zu vielen europäischen Staaten und kulturellen Verschiedenheit bereitet das „Sichgemeinsamfühlen" mit der islamischen Türkei für viele Bevölkerungsschichten in den Mitgliedsländern Probleme. Die Erfüllung der institutionell-funktionalen Kopenhagener Kriterien belässt den Staaten einen breiten Korridor an Möglichkeiten für die Ausgestaltung der verschiedenen Politiken und den praktischen Lebensvollzug. Entsprechend unterschiedlich sind kulturelle Ausprägungen der Türkei im Vergleich zur EU.

Die Ergebnisse des „European Value Survey"[42] attestieren der Türkei eine deutlich größere Intoleranz verglichen mit den EU-15-Staaten und autoritäre Wertorientierungen. So lehnen beispielsweise 90 % der Türken (EU-15-Länder 18,6 %) Homosexuelle und 61,9 % Juden als Nachbarn ab. Bei Arbeitsplatzknappheit haben Männer nach Ansicht von 61,9 % der Türken (EU-Länder 19,7 %) den Vorzug. 87,9 % der türkischen Befragten halten die Demokratie für das beste Regierungssystem, obschon 66,1 % eine autoritäre Führung befürworten, in der Religion eine wichtige Rolle spielt. 62,3 % der türkischen Bürger (EU-Länder 17,9 %) halten ungläubige Politiker für ungeeignet, ein politisches Amt zu bekleiden.

Obwohl der Säkularismus seit 1937 als eines von 6 kemalistischen Prinzipien Verfassungsrang genießt, kann nicht davon ausgegangen werden, dass mit der Säkularisierung des Staates auch eine „Säkularisierung" der Gesellschaft einhergegangen ist. Die Religion ist in der Türkei weiterhin die bedeutsamste Klammer für das öffentlich-rechtliche Leben. Die informelle Macht islamischer Organisationen zieht sich durch sämtliche gesellschaftliche Gruppierungen bis

---

40 *Delhey* (Fn. 38), S. 10.

41 *Delhey* (Fn. 38), S. 11.

42 *Gerhards*, Passt die Türkei kulturell in die Europäische Union?, in: Frankfurter Allgemeine Zeitung vom 15. Februar 2004, S. 13.

in die Medien hindurch und symbolisiert die Inkongruenz von formalgesetzlicher Ordnung und vollzogener Lebens- und Politikpraxis.[43] Vielfach ist das entscheidende Argument für die Säkularisierung die Bewunderung ihres Urhebers in der Türkei *Kemal Atatürks*.

Für den Erfolg eines Beitritts der Türkei zur EU hat die Ausbildung von gegenseitigem Vertrauen sehr hohe Priorität. Es ist gleichsam Bestandteil der Definition einer Gemeinschaft, auf das Gemeinsame vertrauen können zu müssen. Intolerante Werthaltungen und Überlagerungen der politischen und religiösen Sphäre sind unvereinbar mit europäischen Werten. In der soziologischen Forschungslandschaft ist allgemein anerkannt, dass Wertvorstellungen dem Wandel unterliegen, der insbesondere von der Wirtschaftsmodernisierung abhängt. Kulturelle Differenzen sind nur dann Vorbehaltsargumente in der EU-Beitrittsdiskussion der Türkei, wenn die orientalisch-islamische Tradition der türkischen Gesellschaft die Wertvorstellungen Europas in der mittleren bis langen Frist in der Türkei erodiert.[44]

F. Ein EU-Beitritt der Türkei aus der Perspektive Deutschlands betrachtet

Gerade für Deutschland, als größter Nettozahler, müsste der EU-Beitritt der Türkei zumindest aus finanzieller Sichtweise ein Dorn im Auge sein. Wo liegen also die Gründe für die permanenten Empfehlungen von Seiten der Bundesregierung, die Türkei in die EU aufzunehmen?

I. Wahltaktische Überlegungen spielen nur eine untergeordnete Rolle

In der Bundesrepublik gibt es ein halbe Million türkischstämmiger Wähler, von denen 60 % SPD und 20 % die Grünen wählen. Nach einer Umfrage des *Spiegel*[45] befürworten 54 % der rund 1000 befragten Deutschen eine mittel- bis langfristige Aufnahme der Türkei in die EU. Ablehnend stehen einer türkischen EU-Mitgliedschaft nur 37 % gegenüber. Unter den Anhängern von Rot-Grün ist

---

43 *Jung*, Religion und Politik in der Türkei: Säkularisierte Theokratie oder kemalistisches Panopticon?, in: Brocker (Hrsg.), Religion, Politik, Staat, Wiesbaden 2003, S. 87.

44 *Quaisser/Reppegather* (Fn.19), S. 9.

45 Spiegel Online vom 23. Februar 2004, http://www.spiegel.de/politik/deutschland/0,1518,287605,00.html., zugegriffen am 26.04.2004.

die Zustimmung mit 66 % der SPD-Wähler und 86 % der Grünen-Wähler zwar am höchsten, jedoch stimmen laut der Umfrageergebnisse auch 55 % der Unions-Wähler der Perspektive der Türkei auf eine EU-Vollmitgliedschaft zu. Trotz der hohen Anzahl an türkischen Wählerstimmen bleibt das Argument Kanzler *Schröder* handle aus wahltaktischen Gründen, schwach. *Schröder* selbst warnte davor, die Türkei-Frage als Wahlkampfthema zu missbrauchen. Dies sei „reiner Populismus zu Lasten von über 2,5 Millionen türkischer und türkischstämmiger Menschen in Deutschland“, sagte *Schröder*.[46] Auch die Wähler selbst sprechen sich gegen eine Thematisierung der Türkei-Frage bei Wahlen aus: 69 % lehnen dies ab. Dass die rot-grüne Bundesregierung keine „private deutsche Politik“ betreibe, betonte auch der deutsche EU-Erweiterungskommissar *Verheugen*. Die Türkei-Politik der Bundesregierung stehe im Einklang mit den anderen Mitgliedsstaaten und der EU-Kommission. In der Position der rot-grünen Koalitionsregierung zum EU- Beitritt der Türkei spiegelt sich eine Kontinuität deutscher Politik wider. Schon der Alt-Bundeskanzler *Kohl* wies darauf hin, dass „die Bundesrepublik Deutschland sehr damit einverstanden [sei], dass die Türkei in der Perspektive der Zukunft eine Chance hat, der Europäischen Union beizutreten.“[47]

Der Beitritt der Türkei zur EU kann nur dann ein Erfolg werden, wenn politisch geäußerte Vorstellungen Verlässlichkeiten schaffen und mit engagiertem Willen unterfüttert sind. Der Türkei und der EU ist nur mit klaren Aussagen geholfen.

II. Migration

Neben dem freien Güter- und Kapitalverkehr ist auch die Freizügigkeit im Hinblick auf die Wahl des Arbeitsplatzes Teil des europäischen Binnenmarktes. Aus zwei Gründen ist Deutschland wesentliches Zielland türkischer Migrationen. Zum einen motivieren Einkommensunterschiede – die deutschen Einkommen übersteigen die türkischen um den Faktor 4,8[48] – zu Wanderungen. Zum anderen bestehen auf Grund der relativ hohen Zahl bereits in Deutschland lebender Türken Netzwerke, die die administrativen und lebenspraktischen Aufgaben beispielsweise der Arbeits- und Wohnungssuche erheblich erleichtern und Wanderungskosten durch das Reduzieren von Sprachbarrieren senken.

---

46 Siehe http://www.europakampa.de/servlet/PB/menu/1489880/index.html, zugegriffen am 26.04.2004.

47 *Kohl*, Pressekonferenz Sondertagung des Europäischen Rates, 20.-21.11.1997.

48 *Quaisser/Reppegather* (Fn. 19), S. 74.

In der neoklassischen ökonomischen Theorie werden Migrationen als Gewinn betrachtet, wenn die Freizügigkeit der Arbeitsplatzwahl zu einer produktiveren Allokation des Faktors Arbeit führt. Die unterschiedliche Ausstattung von Deutschland und der Türkei mit Arbeitskräften und Arbeitsproduktivität lässt Produktivitätsgewinne durch Migration erwarten. Allerdings erschweren deutsche Arbeitsmarktrigiditäten flexible Lohnanpassungen und der durch Zuwanderung vor allem gering qualifizierter türkischer Arbeiter entstehende Lohndruck entlädt sich in Arbeitslosigkeit. Eine potentielle Nachfrage nach türkischen Zuwanderern ist durch die wachsende Anzahl türkischer Unternehmen und den Niedrigstlohnsektor der Industrie zu einem gewissen Maß vorhanden.

Das Migrationspotenzial der Türkei wird je nach Studie auf 2 bis 11 % der Bevölkerung geschätzt. Es besteht noch erheblicher Forschungsbedarf die Wanderungsbewegungen exakt zu quantifizieren. Die Erfahrungen im Zusammenhang mit der Osterweiterung sollten als empirische Grundlage für weiteres Vorgehen herangezogen werden. Wegen dem sehr großen Bevölkerungsanteil junger Menschen und den bestehenden Netzwerkstrukturen zwischen Deutschland und den ländlichen Regionen Anatoliens, die den größten Migrationsdruck aufweisen, gilt ein beträchtliches Wanderungspotential der Türkei als allgemein anerkannt.

Aus der Sicht eines alternden Deutschlands kommt insbesondere der Ausgestaltung des Arbeitsmarktes eine Schlüsselfunktion zu, die Chancen der Zuwanderung zu nutzen. Wegen der momentan angespannten Arbeitsmarktlage und möglicher Integrationsprobleme ist mit langen Übergangsregelungen zu rechnen.

Auch wenn das Ausmaß türkischer Migrationen nach Deutschland im Falle eins Beitritts der Türkei nicht genau angegeben werden kann, sind zahlreiche Wanderungen deutlich mehr als bloße Vermutungen. Frühzeitig sind Maßnahmen zur Steigerung des Integrationspotentials durchzuführen, damit der politischen und wirtschaftlichen Union nicht die soziale fehlt. In Deutschland wird das Zusammenleben von Moslems und Nichtmoslems vor allem deshalb kritisiert, weil es von wechselseitiger Unkenntnis beherrscht wird.[49]

III. Wirtschaft

Die deutsche und die türkische Wirtschaft sind bereits eng verflochten. Den größten Anteil der rund 6000 ausländischen Unternehmen in der Türkei stellt Deutschland, mit Kapitalbeteiligung deutscher Unternehmen laufen in der Tür-

49 *Rübel*, Türken in der CDU für „Verdeutschen" des Islam, in: Die Welt vom 13. März 2004, S. 5.

kei 1200 Projekte.[50] 40 % der ausländischen Direktinvestitionen in der Türkei stammen aus Deutschland.[51] Investitionen in der Türkei lohnen sich für deutsche Unternehmen: die Produktionskosten sind niedrig und die Arbeitskräfte entsprechend qualifiziert. Zudem bietet die Türkei mit 69 Millionen Einwohnern und zunehmender Bevölkerung einen wachsenden Markt, mit dem die stagnierende Entwicklung in Deutschland und Europa nicht mithalten kann.

Umgekehrt lässt sich Ähnliches beobachten: türkischstämmige Unternehmer in Deutschland sind in den vergangenen Jahrzehnten zu einem kleinen Motor der Wirtschaft geworden. Rund 60.000 Selbstständige [52] (z.B. in den Bereichen Tourismus, Gastronomie) setzen jährlich 30 Milliarden Euro um und beschäftigen 293.000 Menschen (in 2001). Für das Jahr 2015 werden es voraussichtlich rund 650.000 sein.[53]

Dass die Türkei im Bereich der Wirtschaft ein „strategischer Partner von großem Gewicht" für Deutschland ist, betont auch BDI-Präsident *Rogowski*.[54] Seit Beginn der Zollunion im Jahr 1996 hätten sich die Wirtschaftsbeziehungen zwischen Türkei und EU besonders dynamisch entwickelt. Die Türkei ist zu einem wichtigen Markt für die Europäische Union geworden. Die EU hat einen Anteil von rund 44,6 % an den türkischen Einfuhren mit einem Volumen von 20 Mrd. Euro in 2001.[55] Deutschland erwirtschaftete in 2002 mit 30,5 % den größten Anteil der türkischen Importe aus der EU und erhielt mit 29,9 % die meisten Importe aus der Türkei innerhalb der EU-15-Staaten.[56] Deutschland ist der wichtigste Handelspartner der Türkei in der EU. Eine volle Einbindung der Türkei in den Binnenmarkt und eine klare europäische Perspektive trage zur Überwindung von strukturellen Ungleichgewichten in der türkischen Wirtschaft durch Stärkung der Reformkräfte bei und komme somit dem Wachstum und dem Aufbau von Beschäftigung in der gesamten EU zugute, so *Rogowski*.[57] Politische Stabilität und Frieden bilden auch die Grundlage für eine dynamische Wirtschaft. Durch ihre geographisch wichtige Lage und als Verbindungsglied

---

50 Spiegel Online, http://www.spiegel.de/wirtschaft/0,1518,297174,00.html, zugegriffen am 27.04.2004.

51 *Bundesverband der Deutschen Industrie,* Positionspapier: Fünf Gründe für eine klare europäische Perspektive der Türkei, Berlin 2002, S. 1.

52 Http://www.dnn.de/regional/36688.html, zugegriffen am 27.04.2004.

53 Türkischstämmige Unternehmer in Europa – die treibende Kraft. Studie des Verbandes türkischer Unternehmer und Industrieller in Europa e.V. (ATIAD) und KPMG, S. 7.

54 *BDI* (Fn. 51), S. 1.

55 Ebenda, S. 1.

56 *Quaisser/Reppegather* (Fn. 19), S. 38.

57 Ebenda, S. 1.

zwischen Orient und Okzident kommt der Türkei eine wichtige Funktion zur Sicherung der Stabilität in der Region zu.

Die Zollunion und nachhaltige Wirtschaftsverflechtungen zwischen der Türkei und der EU, insbesondere mit Deutschland, sind Ausdruck einer bereits weitgehend erfolgten Liberalisierung des Güter- und Kapitalverkehrs. Aus diesem Grund werden durch einen Beitritt der Türkei nur geringe Wachstumseffekte für Deutschland und die EU erwartet, deutlich höhere für die Türkei selbst.

Die Schaffung eines guten Investitionsklimas und die resultierende Forcierung des Technologie- und Know-how-Transfers von Deutschland in die Türkei ist eine Schlüsselaufgabe für Politik und Wirtschaft.

Fazit

Die Ergebnisse der durchgeführten Analyse der Erfolgsbedingungen eines Beitritts der Türkei in die Europäische Union zeigen, dass es keine grundsätzlichen Gründe gibt, warum die Türkei nicht Mitglied der EU werden kann. Auch, wenn die derzeitigen EU-25-Staaten sich allesamt auf eine christliche Tradition berufen, kann dies nicht als Hinderungsgrund angesehen werden, die islamische Türkei in die EU aufzunehmen. Die der europäischen Gemeinschaft zugrunde liegenden Werte[58] können prinzipiell auch von einem moslemisch orientierten Staat wie der Türkei übernommen und vertreten werden. Das geographische Argument – die Türkei liegt zu 95 % nicht in Europa – erweist sich angesichts der engen politischen Beziehung zwischen EU und Türkei, spätestens jedoch seit der Verleihung des Beitrittskandidatenstatus an die Türkei, als obsolet.

Ein weiteres Resultat der Analyse der Erfolgsbedingungen ist, dass die Türkei aus zwei Gründen aller Voraussicht nach nicht in der Lage sein wird, das Politische Kriterium der Kopenhagener Kriterien bis Ende 2004 zu erfüllen. Die bisher verabschiedeten Reformen, die sehr beachtlich sind, werden nur zögerlich und uneinheitlich in der Praxis umgesetzt. Da die Reformen aus Sicht der türkischen Bevölkerung langjährige Traditionen und Rituale, die europäischem Recht und europäischen Wertvorstellungen widersprechen, abschaffen, braucht es lange Zeit, bis das Europäische als Selbstverständlich angesehen wird. Aber auch auf der formaljuristischen Ebene selbst liegen Gründe für die Nichterfüllung des politischen Kriteriums bis Ende 2004. Vor allem die faktisch nicht vorhandene Religionsfreiheit und die fortbestehende Existenz der Staatssicherheitsgerichte widersprechen klar den Grundsätzen der Europäischen Union, die durch eine

58 Siehe Gliederungspunkt C.

Aufnahme der islamischen Türkei gerade den Grundsatz der Religionsfreiheit demonstriert.

Die am Ende des Jahres anstehende Entscheidung über die Aufnahme von Beitrittsverhandlungen erhält vor diesem Hintergrund eine politische Motivation, die begrüßenswerten Reformbemühungen der Türkei aufrecht zu erhalten und zu verhindern versuchen, dass traditionalistische innertürkische Reformgegner auf Grund einer Verschiebung des Verhandlungsbeginns an Zuspruch gewinnen. Gerade die türkische Regierung droht wiederholt mit Szenarien, in denen europakritische Strömungen die Oberhand gewinnen, und mahnt zu einer Aufnahme der Beitrittsverhandlungen im Dezember diesen Jahres. Die Verhandlungen trotz Nichterfüllung der Kriterien zu beginnen, stellt eine von Seiten der EU wohlwollende Option dar, die auf die strikte Einhaltung der in Kopenhagen beschlossenen Bedingungen zum späteren Beitrittszeitpunkt äußersten Wert legen sollte, um den Import von Spannungs- und Konfliktpotential in die EU bestmöglich zu reduzieren. Bereits bestehende Versprechen und Äußerungen werden ins Feld geführt, um die Forderung, die Verhandlung für einen Beitritt zu beginnen, mit geschaffenen Realitäten zu untermauern, denen ein bedeutendes politisches Gewicht zukommt.

Faktisch würden jedoch durch die Aufnahme von Beitrittsverhandlungen mit einer Türkei, die die Kopenhagener Kriterien nicht erfüllt, eigens für diesen Prozess aufgestellte Regeln selbsttätig verletzt und die gemeinschaftlichen Grundsätze der Europäischen Union eminent aufgeweicht. Inwiefern die tatsächliche Erfüllung der Kopenhagener Kriterien zum Beitrittszeitpunkt dann noch beachtet wird, ist bei Fortsetzung eines solchen Weges fraglich. Eine Erosion der Werte und Grundsätze und das Scheitern der Europäischen Union wäre eine mögliche Konsequenz.

Auch, wenn die Aufnahme der Türkei in die EU eine Frage der Zeit ist, ist angesichts der noch großen Differenzen, sowohl wirtschaftlich, politisch als auch kulturell, eine durch Beitrittsverhandlungen institutionalisierte Einführung der Türkei in die EU zu früh.

Bis zur Aufnahme der Beitrittsverhandlungen und darüber hinaus sind für einen nachhaltigen Erfolg des türkischen Beitrittsprozesses kommunikationspolitische Anstrengungen sowohl von türkischer als auch von Seiten der EU notwendig, um als vertrauensbildende Maßnahmen den gegenseitigen Verständigungsprozess in der Öffentlichkeit und eine Vorstellung der Türkei als Mitglied der Union zu fördern. Nach einer Studie der Düsseldorfer Forschungsstiftung „Identity Foundation" lehnen die höchsten Beamten der EU-Kommission bislang mehrheitlich einen Beitritt der Türkei in die Europäische Union ab. 33 Befragte (von insgesamt 36 Generaldirektoren) äußerten sich ablehnend gegenüber einer EU-Mitgliedschaft der Türkei. Die Begründung: eine europäische Integration sei nur in „engen Grenzen" möglich.[59]

Das Ziel der sich entwickelnden EU muss aber eine Gemeinschaft sein, die in institutioneller und wirtschaftlicher Hinsicht volle Funktionsfähigkeit entfalten kann und außenpolitisch mit einer starken Stimme spricht, die den USA ebenbürtig ist.

59 *Spiegel Online*, http://www.spiegel.de/politik/ausland/0,1518,272192,00.html, zugegriffen am 19.04.2004.

Die WTO und die neue Welthandelsrunde – unter besonderer Berücksichtigung der Verhandlungspositionen der EU

*Gerald G. Sander**

Die Weltwirtschaft ist unser Schicksal.
Helmut Schmidt, dt. Bundeskanzler a.D.

Einführung

Seit mehr als zwei Jahren laufen die Beratungen der neuen Welthandelsrunde, die im Dezember 2001 auf der WTO-Ministerkonferenz in Doha/Katar beschlossen wurde. Nach dem ursprünglichen Zeitplan der Verhandlungen sollten sie Ende des Jahres 2004 abgeschlossen sein. Allerdings war bald absehbar, dass dieser enge zeitliche Rahmen kaum einzuhalten ist. Neben der umstrittenen Entscheidung über die Aufnahme neuer Themen wurden auf der Doha-Konferenz umfassende Verhandlungen zu nahezu sämtlichen Aspekten vereinbart, die bereits im WTO-Vertragswerk[1] geregelt sind. Wie knapp die Fristen für diese Beratungen bemessen wurden, zeigte sich daran, dass schon die für das Jahr 2002 gesetzten Termine nicht eingehalten werden konnten. Insgesamt boten die Verhandlungen bis Mitte 2003 ein gemischtes Bild. Gute Fortschritte gab es vor allem bei den Zollverhandlungen sowie im Dienstleistungsbereich, für den Ende März 2003 termingerecht die ersten Liberalisierungsangebote abgegeben wurden. Im September 2003 scheiterte jedoch die 5. WTO-Ministerkonferenz im mexikanischen Cancún. Die Zukunft des Doha-Prozesses ist damit ungewiss geworden. Zunächst soll ein Überblick über die Funktionsweise der WTO und die Prinzipien in ihrem Vertragswerk gegeben werden.

---

* Um die Folgen der WTO-Ministerkonferenz in Cancún ergänzte Fassung eines Vortrags, der am 24. April 2003 vor der Deutsch-Sprachigen Juristenvereinigung in Großbritannien in Lincoln's Inn, London, gehalten wurde.

1 Text des Vertragswerks abgedruckt in *WTO*, The Legal Texts. The Results of the Uruguay Round of Multilateral Trade Negotiations, Genf 1994 (Cambridge 1999 ff.).

A. Vom GATT 1947 zur WTO

Die WTO stellt die institutionelle Fortführung des GATT von 1947 dar. Als das GATT am 1. Januar 1948 für zunächst 23 Staaten der Erde provisorisch und ohne die Ratifikation durch nationale Parlamente in Kraft trat, bedeutete dies einen Meilenstein in der Geschichte der Weltwirtschaft. In sieben Verhandlungsrunden konnten in zahllosen kleinen, aber kontinuierlich vollzogenen Schritten zunächst die Zölle weitgehend gesenkt werden. Seit Beginn der Tokio-Runde 1973-79 haben sich die Bemühungen verstärkt, auch im Bereich der zweiten Zielgruppe, den nichttarifären Handelshemmnissen, Liberalisierungen zu erreichen. Nach über siebenjähriger Verhandlungsdauer im Rahmen der Uruguay-Runde 1986-1994 wurde in Marrakesch/Marokko am 15. April 1994 von 111 Staaten und der EG die Schlussakte unterzeichnet, welche die Ordnung des Welthandels auf eine qualitativ neue Stufe hob. Am 1. Januar 1995 nahm die WTO als internationale Organisation mit Rechtspersönlichkeit an ihrem Genfer Sitz die Arbeit auf.[2] Am 23. April 2004 gehörten der WTO bereits 146 Mitgliedstaaten sowie die EG an.

Höchstes Organ ist die Ministerkonferenz. Sie besteht aus Vertretern sämtlicher Mitglieder und tritt mindestens einmal alle zwei Jahre zusammen. Die Konferenz ist Leitungs- und Repräsentativorgan, das die Aufgaben der WTO wahrnimmt und die hierfür erforderlichen Maßnahmen trifft. Zwischen den Ministerkonferenzen nimmt ein Allgemeiner Rat die Aufgaben wahr, in dem ebenfalls alle Mitglieder vertreten sind. Diesem Rat unterstehen spezielle Räte zum Handel mit Gütern sowie mit Dienstleistungen, ein Rat für handelsbezogene Aspekte der Rechte des geistigen Eigentums sowie weitere Ausschüsse und Arbeitsgruppen.

Die Beschlüsse der Konferenz und des Allgemeinen Rates werden von einem Generaldirektor ausgeführt, dem ein Sekretariat zur Seite steht. Seit dem 1. September 2002 führt der Thailänder *Supachai Panitchpakdi* die Organisation.[3]

Die Hauptsäule der neuen Welthandelsordnung bilden das GATT 1994, bestehend aus dem GATT 1947 mit geringfügigen Revisionen und Klarstellungen, das Dienstleistungsabkommen (GATS) sowie das TRIPS-Übereinkommen zum Schutze Geistigen Eigentums. Daneben wurden noch zahlreiche weitere Ab-

2 Ausführliche Darstellung des Welthandelsrechts und der WTO in *Beise*, Die Welthandelsorganisation (WTO). Funktion, Status, Organisation, Baden-Baden 2001; *Senti*; WTO. System und Funktionsweise der Welthandelsordnung, Zürich/Wien 2000; *Stoll/Schorkopf*, WTO – Welthandelsordnung und Welthandelsrecht, Köln u.a. 2002; *Weiß/Herrmann*, Welthandelsrecht, München 2003.

3 Zuvor waren der Italiener *Renato Ruggiero* (1995-1999) sowie der Australier *Mike Moore* (1999-2002) Generaldirektoren der WTO.

kommen vereinbart, unter ihnen das für den Gesundheitsschutz bedeutsame SPS-Abkommen[4]. Für die genannten Bereiche gilt fernerhin der verbesserte Streitschlichtungsmechanismus nach der Vereinbarung über Regeln und Verfahren zur Beilegung von Streitigkeiten (DSU). Außerdem wurde ein Mechanismus zur Überprüfung der Handelspolitik der Mitgliedstaaten (TPRM) eingeführt.

Einen großen Fortschritt im organisatorischen Gefüge stellt der *Single-Package*-Ansatz dar. Von nun an sind alle Staaten verpflichtet, die der WTO beitreten möchten, jedes Abkommen der Uruguay-Runde zu übernehmen. Damit kommt es nicht mehr zu der früheren Zersplitterung, die das Welthandelssystem so unübersichtlich machte, dass selbst Experten kaum noch in der Lage waren, einen Überblick über die zwischen den einzelnen Vertragsstaaten geltenden Abkommen zu behalten. Eine Ausnahme gilt insoweit nur für die vier plurilateralen Übereinkommen zum öffentlichen Beschaffungswesen, dem Handel mit Zivilluftfahrzeugen sowie über Milcherzeugnisse und Rindfleisch, die gesondert unterzeichnet werden. Die beiden letzteren wurden jedoch zum 1. Januar 1998 beendet und aus dem Anhang gestrichen.

Im Bereich des Weltgüterhandels konnte in der Uruguay-Runde eine erhebliche Erleichterung des Marktzugangs erreicht werden. So wurden unter anderem die Zölle im gewerblich-industriellen Sektor durchschnittlich um über 30 % reduziert, und für eine Reihe von Produkten wie Pharmazeutika, medizinische Geräte, Stahl, Getränke, Papier, Spielzeug und Baumaschinen wurden Nullzollvereinbarungen mit einer schrittweisen Beseitigung der Zölle bis zum Jahr 2000 getroffen. Die Sonderbereiche Agrarwirtschaft und Textilhandel sollen nach einem zeitlichen Stufenplan in das GATT-Regelwerk eingebunden werden.

B. Grundlegende Prinzipien des WTO-Rechts

Eine Grundpflicht zur Liberalisierung des Handelsverkehrs ist in den WTO-Abkommen nicht vorhanden. Deswegen kommt den speziellen Verpflichtungen besondere Bedeutung zu. Im Folgenden sollen die Hauptprinzipien dargestellt werden, die sich wie ein roter Faden durch das WTO-Vertragswerk ziehen.[5]

---

4 Hierzu *Sander*, Internationaler und europäischer Gesundheitsschutz. Gesundheitsrecht in WHO, FAO/CAK, WTO und EU, unter besonderer Berücksichtigung des Lebensmittelrechts, Baden-Baden 2004, S. 126 ff.; *ders.*, Gesundheitsschutz in der WTO – eine neue Bedeutung des Codex Alimentarius im Lebensmittelrecht? in: ZEuS 2000, S. 335 ff.;

5 Vgl. auch *Beise/Oppermann/Sander*, Grauzonen im Welthandel, Baden-Baden 1998, S. 35 ff.

I. Meistbegünstigung

Gemäß dem Meistbegünstigungsprinzip in Art. I GATT verpflichten sich die Vertragsparteien, die einem anderen Staat zugestandenen Handelsvorteile für alle gleichartigen Waren unverzüglich und bedingungslos auch den anderen GATT-Parteien einzuräumen.[6] Die unbedingte Meistbegünstigung ist eine klare Absage an die Forderung von Gegenleistungen, wie sie in bilateralen Verträgen regelmäßig anzutreffen ist. Dieses grundlegende Prinzip hat in wirtschaftlicher und handelspolitischer, aber auch in innenpolitischer und verfassungsrechtlicher Hinsicht große Wirkung entfaltet. Der Meistbegünstigungsgrundsatz gilt ausdrücklich nicht nur für tarifäre Handelshemmnisse. Auch mengenmäßige Beschränkungen dürfen nach Art. XIII GATT nur mit gleicher Wirkung für alle Vertragsparteien vorgenommen werden. Ausnahmen bestehen u.a. für Zollunionen und Entwicklungsländerpräferenzen. Mit ähnlichem Wortlaut ist dieser Grundsatz auch in Art. II GATS und Art. 4 TRIPS-Abkommen verankert worden.

II. Inländerbehandlung

Die Meistbegünstigungspflicht, verstanden als Nichtdiskriminierung nach außen, wird ergänzt durch das nach innen gerichtete Gebot der Inländerbehandlung in Art. III GATT. Importierte Waren dürfen im Hinblick auf inländische Anforderungen nicht schlechter gestellt werden als gleichartige Waren heimischen Ursprungs.[7] Die Nichtdiskriminierung im Außenverkehr soll nicht dadurch unterlaufen werden können, dass innerstaatlich diskriminiert wird. Während Art. III:2 GATT verbietet, höhere Abgaben auf ausländische Waren zu erheben als auf gleichartige inländische, verlangt Art. III:4 GATT die Gleichbehandlung gleicher Waren bezüglich Rahmenbedingungen wie Kauf, Verkauf, Vertrieb oder Transport. Im Hinblick auf Dienstleistungen und ihre Erbringer sowie zum Schutz des Rechteinhabers befinden sich vergleichbare Regelungen in Art. XVII GATS sowie Art. 3 TRIPS-Abkommen.

III. Vorrang tarifärer Handelsmaßnahmen

Ein weiterer tragender Grundsatz des GATT ist die Konzentration auf Zölle und das Verbot nichttarifärer Handelshemmnisse nach Art. XI.[8] Im Sinne einer „ge-

---

6 Hierzu *Stoll/Schorkopf*, WTO (Fn. 2), Rdnr. 113 ff.

7 Hierzu *Stoll/Schorkopf*, WTO (Fn. 2), Rdnr. 133 ff.

8 Hierzu *Senti*, WTO (Fn. 2), Rdnr. 493 ff.

ringsten Verzerrung" sollen Beschränkungen des Handels auf der quantitativ und qualitativ niedrigsten Stufe stattfinden. Nicht verhinderbarer Protektionismus soll sich in erster Linie der Zölle, als eines der ältesten Einnahmeinstrumente der Staaten, bedienen. Obwohl der Preis des eingeführten Produktes über den innerstaatlichen Marktpreis gehoben wird, kann der Handel, nach einer Phase der Anpassung, wieder ungehindert abgewickelt werden. Zölle setzen im Gegensatz zu mengenmäßigen Begrenzungen den Preis- und Marktmechanismus nicht außer Kraft, sondern bewirken nur eine Verteuerung der Waren, die durch produktivere Maßnahmen ausgeglichen werden kann. Sie sind transparent und eignen sich besonders für stetige Liberalisierungsspiralen im multilateralen Verhandlungssystem. Die Konzentration auf Zölle macht es notwendig, nichttarifäre Handelshemmnisse zu verhindern. Das GATT verlangt in Art. III, VIII, XI ihre vollständige Beseitigung, soweit nicht Ausnahmen, wie aus Gesundheitsschutzgründen (Art. XX) und sicherheitspolitischen Motiven (Art. XXI), zugelassen sind. Auch Subventionen bleiben zulässig, solange sie nicht handelsverzerrend wirken (Art. XVI).

IV. Prinzip der Gegenseitigkeit

Das Gegenseitigkeitsprinzip verlangt, dass für beide Vertragseiten gleiche Rechte und gleiche Pflichten bestehen. Obwohl zentrale WTO-Prinzipien wie die Meistbegünstigung und Inländerbehandlung gerade nicht auf der Reziprozität beruhen, spielt dieser Grundsatz dennoch eine große Rolle im Recht der WTO. So findet er in der Präambel des WTO-Übereinkommens ebenso Erwähnung wie bei der Festlegung von Antidumpingzöllen und Ausgleichsabgaben (Art. VI:2 und 3 GATT).[9]

V. Verhältnismäßigkeit

Den bisher genannten Prinzipien liegt ferner der Rechtsgrundsatz der Verhältnismäßigkeit zugrunde.[10] Wirtschaftsinterventionen sollen stets mit den mildesten nationalen Instrumenten durchgeführt werden (z.B. mit Produktionssubventionen nach Art. XVI GATT). Ebenso sind nationale Schutzmaßnahmen behutsam und kontrollierbar auszugestalten (Art. XIX GATT). Grundsätzlich müssen

---

9 Hierzu *Senti*, WTO (Fn. 2), Rdnr. 461 ff.; *Beise*, Die Welthandelsorganisation (Fn. 2), S. 98 f.

10 Vgl. *Neumann/Türk*, Necessity Revisited – Proportionality in WTO Law after EC – Asbestos, in: Nettesheim/Sander (Hrsg.), WTO-Recht und Globalisierung, Berlin 2003, S. 103 ff.

auch staatliche Gesundheitsschutzmaßnahmen, welche sich auf Art. XX GATT stützen, zur Zielerreichung geeignet sein und das mildeste Mittel darstellen. Art. VI:1 GATS verlangt ebenso die angemessene Anwendung aller allgemein geltenden Maßnahmen, die den Dienstleistungshandel betreffen, für Sektoren, in denen spezifische Verpflichtungen übernommen wurden. Auch im TRIPS-Abkommen wird beispielsweise in Art. 8, Art. 25 Abs. 2 und Art. 30 die Erforderlichkeit bzw. Angemessenheit einer nationalen Maßnahme verlangt.

VI. Transparenz

Aufgrund Art. X GATT müssen handelsrelevante Normen unverzüglich veröffentlicht werden, damit sich Regierungen und Wirtschaftsteilnehmer mit ihnen vertraut machen können.[11] Darüber hinaus wirkt das Transparenzprinzip in weitere wichtige GATT-Normen hinein (vgl. Art. II, XI, XVI, XVII sowie XIX) und ist gleichfalls in Art. III GATS verankert. Im Rahmen der Uruguay-Runde ist die regelmäßige Überprüfung der Handelspolitik der Mitgliedstaaten als wichtige Ergänzung hinzugetreten. Jede Vertragspartei ist nach dem Abkommen zur Überprüfung der Handelspolitik aufgefordert, in regelmäßigen Abständen Berichte für den *Trade Policy Review Body* anzufertigen. Zusätzlich erstellt das WTO-Sekretariat einen Parallelbericht. Im Anschluss an die Diskussion der Berichte durch die Mitgliedstaaten werden beide veröffentlicht.

VII. Friedliche Streitbeilegung

Die Akzeptanz und Beachtung des Vertragswerks sind für eine effektive Durchsetzung der Welthandelsregeln von elementarer Bedeutung. Mit der Gründung der WTO wurde das Streitschlichtungsverfahren in der Vereinbarung über Regeln und Verfahren zur Beilegung von Streitigkeiten (DSU) grundlegend reformiert.[12] So wurde eine Anwendung des Verfahrens auf sämtliche Abkommen der WTO vereinbart (Art. 1 DSU). Deshalb können z.B. auch Streitigkeiten im Rahmen des SPS-Abkommens gem. Art. 11 und des TBT-Abkommens gem. Art. 14 vor die WTO-Streitschlichtungsausschüsse gebracht werden. Mit dem Abkommen wird neben dem *Dispute Settlement Body* (DSB) der *Standing Appellate Body* als eine Art Berufungsgremium geschaffen. Der Bericht des *Panels*, einer unabhängigen Prüfungs- und Feststellungsinstanz, gilt nach den neuen Regeln als angenommen, wenn ihn der DSB nicht einstimmig ablehnt oder

---

11 Hierzu *Senti*, WTO (Fn. 2), Rdnr. 451 ff.

12 Hierzu *Petersmann*, The GATT/WTO Dispute Settlement System. International Law, International Organizations and Dispute Settlement, London/The Hague/Boston 1997.

eine der Parteien den *Appellate Body* anruft. Der Berufungsbericht gilt als angenommen, wenn er nicht einstimmig vom DSB abgelehnt wird. Dieser „umgekehrte Konsens" – im Verhältnis zu den Regeln des alten GATT 1947 – dient der effektiven Durchsetzung der Bestimmungen der WTO und ebnet den Weg von einem machtorientierten zu einem regelorientierten System. Die abschließende Entscheidung ist gem. Art. 21 DSU für die Parteien rechtlich verbindlich. Die Dauer des Verfahrens wurde ebenfalls gestrafft. Der *Panel*-Bericht soll jetzt innerhalb von 6 Monaten vorgelegt werden. Dabei ist gem. Art. 13 DSU eine Anhörung von Sachverständigen möglich. Von besonderer Bedeutung ist die neu geschaffene Möglichkeit der sog. *cross retaliation.* Danach können als *Ultima Ratio* der Rechtsdurchsetzung Zugeständnisse aus einem anderen Vertrag ausgesetzt werden.

Inwieweit durch das DSU eine ausreichende Verrechtlichung des Streitbeilegungsverfahrens eingetreten ist, kann durchaus unterschiedlich beurteilt werden. Auch künftig spielen Verhandlungen der Mitgliedstaaten sicherlich eine wichtige Rolle im Rahmen der Streitschlichtung. Zum Ausdruck kommt dies beispielsweise in Art. 3 Abs. 3 und Art. 12 Abs. 7 DSU. Die Wortwahl in den Verträgen zeigt, dass auf Kosten des Rechts immer noch ein größeres Gewicht auf die gütliche Einigung gelegt wird (vgl. Art. 3 Abs. 4, Art. 3 Abs. 7 DSU).

In der Tat liegt die Einhaltung des WTO-Rechts weiterhin ausschließlich in den Händen der unterlegenen Regierung. Die Kompensationsleistungen stellen in der WTO die einzigen unmittelbar spürbaren Folgen einer Vertragsverletzung dar. Eigentlich hat sich lediglich der Zeitpunkt für die Einlegung eines Vetos verlagert: In dem ursprünglichen GATT-Regime richtete sich der Einwand der unterlegenen Partei gegen die Annahme des *Panel*-Berichts; unter dem neuen WTO-Recht manifestiert sich der Widerstand in der fehlenden Befolgung der Ergebnisse der Streitbeilegungsgremien. Allerdings haben sich die rechtlichen Konsequenzen aus diesem Verhalten verschärft. Konnte man früher mit dem Einspruch gegen die Annahme des *Panel*-Berichts verhindern, dass dieser Rechtswirkungen erzeugt, so stellt heute die Ignorierung der Streitschlichtungsberichte unter dem WTO-Regime eine eindeutige Vertragsverletzung dar.

Grundsätzlich bleibt aber fraglich, warum Regierungen größere Bedenken haben sollten, den Spruch der Streitschlichtungsorgane nicht umzusetzen, als ein Veto gegen die Annahme eines für sie ungünstigen *Panel*-Berichtes einzulegen. Dann wäre die WTO-Streitschlichtung, einschließlich der Umsetzungsphase, trotz der gerichtsähnlichen Ausformung weiterhin überwiegend als Werkzeug diplomatischer Machtpolitik zu betrachten.[13]

Wahrscheinlich ist es immer noch zu früh, um eine zuverlässige Antwort hinsichtlich der Effektivität des Streitschichtungssystems zu geben. Zwar wurde

---

13 *Sander*, Zur unmittelbaren Anwendbarkeit der WTO-Abkommen in der europäischen Rechtsordnung, in: Verfassung und Recht in Übersee 2003, S. 261 (266).

eine verhältnismäßig große Zahl von Entscheidungen umgesetzt, die offen stehenden Fälle, wie das EG-Importverbot für Hormonfleisch[14], zeigen jedoch, dass Staaten nach wie vor bereit sind, WTO-Verpflichtungen zu ignorieren, wenn zwingende politische Gründe dies verlangen. Dennoch ist die Auslegung der Verträge aber längst nicht mehr im selben Ausmaß wie früher das Ergebnis diplomatischer Verhandlungsprozesse.

C. Die Folgekonferenzen: Von Seattle über Doha nach Cancún

Bereits auf der WTO-Ministerkonferenz in Seattle im Dezember 1999 sollte eine neue Welthandelsrunde beschlossen werden. Das Scheitern war jedoch nicht überraschend. Neben wesentlichen inhaltlichen Differenzen zwischen den Teilnehmern waren es vor allem organisatorische Mängel, auch im Hinblick auf eine angemessene Beteiligung kleinerer Mitgliedstaaten der WTO, welche die Zustimmung zum Beginn einer neuen Welthandelsrunde verhindert hatten. Zudem offenbarten die lautstarken Proteste der Zivilgesellschaft, dass der Prozess der Globalisierung künftig nicht allein durch rein handelspolitische Verhandlungsthemen in einem „closed shop" gestaltet werden kann.[15] Transparenz und Partizipation müssen wesentliche Grundprinzipien der künftigen WTO-Arbeit sein. Die Aufstellung der Regeln für die wirtschaftliche Globalisierung ist zu bedeutsam, als dass die Bedenken von Zivilgesellschaft und Entwicklungsländern einfach ignoriert werden könnten.

Im November 2001 fand die 4. Ministerkonferenz der WTO in Doha, der Hauptstadt des Golfemirates Katar, statt. Aufgrund strengster Sicherheitsauflagen nach den Erfahrungen in Seattle gelang es den zivilgesellschaftlichen Gruppen, NGOs, Gewerkschaften und Protestbewegungen wie Attac[16] diesmal weit weniger, ihre Reformvorschläge vorzustellen und die Forderung nach einer Machteinschränkung der WTO zu äußern. Wegen der restriktiven Einreisepolitik am Tagungsort kam es stattdessen zu zahlreichen weltweiten Protesten in Bangkok, Neu Dehli, Beirut, Paris, London, Berlin, Washington, Tokio und anderen Orten.

14 Hierzu *Sander*, ZEuS 2000, S. 335 ff. Vgl. auch die jahrelangen Auseinandersetzungen um die Bananenmarkt-Verordnung der EG; hierzu *Cascante/Sander*, Der Streit um die EG-Bananenmarktordnung, Berlin 1999.

15 Vgl. *Schott* (ed.), The WTO after Seattle, Washington, D.C., 2000.

16 Zu diesem Netzwerk siehe die Internet-Präsentation: www.attac.org.

Zwei Jahre nach dem Debakel in Seattle gelang in Doha das Unterfangen, eine neue Welthandelsrunde zu eröffnen. Allerdings wurde die endgültige Einigung über einige zentrale Aspekte dieser Runde auf die 5. Ministerkonferenz vertagt. Insbesondere Vertreter von Industrieländern bezeichnen diese neue Verhandlungsrunde inhaltlich als „Entwicklungsrunde". Die in Doha verabschiedete Ministererklärung nimmt in der Tat ungewöhnlich häufig Bezug auf die Entwicklungsländer und deren Interessen, ohne allerdings konkrete Versprechungen zu machen. Im Grundsatz zielt das Verhandlungsmandat aber auf eine weitere umfassende Liberalisierung der Weltwirtschaft.

Die Gesamtverhandlungen stehen unter der Aufsicht des *Trade Negotiations Committee*, dem alle WTO-Mitglieder angehören und dem der Generaldirektor vorsitzt. Bei der Sitzung vom 2.-4. März 2003 zeigten sich zwar viele Delegationen enttäuscht über die Schwierigkeiten bei den Verhandlungen, es wurde jedoch auch betont, dass für eine Dramatisierung der Lage kein Anlass bestehe.

Dass die Lage doch ernster war, zeigte sich auf der 5. Ministerkonferenz vom 10.-14. September 2003 im mexikanischen Cancún. Diese wurde schließlich ergebnislos abgebrochen, nachdem eine Gruppe afrikanischer und asiatischer Länder die Forderungen der EU, von Japan sowie Südkorea zurückwies, Regelungen zu ausländischen Investitionen, Wettbewerbspolitik, öffentliches Beschaffungswesen und Handelsbegünstigungen in die Verhandlungen aufzunehmen. Die USA waren zudem nicht bereit, vier afrikanischen Exportstaaten von Baumwolle Zugeständnisse zu machen, weil sie nicht ihre eigenen Farmer verärgern wollten, die von erheblichen staatlichen Subventionen leben. Infolge des Scheiterns des *Mid-Term-Review* ist es wohl richtiger, künftig von einem Doha-Prozess statt von einer Doha-Runde zu sprechen.

D. Entwicklung und Stand der Verhandlungen

I. Die neuen Themen

Die neuen Themen (sog. Singapur-Themen[17]) wurden im Vorfeld von Cancún als zentrale Verhandlungsgegenstände angesehen. Führende Industriestaaten, allen voran die EU und Japan, drängen seit Gründung der WTO darauf, die Kom-

17 Die Singapur-Themen verdanken ihren Namen der 1. Ministerkonferenz der WTO, die 1996 in Singapur stattfand. Damals kamen – in erster Linie auf Initiative der EU – vier Themengebiete auf die Tagesordnung möglicher zukünftiger Verhandlungen: die Erleichterung des Handels, die Transparenz im öffentlichen Auftragswesen, Investitionen sowie fairer Wettbewerb.

petenzen der WTO im Hinblick auf Investitionen, Wettbewerbsrecht[18], öffentliches Beschaffungswesen[19] und administrative Handelserleichterungen zu erweitern. Während einige Staaten, insbesondere Entwicklungsländer aus Lateinamerika, diesem Ziel gegenüber aufgeschlossen sind, verhält sich Indien mit Unterstützung vieler südostasiatischer und afrikanischer Länder ablehnend. In Doha führte der Streit über den Beginn der Verhandlungen über die neuen Themen sogar fast zum Scheitern der Konferenz. Ein Fehlschlag konnte nur durch einen in letzter Minute gefundenen Kompromiss abgewandt werden. So wurde festgehalten, dass zwar Einigkeit über die Aufnahme von Verhandlungen nach der 5. Ministerkonferenz besteht, jedoch auf der Konferenz selbst ein „ausdrücklicher Konsens“ aller WTO-Mitglieder über die „Modalitäten“ der Verhandlungen festgestellt werden muss. Während die EU dies als reine Formsache ansah und fest mit dem Beginn der Verhandlungen rechnete, bestand Indien darauf, dass dieser von der ausdrücklichen Zustimmung aller WTO-Mitglieder abhängig sei und die Entscheidung darüber erst in Cancún falle.

Nach der gescheiterten Konferenz von Cancún, bei der keine Einigung über diese Bereiche erzielt werden konnte, müssen die WTO-Mitglieder nun über die weitere Behandlung der Singapur-Themen entscheiden. Um einen künftigen Kompromiss zu ermöglichen, hat die EU im Zusammenhang mit der Überprüfung ihrer Verhandlungspositionen neue Flexibilität an den Tag gelegt. Danach sollen die betreffenden vier Bereiche fortan getrennt behandelt werden und nach Möglichkeiten gesucht werden, ein Thema, mehrere oder alle Themen statt im Rahmen eines Gesamtverhandlungspakets auf freiwilliger Grundlage weiterzuverfolgen.

II. Agrarhandel

Die Verhandlungen im Agrarbereich laufen aufgrund des Mandats aus der Uruguay-Runde bereits seit Anfang des Jahres 2000 im Agrarausschuss der WTO.[20] Am Rande der Doha-Konferenz wurde auf einem Ministertreffen die Gruppe der „Friends of the Development Box“ gegründet, welcher unter anderem die Do-

---

18 Zu einem Weltkartellrecht vgl. *Sander*, Perspektiven für eine internationale Wettbewerbsordnung, in: Nettesheim/Sander (Hrsg.), WTO-Recht und Globalisierung (Fn. 10), S. 335 ff.

19 Hierzu *Bungenberg*, Auf dem Weg zu einem multilateralen Beschaffungsabkommen?, in: Nettesheim/Sander (Hrsg.), WTO-Recht und Globalisierung (Fn. 10), S. 251 ff.

20 Hierzu *McNiel*, Furthering The Reforms of Agricultural Policies in the Millenium Round, in: Minnesota Journal of Global Trade 2000, S. 41 ff.; *Kennedy*, Reforming Farm Trade in the Next Round of WTO Multilateral Trade Negotiations, in: JWT 2001, S. 1061 ff.

minikanische Republik, Kenia, Kuba, Pakistan, Sri Lanka sowie Uganda angehören. Ihr Ziel ist die Aufnahme weit reichender Ausnahmebestimmungen in das Landwirtschaftsabkommen, um es den Entwicklungsländern zu ermöglichen, ihre Ziele bezüglich Ernährungssicherheit und ländlicher Entwicklung zu verfolgen. Zwar konnten sie sich auf der Doha-Konferenz mit dieser Forderung nicht durchsetzen, aber Paragraph 13 der Ministererklärung bietet zumindest Ansatzpunkte, dieses Anliegen weiterzuverfolgen.

Auch bei den Agrarverhandlungen, die eine Schlüsselrolle für den Gesamtprozess einnehmen, gelang es nicht – wie ursprünglich vorgesehen – bis Ende März 2003 eine Einigung über die Liberalisierungsmodalitäten zu erreichen. Die Mitgliedstaaten hatten ihre Standpunkte weitgehend beibehalten. Grundlage der EU-Verhandlungsposition war zunächst ihr Angebot vom 27. Januar 2003, das folgende Elemente enthielt: Abbau der Agrarzölle um durchschnittlich 36 %, Reduktion der für Exportsubventionen verfügbaren Haushaltsmittel um 45 %, Abbau handelsverzerrender interner Stützung um 55 %, Regelungen für Umwelt-, Verbraucher- und Tierschutz sowie eine spezielle Behandlung von Entwicklungsländern. Die sog. „Cairns-Gruppe" (Australien, Brasilien etc.), unterstützt von den USA, fordert eine zügige weitere Marktöffnung und den Abbau von Subventionen, insbesondere die Beseitigung der Exportsubventionen[21]. Frankreich widersetzte sich in Doha einer Formulierung, welche die Abschaffung der Ausfuhrsubventionen als Verhandlungsziel vorsah. Letztlich stimmte aber auch Frankreich diesem Text zu, nachdem eingefügt wurde, dass damit das Verhandlungsergebnis noch nicht vorweg genommen wird. Von Bedeutung ist gleichfalls die inhaltliche Erstreckung auf „alle Formen von Exportsubventionen", welche auch vergünstigte Exportkreditprogramme der USA und bestimmte Formen der Nahrungsmittelhilfe einschließt, die bislang vom Agrarabkommen nicht berührt wurden.[22]

Der Vorsitzende der WTO-Liberalisierungsgespräche für die Landwirtschaft präsentierte im Februar 2003 einen Rahmenplan zur Öffnung der Agrarmärkte, der drastische Senkungen der Importzölle beinhaltete, die von der EU in dieser Höhe aber energisch abgelehnt wurden. Bei den Exportsubventionen war für die „reichen" Staaten eine Abschaffung nach fünf Jahren und für die übrigen Länder nach neun Jahren vorgesehen. Insbesondere vonseiten Frankreichs musste hier allerdings weiterhin mit erheblichem Widerstand gerechnet werden.

---

21 Hierzu *Kaul*, The Elimination of Export Subsidies and the Future of Net-Food Importing Countries in the WTO, in: Fordham Journal of International Law 2000, S. 383 ff.

22 *Pitschas*, Ausfuhrsubventionen nach dem WTO-Abkommen über die Landwirtschaft, in: RIW 2001, S. 205 ff.

Nachdem die EU im Juni 2003 zentrale Reformen der Gemeinsamen Agrarpolitik[23] beschlossen und damit Voraussetzungen für eine größere Verhandlungsoffenheit im Bereich interner Stützungsmaßnahmen geschaffen hatte, legten die EU und die USA am 13. August 2003 ein gemeinsames Papier in Genf vor, welches auf einer Annäherung in den Bereichen Marktzugang, mit differenzierter Zollsenkung unter Berücksichtigung sensibler Produkte, und Exportwettbewerb, mit Gleichbehandlung sämtlicher Formen von Exportsubventionen, basierte. Dieser Verhandlungsrahmen, dem noch konkrete Fristen und Zahlen für die Abbauverpflichtungen fehlten, bildete die Grundlage für den Entwurf der Ministererklärung für Cancún. Verhandlungen kamen dort allerdings nicht zustande, weil vor allem die von Brasilien angeführte Gruppe von Entwicklungs- und Schwellenländern eine Gegenposition mit weit reichenden einseitigen Forderungen an die Industriestaaten bezog.

III. Zollverhandlungen über nicht agrarische Produkte

Ein weiteres zentrales Verhandlungsthema stellt die Klärung der Modalitäten für künftige Zollverhandlungen über nicht landwirtschaftliche Produkte dar.[24] Eine Vereinbarung hierüber sollte bis Ende Mai 2003 erreicht werden. Die EU tritt für eine allgemeine Zollsenkungsformel für sämtliche Bereiche, eine stärkere Senkung höherer Zollsätze durch Kompression, keine Zollsätze über 15 % sowie einen Wegfall der derzeitigen Bagatellzölle unter 2 % ein. Außerdem hat sie – unter der Voraussetzung der Beteiligung aller WTO-Mitgliedstaaten – für Textil, Bekleidung und Schuhe über die Formel hinausgehend weitere, möglichst nahe an Null liegende Zollsenkungen vorgeschlagen, ebenso Sonderregelungen für Entwicklungsländer. Die USA hatten im Dezember 2002 mit einem Vorschlag zur schrittweisen Abschaffung aller Zölle für sämtliche Industriegüter bis 2015 überrascht. Er beinhaltete die Aufhebung aller Zollsätze unter 5 % bis 2005, keine Zölle mehr über 8 % bis 2010 sowie bis 2015 die völlige Beseitigung der restlichen Zölle. Die Entwicklungsländer, allen voran Indien, hatten jedoch deutlich gemacht, dass sie nicht bereit sind, gleich hohe Zollsatzsenkungen wie die Industrieländer vorzunehmen.

Im Mai 2003 legte der Vorsitzende der Verhandlungsgruppe einen Text vor, nach dem Zollsenkungen durch eine allgemeine Formel erzielt werden sollen. Die dazu vorgeschlagene Formel orientiert sich an der sog. Schweizer Formel, die so angelegt ist, dass die hohen Zolltarife stärker als die niedrigeren auf eine festzulegende Obergrenze gesenkt werden, ergänzt diese aber um den Fak-

---

23 Hierzu *Koester*, EU-Agrarreform: Endlich ein Durchbruch?, in: Wirtschaftsdienst 2003, S. 151 ff.

24 Allgemein zur Zollpolitik der WTO *Senti*, WTO (Fn. 2), Rdnr. 493 ff.

tor des Durchschnittszollsatzes des betreffenden Landes. Kritisiert wird an diesem Modell, dass durch die Formel-Ergänzung die Unterschiede in den Zollstrukturen der Staaten bestehen bleiben und den Ländern mit durchschnittlich höheren Zollsätzen ihr relativ hohes Zollniveau belassen wird. Ferner wird nicht nach den spezifischen Bedürfnissen der Entwicklungsländer differenziert, sondern es werden die zufälligen Durchschnittszollsätze der Berechnung zugrunde gelegt. Daneben sieht der Vorschlag Zollreduktionen in Sektoren vor, in denen besondere Exportinteressen der Entwicklungsländer bestehen, so sollen z.B. für Schuhe, Leder, Kfz-Teile, Edelsteine und Textilen die Zölle von allen WTO-Mitgliedstaaten vollständig beseitigt werden. Dieser Ansatz wird allerdings von vielen Entwicklungsstaaten abgelehnt. Wegen diesen Unstimmigkeiten bleibt auch nach Cancún die Klärung der Modalitäten für die Zollverhandlungen eine zentrale Aufgabe. Die EU fordert insoweit die Rückkehr zu einem ehrgeizigen, alle WTO-Mitglieder nach ihrer Leistungsfähigkeit berücksichtigenden Ansatz in den Zollverhandlungen.

IV. Umwelt und Handel

Im Bereich Handel und Umwelt[25] soll das Verhältnis zwischen WTO-Recht und internationalen, handelsrelevanten Umweltverträgen wie dem Washingtoner Artenschutzabkommen, der Basel-Giftmüllkonvention oder dem Biosafety-Protokoll[26] geklärt werden, um deutlich zu machen, dass beide Rechtssysteme sich gegenseitig ergänzen und damit Konflikte zwischen den Regimen vermieden werden.[27] Umstritten ist beispielsweise, ob diese Übereinkommen im Rahmen eines WTO-Streitschlichtungsverfahrens Berücksichtigung finden können, also eine Rechtfertigung nationaler handelsbeschränkender Maßnahmen aus Umweltschutzgründen in Betracht kommt.[28] Neben der EU haben zahlreiche WTO-Mitglieder Vorschläge vorgelegt. Der Umfang des Verhandlungsmandats ist allerdings weiterhin umstritten. Anders als die EU fordern die USA und die Entwicklungsländer eine enge Mandatsauslegung, das heißt eine Begrenzung der zu

---

25 Zum Spannungsverhältnis vgl. *Hilf*, Freiheit des Welthandels contra Umweltschutz?, in: NVwZ 2000, S. 481 ff.

26 Speziell hierzu *Stökl*, Das Verhältnis multilateraler Umweltschutzabkommen zum WTO-Recht, dargestellt am Beispiel des Biosafety Protocol, in: Aussenwirtschaft 2001, S. 327 ff.

27 Allgemein zum Verhältnis internationaler Abkommen zum WTO-Vertragswerk *Neumann*, Die Koordination des WTO-Rechts mit anderen völkerrechtlichen Verträgen, in: Nettesheim/Sander (Hrsg.), WTO-Recht und Globalisierung (Fn. 10), S. 9 ff.

28 Siehe hierzu *Oppermann/Beise*, Freier Welthandel und Umweltschutz nach der WTO-Doha-Konferenz 2001, in: RIW 2002, S. 269 ff.

berücksichtigenden multilateralen Umweltabkommen, die Beschränkung auf explizite Handelsvorschriften sowie keine Einbeziehung von Nichtparteien eines internationalen Umweltabkommens.

Die Doha-Erklärung sah weiterhin Verhandlungen über den Abbau von Zöllen und sonstigen Handelshemmnissen für umweltfreundliche Produkte und Dienstleistungen vor. Derzeit wird noch über die Definition des Begriffes „umweltfreundliche Güter" diskutiert. Ursprünglich war geplant, dass in Cancún darüber entschieden wird, ob formelle Verhandlungen zur Umweltkennzeichnung eröffnet werden. Es war allerdings erkennbar, dass nur sehr wenige Staaten den EU-Ansatz zur Umweltetikettierung teilen. Im Zusammenhang mit der Überprüfung ihrer Verhandlungsstrategie hat die EU beschlossen, die festgefahrenen Gespräche bei den Umweltverhandlungen durch Konzentration auf politische Grundfragen zu lösen.

V. Dienstleistungshandel

Gem. Art. XIX:1 GATS sind die WTO-Mitglieder verpflichtet, spätestens fünf Jahre nach In-Kraft-Treten des Abkommens Verhandlungen aufzunehmen. Diesem Auftrag entsprechend laufen die Konsultationen nunmehr seit dem Jahr 2000.[29] Von zivilen Protestbewegungen werden insbesondere die Verhandlungen im Dienstleistungssektor kritisch begleitet. Öffentliche Wasserversorgung, Bildung und Gesundheit als nationale oder regionale öffentliche Versorgungsbereiche sollen ihrer Ansicht nach nicht der Liberalisierung unterworfen und kein Zugang privater Anbieter erzwungen werden. Bereits seit einiger Zeit drängen nämlich große internationale Konzerne in Bereiche, die traditionell öffentlichen Einrichtungen und Anbietern vorbehalten waren.

Die EU hat im Juni 2002 ihre Forderungen an 109 WTO-Mitgliedstaaten (davon 94 Schwellen- und Entwicklungsländer) gestellt, welche bis zu zwölf Dienstleistungssektoren betreffen, und bisher Forderungen von 39 WTO-Mitgliedern, darunter zahlreiche Entwicklungsländer, erhalten. Die EU legte ihr Angebot Ende April 2003 vor und veröffentlichte es gleichzeitig im Internet. Das Angebot sieht keine zusätzlichen Verpflichtungen in den Bereichen Gesundheit und soziale Dienstleistungen, Trinkwasserverteilung, Ausbildungsdienstleistungen und audiovisuelle Dienstleistungen vor, die für die EU besonders sensibel sind. Hinsichtlich Liberalisierungsbestrebungen im Bildungssektor hat die EU geäußert, solche nur für private Einrichtungen zu akzeptieren.

Der Forderungskatalog der EU umfasst u.a. die Liberalisierung von Dienstleistungen in den Sektoren Finanzen, Tourismus, Umwelttechnik, Verkehr, Me-

---

29 *Barth*, Die GATS 2000-Verhandlungen zur Liberalisierung des internationalen Dienstleistungshandels, in: ZEuS 2000, S. 273 ff.

dien sowie der Logistik. Im Rahmen der GATS-Verhandlungen soll auch über die öffentliche Wasserversorgung verhandelt werden. Gerade die EU hat hier eine Vorreiterrolle inne.[30] Sie fordert von 72 Staaten die Liberalisierung ihrer Wassermärkte, ohne allerdings selbst ein entsprechendes Angebot zu unterbreiten. Private Wasserversorger wie Vivendi, Suez Lyonnaise, RWE und Azurix argumentieren, dass eine private Wasserversorgung effizienter sei und mehr in die Infrastruktur (Kanalisation etc.) investiere. Tatsächlich lässt sich aber in vielen Regionen beobachten, dass die Wasserpreise beträchtlich steigen, wenn die Wasserversorgung von öffentlichen in private Hände übertragen wird.[31] Entsprechend wehren sich Nichtregierungsorganisationen und Protestbewegungen gegen eine Betrachtung des Wassers als normales Handelsgut. Sie sehen – ähnlich wie UN-Organisationen – im Zugang zu sauberem Trinkwasser ein Menschenrecht und fordern daher, ihn nicht zu kommerzialisieren.[32] Außerdem wird von den Kritikern eine zu starke Beschränkung staatlicher Souveränität befürchtet, da hier Gebiete der klassischen Daseinsvorsorge betroffen sind und Änderungen in diesen Bereichen grundlegende und umfassende Gesetzänderungen erforderlich machen würden. Ähnliche Bestrebungen multinationaler Unternehmen lassen sich auch auf den Märkten für Bildung und Gesundheit feststellen.

Das Scheitern der Verhandlungen in Cancún hat auch Auswirkungen auf die Fortsetzung der GATS-Verhandlungen, obwohl auf der Ministerkonferenz eine intensive Diskussion dieses Bereiches nicht beabsichtigt war und auch nicht stattfand. Eigentlich gilt das ursprünglich in Doha vereinbarte Abschlussdatum „Ende 2004" für die Verhandlungen rein formal weiter. Die tatsächliche Einhaltung des Datums ist durch den Fehlschlag in Cancún jedoch kaum noch zu realisieren, da es dort insbesondere nicht zu der vorgesehenen Fortschreibung des GATS-Verhandlungsplans mit Stichdaten für die Einreichung eigener Verhandlungsangebote durch alle WTO-Mitglieder sowie für die Nachbesserung bereits vorliegender Angebote gekommen ist.

---

30 Siehe *Geiger/Freund*, Europäische Liberalisierung des Wassermarktes, in: EuZW 2003, S. 490 ff.

31 In England und Wales stiegen z.B. die Rechnungen der Privathaushalte zwischen 1989 und 2001 um real 41 %. In Potsdam ist der Wasserpreis nach dem Verkauf eines 49-prozentigen Anteils an den Wasserwerken im Jahr 2000 an Suez-Lyonnaise innerhalb von zwei Jahren von 2,46 Euro auf 4,40 Euro gestiegen. Angesichts einer angekündigten weiteren Preiserhöhung wurde der Vertrag gelöst und die privatisierten Anteile zurückgekauft.

32 Hierzu *Nowrot/Wardin*, Liberalisierung der Wasserversorgung in der WTO-Rechtsordnung, Halle 2003.

VI. Gesundheitsschutz und TRIPS

Neue, unentbehrliche Arzneimittel gegen weit verbreitete Krankheiten, wie z.B. HIV/AIDS, Malaria und Tuberkulose, fallen unter den Patentschutz und sind wie im Falle von AIDS mit Kosten von 10.000 US-Dollar pro Jahr für eine Standardtherapie für über 90 % der HIV-Infizierten nicht erschwinglich. Deshalb sieht das TRIPS-Abkommen in Art. 31 die Möglichkeit von sog. Zwangslizenzen vor, die ein Staat zur Herstellung preislich günstigerer Medikamente an die heimische Pharmaindustrie erteilen kann.[33] Gegen den Widerstand der Schweiz, Japans, der USA, Australiens und Neuseelands sowie der Industrie konnten die Entwicklungsländer in Doha erreichen, dass das TRIPS-Abkommen weitgehend in ihrem Sinne interpretiert wird.[34]

In Doha wurde durch separate Ministererklärung zum Thema „TRIPS/ öffentliche Gesundheit" der TRIPS-Rat ferner beauftragt, bis Ende 2002 eine Lösung für sog. „grenzüberschreitende Zwangslizenzen" zu erarbeiten.[35] Damit soll insbesondere bedürftigen Entwicklungsländern der Zugriff auf Zwangslizenzen zur Bekämpfung gravierender Epidemien auch dann eröffnet werden, wenn sie über keine eigenen Pharmaproduktionskapazitäten verfügen. Es hat sich nämlich in der Praxis gezeigt, dass die wenigsten Entwicklungsländer über eine geeignete Pharmaindustrie verfügen, der solche Zwangslizenzen erteilt werden könnten. Ob es in diesem Fall möglich sein soll, Unternehmen in anderen Staaten die Lizenzen zu übertragen, die in diesem Fall nur für den Markt des Landes mit der Notlage produzieren dürfen, ist zwischen Entwicklungs- und Industrieländern heftig umstritten. Von den Industrieländern wird vor allem ein Missbrauch durch den Lizenznehmer befürchtet. Außerdem wird auf die hohen Forschungskosten, die für innovative Medikamente getätigt werden müssen, verwiesen.[36]

Trotz intensiver Bemühungen scheiterten die Verhandlungen zunächst im Dezember 2002 am Widerstand der USA. Kernproblem war der Umfang der von der Sonderregelung erfassten Krankheiten. Die USA beharrten auf einer Aufzählung von Krankheiten (u.a. HIV, Malaria, Tuberkulose), kombiniert mit einer re-

---

33 Hierzu *Rott*, Patentrecht und Sozialpolitik unter dem TRIPS-Abkommen, Baden-Baden 2002, S. 275 ff.

34 *Herrmann*, TRIPS, Patentschutz für Medikamente und staatliche Gesundheitspolitik: Hinreichende Flexibilität?, in: EuZW 2002, S. 37 ff.

35 Hierzu *Zürcher Fausch*, Die Problematik der Nutzung von Zwangslizenzen durch Staaten ohne eigene Pharmaindustrie: Zur instrumentellen Umsetzung von Art. 6 der Erklärung zum TRIPs und zum öffentlichen Gesundheitswesen, in Aussenwirtschaft 2002, S. 495 ff.

36 Zu den unterschiedlichen Sichtweisen ausführlich *Sander*, Zwangslizenzen zur Arzneimittelherstellung in Entwicklungsländern, in: Nord-Süd aktuell 2004, S. 126 ff.

striktiven Auffangklausel. Ende August 2003 kam es schließlich zu einem Kompromiss zwischen den Mitgliedstaaten, der den Import an enge Voraussetzungen knüpft.[37] Die Vereinbarung sieht vor, dass Länder mit eigener Pharmaindustrie wie Indien und Ägypten Zwangslizenzen erteilen können, um Arzneimittel für jene Staaten zu produzieren, die über keine pharmazeutischen Unternehmen verfügen. Zum Schutz patentierter Medikamente müssen aber sowohl Herstellerstaat als auch Empfängerland die Genehmigung der WTO einholen. Weiterhin muss der Produzent dem Arzneimittel eine besondere Form, Färbung, Verpackung und Bezeichnung geben, um sicherzustellen, dass dieses nicht auf anderen Märkten auftaucht. Aufgrund dieser Maßnahmen verteuern sich aber wiederum die Präparate. Für Krankheiten mit hohen Therapiekosten wie AIDS kann die Einigung von großem Nutzen sein, wenn die Einwilligung von der WTO nicht restriktiv gehandhabt wird. Allerdings ist zu bedenken, dass insgesamt nur etwa 5 % der Medikamente der *Essential Drugs List* der WHO durch Patente geschützt sind und den betreffenden Ländern das Geld selbst für preiswerte Generika fehlt. Außerdem mangelt es in diesen Staaten oft noch an einer ausreichenden medizinischen Infrastruktur für den geordneten Einsatz der Arzneimittel. Trotz der Bedenken und des Teillösungscharakters der Übereinkunft schafft sie für die Entwicklungsländer jedenfalls Rechtssicherheit beim Ergreifen solcher Maßnahmen.[38] Eine endgültige Lösung wird im Wege einer formellen Änderung des Art. 31 angestrebt.

Da die Vereinbarung zeitlich vor Cancún getroffen wurde, ist davon auszugehen, dass sie trotz des ergebnislosen Abbruchs der WTO-Ministerkonferenz Bestand hat. Den Fehlschlag in Cancún könnte sie jedoch, obwohl hier die Industriestaaten den Entwicklungsländern entgegengekommen sind, nicht verhindern.

E. Cancún und die Folgen

Nach dem Scheitern der WTO-Ministerkonferenz in Cancún gelang es dem Allgemeinen Rat der WTO auf seiner Sitzung am 15./16. Dezember 2003 noch nicht, den Verhandlungsprozess wieder anzustoßen. Im Vorfeld der Sitzung hatte der Vorsitzende Konsultationen zu den derzeitigen Schlüsselthemen Landwirtschaft, Marktzugang für Industrieprodukte, Singapur-Themen und Baum-

---

37 Hierzu *Herrmann*, Historischer Wendepunkt für den internationalen Patentschutz?, in: ZEuS 2003, S. 589 ff.

38 *Sander*, Internationaler und europäischer Gesundheitsschutz (Fn. 4), S. 180 ff.

wolle durchgeführt. Zwar äußerten sämtliche WTO-Mitglieder ihre Verhandlungsbereitschaft, machten allerdings keine substanziellen Konzessionen. Der Februar 2004 wurde schließlich als Datum für die Wiederaufnahme der Arbeit der einzelnen Verhandlungsgruppen und die Diskussion von Einzelfragen festgelegt.

Nach Cancún hat auch die EU ihre Verhandlungsstandpunkte überprüft. Auf der Grundlage einer Mitteilung der Europäischen Kommission trafen die Handelsminister der EU-Mitgliedstaaten am 2. Dezember 2003 in Brüssel zu informellen Beratungen zusammen und bereiteten einen Beschluss des Allgemeinen Rats der EU am 8. Dezember 2003 vor, der die EU-Verhandlungslinie im Grundsatz bestätigt, in zentralen Einzelfragen aber an die durch Cancún veränderte Sachlage anpasst. Die EU räumt dabei den multilateralen WTO-Verhandlungen Vorrang vor neuen Initiativen zum Abschluss bilateraler Freihandelsabkommen ein. Bezüglich der Singapur-Themen soll eine Aufteilung der vier Themen stattfinden und damit eine getrennte Behandlung ermöglicht werden. Hierbei sollen die Chancen ausgelotet werden, durch Herausnahme von Themen aus dem Gesamtzusammenhang der Verhandlungen, mit verhandlungsbereiten WTO-Mitgliedern plurilaterale Übereinkommen zu vereinbaren. Die EU will weiterhin an den bisherigen Verhandlungsfortschritten im Landwirtschaftssektor festhalten, beim Marktzugang für Industrieprodukte größere Forderungen insbesondere an Schwellenländern stellen und bei Handel und Umwelt durch Konzentration auf politische Grundfragen einen Konsens erreichen. Angesichts der Europawahlen im Juni 2004, des Austausches der Kommissionsmitglieder im Herbst 2004 sowie der US-amerikanischen Präsidentschaftswahlen im November 2004 sind ergeizige Konzepte der beiden Handelsblöcke in diesem Jahr kaum zu erwarten. Insbesondere hinsichtlich der USA besteht die Befürchtung, dass sie künftig verstärkt im Wege von bilateralen Wirtschaftsabkommen ihre Handelsinteressen durchzusetzen versuchen.[39]

Schlusswort

Die offiziellen Verhandlungen am Sitz der WTO in Genf dienten bis Cancún eher dazu, die Differenzen zwischen den Mitgliedern herauszuarbeiten. Um die Positionen anzunähern, luden daher Regierungsvertreter bestimmter Mitgliedsstaaten zusammen mit dem WTO-Sekretariat zu so genannten „Mini-

---

39 Zur Lage der WTO nach Cancún siehe *Hauser*, Die WTO nach Cancún, in: Aussenwirtschaft 2003, S. 459 ff.; *Berrisch*, Cancún, was nun?, in: RIW 2004, S. 69 ff.

Ministerials". Dort sollten die einflussreichsten WTO-Mitglieder, neben den großen Industriestaaten (USA, EU, Japan, Kanada), große Entwicklungsländer (Indien, Brasilien, Thailand) sowie Vertreter afrikanischer Staaten und der ärmsten Länder, auf politischer Ebene Kompromisse finden. Diese informellen Entscheidungswege führen jedoch zum Ausschluss der Mehrzahl der kleineren Mitgliedstaaten, denen es schwer fallen dürfte, den in ihrer Abwesenheit gefundenen „Konsens" nachträglich abzulehnen. Bei den Landwirtschaftsgesprächen im Februar 2003 in Tokio waren beispielsweise 25 Industrieländer anwesend, jedoch wurde kein Entwicklungsland eingeladen. Aufgrund dieser Verfahrensweise bestehen erhebliche Bedenken hinsichtlich des Anspruchs der WTO, eine Organisation gleichberechtigter Mitglieder zu sein.

Weder das Mini-Ministerial in Sydney Ende 2002 noch die Gespräche in Tokio im Februar 2003 brachten entscheidende Durchbrüche bei den Verhandlungen. Auch die Stichdaten, vor allem für die Agrar- und Dienstleistungsverhandlungen Ende März 2003, verstrichen ohne nennenswerte Einigung. Das Scheitern der Ministerkonferenz in Cancún machte zudem deutlich, dass die Entwicklungsländer ein neues Selbstbewusstsein entwickelt haben und nicht mehr bereit sind, der EU und den USA die Führerschaft im Welthandel zu überlassen. Auch wenn vorübergehend eine Lähmung der WTO als Verhandlungsforum eingetreten ist, werden die Verhandlungen bald wieder aufgenommen werden, allerdings mit anders verteilten Gewichten. Vielleicht wird nun aus dem Doha-Prozess doch noch eine Entwicklungsrunde, die diesen Namen auch verdient. Bis zur nächsten Ministerkonferenz in Hongkong im Jahr 2005 liegt also noch ein gutes Stück Arbeit vor den Verhandlungsparteien.

Die EU und die Liberalisierung des Weltagrarhandels

*Veronika Olehlová**

> Agricultural trade policy has long been enigmatic, often inexplicable, always exasperating, and frequently counter to the long-term best interests of a nation's own agriculturalists. For half a century, it has provided more distortions to the multilateral trading system than any other segment of the global economy (...) Why so many nations have worked so hard over so many years to impede agricultural trade is almost beyond comprehension!
> *C. Yeutter, ehem. US-Staatssekretär für Landwirtschaft*[1]

Einleitung

Nach dem von vielen als Durchbruch bezeichneten Erfolg bei der Liberalisierung des Agrarhandels in der letzten Runde unter dem alten GATT, der sog. Uruguay-Runde (1986-1994), haben sich viele auch von der letzten Runde unter der neu entstandenen WTO entscheidende Schritte in dieser Richtung erhofft. Anstatt eines Jubels musste man am Ende der fünften WTO-Ministerkonferenz in Cancún nach Tagen zäher Verhandlungen jedoch feststellen, dass sie gescheitert ist.

Die Verhandlungen über die Liberalisierung der Weltmärkte, die bis Ende des Jahres 2004 beendet werden sollten, stehen seit dem Scheitern in einer Sackgasse. Nach den misslungenen Verhandlungen im Dezember in Genf und dem Austausch des Vorsitzenden des Allgemeinen Rates sowie der Vorsitzenden der einzelnen Verhandlungsgruppen, kommt man nun in die Phase, die über dem (Miss-)Erfolg der ganzen Doha-Runde entscheidet.

Der Beitrag setzt sich mit der Vorgeschichte im Bereich des Agrarhandels, die der Ministerkonferenz in Cancún vorangegangen ist, auseinander, soweit es den Agrarhandel betrifft. Eine solche Analyse kann schließlich auch Fragen zum Scheitern der Konferenz beantworten.

---

* Abschlussarbeit des MEuS-Studienganges 2002/03, Stand: März 2004.

1 *Yeutter*, Bringing Agriculture into the Multilateral Trading System, in: Bhagwati/Hirsch (Hrsg.), The Uruguay Round and Beyond: Essays in Honour of Arthur Dunkel, Berlin 1998, S. 61.

A. Die Rolle des Agrarsektors innerhalb des GATT

Es gibt kaum ein anderes Gebiet bei dessen Liberalisierung während der GATT-Geschichte so wenige Fortschritte erreicht wurde wie in der Landwirtschaft. Obwohl formell vollständig integriert, hat die Landwirtschaft immer eine Sonderstellung innerhalb des GATT genossen.[2] Dies hat mehrere Ursachen.

Bereits im alten GATT-Vertragswerk wurden für den Agrarsektor zwei Ausnahmenregelungen vorgesehen. In Art. XI:2c GATT wird der Handel mit Agrarerzeugnissen unter bestimmten (relativ strikten) Bedingungen vom Verbot der nichttarifären Importrestriktionen ausgenommen. Art. XVI:3 GATT hat eine große Lücke bei den Exportsubventionen gegenüber den fundamentalen GATT-Prinzipien geschaffen, die von vielen Ländern, aber auch von der EU, stark ausgenutzt wurde. Obwohl diese beiden Ausnahmeklauseln signifikant sind, können sie doch nicht die Sonderstellung völlig erklären.

Als zweite Ursache der Sonderstellung des Agrarhandels muss die hohe politische Sensibilität dieses Sektors erwähnt werden. Es gibt in diesem Bereich eine große Zahl von Akteuren, die mehr oder weniger erfolgreich ihren politischen Druck ausüben. Es beginnt mit kleinen Bauernverbänden und endet mit den Delegierten der Regierungen, die ihren jeweiligen Staat in den Verhandlungen vertreten. Unter Berücksichtigung der protektionistischen Agrarpolitiken zahlreicher Vertragsparteien bedeutet jede Veränderung in Richtung freien Handels einen Eingriff in die Innenpolitik der souveränen Staaten. Jeder Staat hat dieses Dilemma zwischen der GATT-Mitgliedschaft und den damit verbundenen Pflichten einerseits und der Verfolgung seiner nationalen Politik andererseits auf seine Art gelöst.

Die USA haben bereits 1955 die universelle Ausnahmeklausel des GATT-Vertrages (sog. „Waiver“) in Anspruch genommen und sich damit jeglichen Beschränkungen entzogen. Die EG hat dagegen zwar keine formelle Ausnahme beantragt, hat jedoch uneingeschränkt weiterhin ihre Gemeinsame Agrarpolitik entwickelt und sowohl von den variablen Importzöllen, die im GATT-Vertrag gar nicht definiert wurden, als auch von den Exportsubventionen reichlich Gebrauch gemacht.[3]

Ein umfassender Reformversuch ist erst aus der Uruguay-Runde in Form des Agrarabkommens hervorgegangen, als der Protektionismus im Weltagrarhandel nicht mehr akzeptabel und vor allem auch nicht mehr finanzierbar war. Auf die Frage, ob sich die Landwirtschaft nach der Uruguay-Runde einem „normalen“ Sektor annähert, gibt es jedoch keine eindeutige Antwort. Die Uru-

---

2 Vgl. *Tangermann,* Will Agriculture Always Remain a Problem in GATT?, in: Intereconomics, Vol. 22, Juli/August 1987, S. 163 f.

3 Vgl. *Hartwig/Tangermann,* Die Stellung des Agrarhandels im GATT am Beginn der Uruguay-Runde, in: Agrarwirtschaft 1987, S. 70; *Tangermann* (Fn. 2), S. 164.

guay-Runde wird zwar hauptsächlich wegen der Etablierung völlig neuer Regelungen im Agrarbereich als Meilenstein in der Entwicklung des GATT bezeichnet.[4] Die Existenz einer separaten Vereinbarung – des Agrarabkommens (Agreement on Agriculture – AoA) – lässt jedoch vermuten, dass sich die Verhandlungspartner zwar auf einige Gemeinsamkeiten, nicht aber auf eine völlige Integration des Agrarhandels in die allgemeinen Prinzipien einigen konnten.[5] Des Weiteren ist nach wie vor von einer ungebrochenen Existenz zahlreicher übermäßigen Barrieren und Verzerrungen im Handel mit Agrargütern auszugehen, die maßgeblich der nationalen Handelspolitik und den internen Unterstützungsmaßnahmen zuzuschreiben sind.[6]

B. Uruguay-Runde: Das Agrarabkommen als Ergebnis

Die achte Runde der multilateralen Handelsgespräche des GATT, die mit der Deklaration von Punta del Este 1986 eingeleitet wurde, bedeutete für den Agrarbereich einen Wendepunkt.[7] Die angestrebten Ziele wurden gleich auf der Eröffnungskonferenz angesprochen, wobei die Vertragsparteien die Notwendigkeit anerkannten „eine größere Disziplin und Vorhersehbarkeit im Welthandel mit Agrarerzeugnissen herbeizuführen, durch Korrektur und Verhütung von Beschränkungen und Verzerrungen einschließlich solcher im Zusammenhang mit strukturbedingten Überschüssen, um Ungewissheit, Ungleichgewichte und Instabilität auf den Weltagrarmärkten zu verringern." Weiterhin war angestrebt, „eine stärkere Liberalisierung des Handels mit landwirtschaftlichen Erzeugnissen herbeizuführen (...)."[8]

---

4 Vgl. *Goyal/Mohd,* WTO in the New Millennium: Commentary, Case Law, Legal Texts, Mumbai/Neu Dehli 2001, S. 371.

5 *Senti,* WTO: System und Funktionsweise der Welthandelsordnung, Zürich/Wien 2000, S. 1043.

6 Vgl. OECD, Agricultural Policies in OECD Countries, Monitoring and Evaluation, 2003, S. 4. Der OECD-Report stellt eindeutig fest: „Overall, there was neither a reduction in market protection nor an improvement in market orientation, although there has been some progress since the mid-1980s."

7 Vgl. *Goyal/Mohd* (Fn. 4), S. 371.

8 Ministererklärung von Punta del Este über die Uruguay-Runde, vom 20. September 1986, in: *Hummer/Weiss,* Vom GATT 1947 zur WTO 1994: Dokumente zur alten und zur neuen Welthandelsordnung, Baden-Baden 1997, S. 281.

Im Laufe der Verhandlungen hat sich der Agrarbereich zum einem Schlüsselbereich entwickelt, von dem der Erfolg der gesamten Runde abhängig gemacht wurde.[9] Nach *Bernhard May* wurde die Bedeutung des Agrarhandels in der Uruguay-Runde jedoch oft überbewertet. „Der Agrarhandel war nicht das Fundament, sondern die Klammer für die im Rahmen der Uruguay-Runde angestrebte große Paketlösung“.[10] Wegen der Agrarkonflikte zwischen den USA und der EU bzw. Frankreich, die erst 1992 durch den Blair House Accord[11] gelöst wurden, hat sich die ganze Runde jedenfalls deutlich in die Länge gezogen.[12]

Schließlich erreichten die Vertragsparteien nach langwierigen Verhandlungen doch einen Kompromiss in Form des Agrarabkommens. Die Hauptbestimmungen der neuen Agrarordnung lassen sich in drei Bereiche gliedern: (I.) Die Erleichterung des Marktzugangs auf internationaler Ebene bzw. die gegenseitige stärkere Öffnung der Agrarmärkte, (II.) die Verbesserung des internationalen Wettbewerbs durch eine Reduktion von Exportsubventionen und subventionierten Exportmengen sowie (III.) die Beschränkung und Neuausrichtung der heimischen Stützungsmaßnahmen.

I. Marktzugang

Der GATT-Vertrag sieht auf dem Gebiet des Marktzugangs vor, dass die heimischen Produzenten vor der ausländischen Konkurrenz vorzugsweise durch Zölle geschützt werden.[13] Während die Zölle bei den Industriegütern erfolgreich abgebaut wurden[14] und bereits Ende der 80er Jahren kein ernsthaftes Handelshemmnis mehr darstellen, sind im Agrarbereich bis zur Uruguay-Runde nur mangelhafte Fortschritte erreicht worden, da neben Zöllen vor allem nichttarifä-

---

9 Besonders die Amerikaner haben die Landwirtschaft als *Sine-qua-non*-Bedingung erklärt. Vgl. *Desta,* The Law of International Trade in Agricultural Products: From GATT 1947 to the WTO Agreement on Agriculture, Den Haag 2002, S. 9.

10 *May,* Die Uruguay-Runde. Verhandlungsmarathon verhindert trilateralen Handelskrieg, in: Arbeitspapiere zur Internationalen Politik 1994, S. 80.

11 Dazu *Desta* (Fn. 9), S. 392.

12 Der ursprüngliche Plan hat zwei Phasen der Verhandlungen vorgesehen. In der ersten Phase, die 1987 abgeschlossen werden sollte, wurde der Bestand der hauptsächlichen Probleme und ihrer Ursache im Agrarhandelsbereich aufgenommen. Die zweite Phase der eigentlichen Verhandlungen sollte bis 1991 abgeschlossen werden. *Hartwig/Tangermann* (Fn. 3), S. 69.

13 In Art. XI Abs.1 des GATT kommt dieses Prinzip zum Ausdruck.

14 Die Zölle bei den industriellen Gütern wurden seit der Gründung des GATT 1947 von 40 auf 4 Prozent gesenkt. Siehe *Senti* (Fn. 5), S. 220.

re Importrestriktionen als Instrument hochgradiger Marktabschottung eingesetzt worden sind.[15]

In diesem Sinne ist als eines der wichtigsten Elemente des Abkommens die sog. Tarifizierung (tariffication) anzusehen, die den Agrarsektor deutlich in die Richtung eines normalen Sektors verschoben hat.[16] Die Tarifizierung besteht darin, dass alle nichttarifären Handelshemmnisse in Zölle umgewandelt werden, zollrechtlich gebunden und innerhalb von sechs bzw. bei Entwicklungsländern zehn Jahren schrittweise verringert werden. Die Vertragsparteien haben sich im Art. 4 AoA weiter verpflichtet, eine Mindesteinfuhr von zunächst 3 Prozent des inländischen Bedarfs zu ermöglichen. Der strittige Art. XI:2(c)(i) des alten GATT 1947 wurde dadurch also überwunden und somit auch alle Ausnahmen wie beispielsweise der ruhmlose US-Waiver 1955 oder die europäischen variablen Importzölle. Während vor der Uruguay-Runde nur durchschnittlich 35 Prozent aller Zollsätze bei den Agrarerzeugnissen gebunden waren, waren es danach fast 100 Prozent.[17]

Dass das Agrarabkommen den Landwirtschaftsbereich jedoch nur teilweise zum liberalisierten Sektor gemacht hat, zeigen zwei Ausnahmen in Art. 4 AoA. Erstens wurde auf Drängen der EU eine spezielle Schutzklausel (Special safeguard provision) eingeführt,[18] die vorübergehende, spezielle Zollerhöhungen für tarifizierte Produkte ermöglicht, wenn die Einfuhrmenge um fünf bis fünfundzwanzig Prozent steigt oder der Einfuhrpreis unter das durchschnittliche Niveau der Jahre 1986-88 fällt (Art. 5 AoA). Zweitens können sich die Vertragsparteien bei einigen Agrarerzeugnissen unter bestimmten Bedingungen[19] der Tarifizierung entziehen (Special Treatment – Annex 5). In der Praxis spielt dies eher eine geringe Rolle, da nur vier Länder von dieser Klausel Gebrauch gemacht ha-

15 *Hartwig/Tangermann* (Fn. 3), S. 70.

16 Vgl. *Goyal/Mohd* (Fn. 4), S. 371 ff.

17 GATT Sekretariat, The Results of the Uruguay Round of Multilateral Trade Negotiations. Market Access for Goods and Services: Overview of the Results, Genf 1994.

18 Diese Maßnahme war im rechtlichen sowie technischen Sinne nicht nötig. Es gab jedoch einige Länder sowie die EU, die aus politischen Gründen diese Klausel als quid pro quo für den Verzicht auf die variablen Importzölle gefordert haben und sonst dem von den USA vorgeschlagenen Prinzip der Tarifizierung nicht zugestimmt hätten. Diese Schutzklausel, von einigen Vertragsparteien (USA, Australien und Neuseeland) als „Anomalie" bezeichnet, soll jedoch möglichst bald beseitigt werden. Dazu *Tangermann,* Agriculture on the Way to Firm International Trading Rules, in: The Political Economy of International Trade Law 2002, S. 261.

19 Die Bedingung besteht in der Gewährleistung des minimalen Marktzugangs in Höhe von 4 bzw. 8 Prozent des heimischen Verbrauchs (am Ende der Implementierungsperiode, d.h. 2000).

ben.[20] Ein anderes Problem ergab sich jedoch aus der Tarifizierung selbst. Da die Umwandlung von nichttarifären Handelshemmnissen in Zölle völlig den einzelnen Vertragsparteien überlassen wurde, haben viele Länder ihre Zölle auf dem höchsten Niveau gebunden, das i.d.R. weit über dem der tatsächlich entstandenen Belastungen lag.[21] Man spricht in dieser Hinsicht von der sog. „dirty tariffication“, da in einigen Ländern die neuen Zölle astronomische Zahlen von 100 bis 500 Prozent erreicht haben.[22] Diese maximalen gebundenen Zollsätze in den Listen der Zugeständnisse werden allerdings in der Praxis kaum angewandt. Der zwischen den angewandten und den gebundenen Zollsätzen bestehende Spielraum dient zum einen dazu, operativ und schnell Ausnahmen zum Schutz der heimischen Landwirtschaft ergreifen zu können[23] und zweitens dazu, eine ausreichende Reserve für den vorgeschriebenen Zollabbau zu haben.[24]

Schaubild 1: Zollbindung und tatsächlicher Zoll in der EU: Weizen (ECU je t)

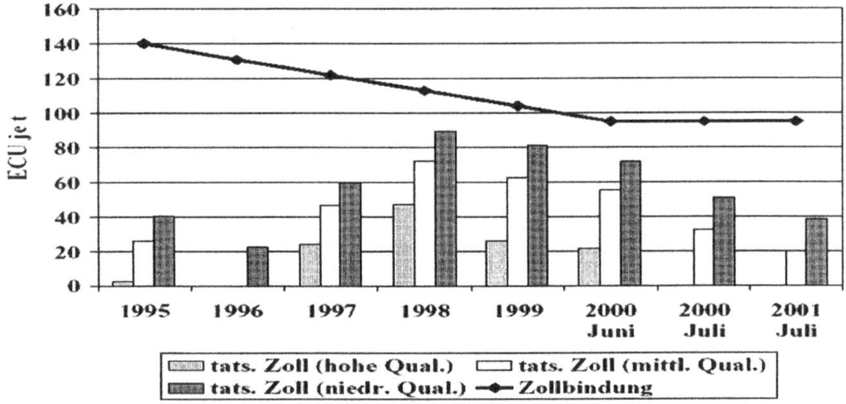

Quelle: WTO, Committee on Agriculture, G/AG/N/EEC/26, Genf, 21. Juni 2000

20 Japan, Korea und Philippinen bei Reis sowie Israel bei Käse und Hammelfleisch. *Desta* (Fn. 9), S. 94. Schließlich wurden auch diese prominenten Schutzmaßnahmen endgültig abgeschafft. Japan hat die Handelsrestriktionen im Reissektor im April 1999 in Zölle umgewandelt. Siehe *Tangermann,* Agriculture: New Wine in New Bottles?, in: Deutsch/Speyer (Hrsg.), The World Trade Organisation Millennium Round: Freer Trade in the Twenty-first Century, London/New York 2001, S. 202.

21 *Manegold,* Aspekte Gemeinsamer Agrarpolitik, in: Agrarwirtschaft 2001, S. 9.

22 Die schweizerischen Zölle für die Milchprodukte von 795 Prozent dienen daher als Extremfall. Siehe *Desta* (Fn. 9), S. 75 f.

23 *Manegold* (Fn. 21), S. 9.

24 *Desta* (Fn. 9), S. 76.

Wie bereits angedeutet, schafft die oben beschriebene Verpflichtung der Vertragsparteien zur Umwandlung der nichttarifären Importbeschränkungen in entsprechende Zölle (sog. Tarifizierung) in Verbindung mit ihrer nachfolgenden Senkung zwar mehr Transparenz, aber nicht unbedingt weniger Protektion.[25] Das beweist weiterhin die Tatsache, dass die Zollsenkungsraten von 36 Prozent auf die Basisperiode 1986-88 bezogen worden sind, in der die Weltmarktpreise überdurchschnittlich niedrig und somit die Zolläquivalente überdurchschnittlich hoch waren, so dass auch noch durch diese Maßnahme Spielräume für die „dirty tariffication" geschaffen werden konnten.[26]

Es gibt mehrere Studien, die versuchen, die tatsächlichen durchschnittlichen Barrieren bei den Importen von Agrargütern nach der Uruguay-Runde zu ermitteln. Diese Berechnungen sind allerdings sehr kompliziert. „Die Schwierigkeiten (...) liegen in der erheblich größeren Streuung der Zölle mit sehr hohen Spitzenzöllen, der besonders im Agrarbereich mit zunehmender Verarbeitung immer noch wichtigen Zolleskalation und der Häufung von spezifischen Zöllen mit unterschiedlichen Mengendimensionen (an Stelle von Wertzöllen), die die Transparenz der Zollbelastung einschränken." Kurz gesagt: „All dies sind per se Barrieren und stützen die Aussage, dass die Transaktionskosten im grenzüberschreitenden Handel mit Agrargütern noch ungleich höher sind als im Industriegüterbereich."[27]

Bemerkenswert ist in diesem Zusammenhang die ambivalente Position der EU. Einerseits wird oft angemerkt, dass sie seit dem Abschluss der Uruguay-Runde ihre Märkte immer weiter für Einfuhren von landwirtschaftlichen Erzeugnissen aus Drittländern geöffnet hat.[28] Diese Aussage wird zunächst auch durch die Tatsache bekräftigt, dass die EU der größte Importeur von Agrarzeug-

---

25 *Bundesministerium für wirtschaftliche Zusammenarbeit und Entwicklung,* Verhandlungsergebnisse der Uruguay-Runde des GATT, Bonn 2002, abrufbar unter www.bmz.de, S. 9.; vgl. auch *Manegold* (Fn. 21), S. 9.

26 Vgl. *Tangermann* (Fn. 20), S. 202. An dieser Stelle wird auch ein anderes Bespiel für das Bestreben der EU, einen maximalen Spielraum beim künftigen Zollabbau zu gewinnen, erläutert. Die EU hat für die Zollsatzbestimmung von Weizen eine Art von relativ schlechter Qualität (Hard Red Spring) genommen, deren Marktpreis normalerweise mit Abstand unter dem EU-Interventionspreis liegt. Diese hohen Zollsätze werden jedoch auch auf die Weizenimporte von höherer Qualität (Canadian Red Winter) angewandt. Siehe *Kenneth,* The CAP and the WTO after the Uruguay Round Agriculture Agreement, in: Ingersent/Rayner/Hine (Hrsg.), The Reform of the CAP, London/New York 1998, S. 179 f.

27 *Bundesministerium für wirtschaftliche Zusammenarbeit und Entwicklung* (Fn. 25), S. 9. Zu den Ausnahmen zählen Australien, Kanada Neuseeland und einige Nahrungsmittel importierende Entwicklungsländer mit niedrigem Einkommen. Siehe *Manegold* (Fn. 21), S. 9.

28 *Europäische Kommission, DG Agri,* 2002, MEMO/02/296, S. 1.

nissen der Welt ist.[29] Andererseits wird die EU jedoch von den anderen WTO-Mitgliedstaaten wegen ihrer hohen Zollsätzen kritisiert. Die USA behaupten beispielsweise, die Zölle der Agrarprodukte würden im Durchschnitt bei 30 Prozent liegen.[30]

Die Ergebnisse mehrerer Studien[31], welche die europäischen Zölle im Agrarbereich in der Höhe zwischen 20 und 38 Prozent berechnet haben, bekräftigen deutlich die Ansicht der USA. Die Europäische Kommission argumentiert damit, dass die Zollsätze der Europäischen Union nur dann angemessen analysiert werden können, wenn dabei auch die Auswirkungen des präferenziellen Zugangs für die Entwicklungsländer berücksichtigt werden.[32] Dieses oft benutzte Argument hängt damit zusammen, dass die EU den Entwicklungsländern von allen Industrieländern bei weitem den umfassendsten präferenziellen Marktzugang gewährt.[33] Dieses Argument lässt sich teilweise dadurch abschwächen, dass aus den Entwicklungsländern in die EU vorwiegend Rohstoffe importiert werden, was wegen keiner bzw. geringer Wertschöpfung kaum zur Verbesserung der dortigen Wirtschaftssituation beiträgt.

Dieses Thema ist auch sehr eng mit der sog. Zollprogression bzw. Zolleskalation verbunden, nach der sich die Zollsätze mit der aufeinanderfolgenden Verarbeitungsstufe der Agrarprodukte auch progressiv erhöhen.[34] Die EU verteidigt sich wiederum, nur begrenzt auf die Zollprogression zurückzugreifen, vor allem im Vergleich zu Japan und Kanada.[35] Gemäß dem Schaubild, das die Handelsbilanz der EU bei Agrarprodukten nach Verarbeitungsstufe darstellt, ha-

---

29 Im Jahr 2001 wurden Agrarerzeugnisse im Wert von 60 Mrd. $ in die EU eingeführt. Damit steht die EU mit einem relativ großen Abstand vor den USA, Japan, Kanada und Australien. *Europäische Kommission, DG Agri* (Fn. 28), S. 1.

30 Die EU kontert, dass die Zölle in der Praxis nur rund ein Drittel des von den USA genannten Zollsatzes betragen. *Europäische Kommission, DG Agri* (Fn. 28), S. 3 f.

31 Dazu siehe *Bundesministerium für wirtschaftliche Zusammenarbeit und Entwicklung* (Fn. 25), S. 9 f.

32 *Europäische Kommission, DG Agri* (Fn. 28), S. 3.

33 Die EU gewährt einen präferentiellen Marktzugang beispielsweise den 49 am wenigsten entwickelten Ländern in der Form freien Marktzugangs (sog. „Everything but Arms"-Initiative, die seit 2001 in Kraft ist); dazu ausführlich *Schindler,* Alles außer Waffen, Zucker, Bananen und Reis? in: Nord-Süd aktuell, 2. Quartal, 2001, S. 344 ff. oder *Page/Hewitt,* The New European Trade Preferences: Does „Everything but Arms" Help the Poor? in: Development Policy Review 2002, S. 91 ff. und den bisher mit der EU über die Abkommen von Lomé, jetzt über das Abkommen von Cotonou, assoziierten AKP-Ländern; dazu siehe *McQueen,* After Lomé IV: ACP-EU Trade Preferences in the 21st Century, in: Intereconomics, Vol. 34, 1999, S. 223 ff.

34 Vgl. *Manegold* (Fn. 21), S. 9.

35 *Europäische Kommission, DG Agri* (Fn. 28), S. 4.

ben die Importe von Rohstoffen im Jahre 2001 die gleiche Menge wie im Jahre 1988 erreicht und weisen damit auf keine erhebliche Verbesserung in diesem Bereich hin.[36]

Schaubild 2: Handelsbilanz der EU bei Agrarprodukten nach Verarbeitungsstufe (Mrd. EUR)

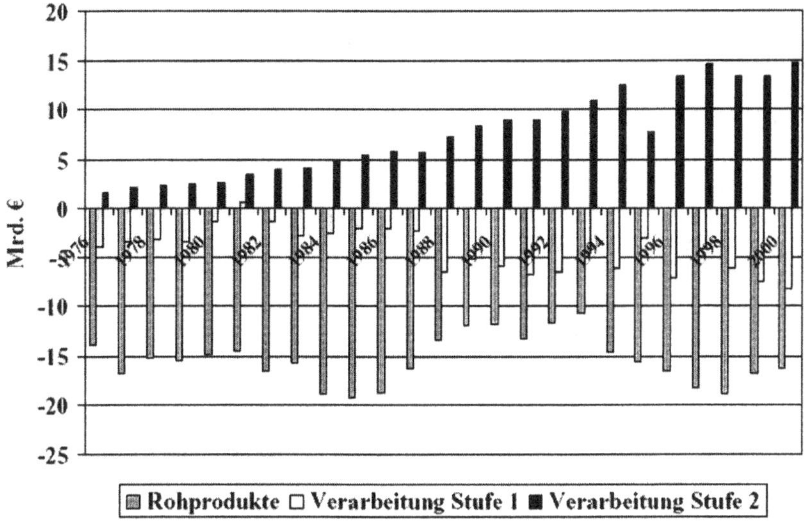

Quelle: WTO, Committee on Agriculture, Notification: EU Domestic Support Commitments, G/AG/N/EEC/26. Genf, 21. Juni 2000

Ein weiteres Problem im Bereich des Marktzugangs ergibt sich aus der Tatsache, dass die Zollsenkungsrate von 36 Prozent als einfacher arithmetischer Durchschnitt produktbezogener Zollsenkungen vorgegeben wurde. Das hat es ermöglicht, die Abbauverpflichtung bereits dann zu erfüllen, indem zahlreiche niedrige Zölle bei weniger sensiblen Agrarprodukten stark und nur wenige Spit-

36 Die Importe von Rohstoffen haben an den EU-Gesamtimporten im Jahr 2001 einen Anteil von mehr als 40 Prozent, was dem Wert des Jahres 1988 entspricht. Im Vergleich mit den 70er Jahren hat sich der Anteil jedoch um ca. 20 Prozent verringert.

zenzölle bei sensiblen Gütern gesenkt werden.[37] Diese Vorgehensweise wurde auch kürzlich von der Europäischen Kommission bestätigt.[38]

Im Hinblick auf die weitere Liberalisierung des Agrarhandels wurden bereits einige Lösungsalternativen vorgeschlagen.[39] Viele Autoren stimmen überein, dass sich als die beste Variante die sog. Schweizer Formel erweist, die bereits für den Zollabbau von industriellen Gütern in der Tokio Runde benutzt wurde, und die „eine überproportionale Senkung der Spitzenzölle ermöglicht."[40] Ob sich die Vertragsparteien auf ihre Anwendung einigen, bleibt auch nach der letzten Konferenz in Cancún offen. Die Europäische Kommission gehört zu den Anhängern der alten Formel.[41]

Das letzte Problem beim Marktzugang zeigt sich im Zusammenhang mit dem Regime von Zollquoten (tariff rate quotas – TRQs), das unabhängig von der Höhe der Zölle einen Mindestmarktzugang sichern soll. Beispielsweise maß die Gruppe der Cairns-Staaten diesem Thema in ihrem Positionspapier große Wichtigkeit bei, indem sie forderte, dass „trade volumes under tariff rate quotas must be increased substantially" und dass „the administration of tariff rate quotas must not diminish the size and value of market access opportunities, particularly in products of special interest to developing countries."[42]

Damit kommen wir zum Hauptproblem, das in der mangelhaften Verwaltung der Zollquoten liegt. Trotz der angeblich „vollkommen transparenten Verwaltung" der TRQs durch die Europäische Kommission „haben Drittländer jährlich nur rund 67 % der Zollkontingente in Anspruch genommen."[43] Als mögli-

---

37 Zahlreiche Spitzenzölle weisen noch über 200 Prozent auf und enthalten damit ein erhebliches Maß an „Luft". Sie unterliegen jedoch der festgelegten minimalen Zollreduktion von 15 Prozent. Vgl. *Manegold* (Fn. 21), S. 9 und *Kenneth* (Fn. 26), S. 179.

38 Die Spitzenzollsätze gelten in der EU für rund 10 % aller Tariflinien für Agrarerzeugnisse, die eine begrenzte Anzahl von landwirtschaftlichen Erzeugnissen tangieren (z. B. Rindfleisch und Lammfleisch, Milcherzeugnisse und Zucker). *Europäische Kommission, DG Agri* (Fn. 28) S. 4.

39 Siehe *Josling,* Agriculture and the Next WTO Round, in: Schott (Hrsg.), The WTO after Seattle, Washington, D.C., 2000, S. 99 f.

40 *Manegold* (Fn. 21), S. 9., vgl. auch *Josling* (Fn. 39), S. 99 f. oder *Tangermann* (Fn. 20), S. 202.

41 Die EU misst der alten Formel drei Vorteile bei: „(a) it is a simple well-known and well-tested way of achieving across the board tariff reductions, and therefore and effective one; (b) it corresponds perfectly to the engagement taken in Article 20 [...]; and (c) it allows for sufficient flexibility in lowering tariffs [...]", WTO Committee on Agriculture: EC Comprehensive Negotiating Proposal, G/AG/NG/W/90, 14 December 2000, S. 2.

42 Cairns Group Statement, 1998, S. 1, abrufbar unter www.wto.org.

43 *Europäische Kommission DG Agri* (Fn. 28), S. 5.

che Gründe für diese mangelnde Ausnutzung werden u.a. intransparente Antrags- oder Zuteilungsverfahren und verschiedene Manipulationen vermutet.[44] Laut *Tangermann* bietet die Versteigerung von den Lizenzen für die Zollquoten eine simple Lösung für dieses Problem, da sie eine Methode darstellt, „under which competition works best."[45]

II. Exportsubventionen

Die Reformansätze des AoA zur Stärkung des Exportwettbewerbs zielten in erster Linie auf eine wirksame Verringerung der Ausfuhrsubventionen. Trotz einiger weiterhin strittiger Punkte (Einsatz der Exportkredite und Nahrungsmittelhilfen) stellte im Prinzip der schrittweise Abbau der Exportsubventionen die vielleicht wirksamste Einzelmaßnahme des Agrarabkommens zur Liberalisierung der Agrarmärkte dar.[46] Das liegt hauptsächlich daran, dass die in der Basisperiode (1986-1990) getätigten Subventionen und subventionierten Mengen für jedes Land festgeschrieben und einem fortschreitenden Abbau unterworfen wurden.[47] Die für die Subventionen aufgewendeten Finanzmittel wurden innerhalb von sechs bzw. zehn Jahren um 36 bzw. 24 Prozent reduziert, die subventionierten Mengen dann um 21 bzw. 14 Prozent (Art. 9 AoA).

Das Agrarabkommen hat zwar Regelungen im Bereich der Exportsubventionen – mindestens im formalen Sinne – gegenüber dem GATT 1947 und vor allem im Unterschied zu den Industrieprodukten, bei denen die Exportsubventionen verboten sind, spezifischer gemacht. In der Praxis wurde jedoch der Art. XVI:3 GATT mit dem unzureichenden Begriff des „angemessenen Anteils am Welthandel" durch exakt definierte quantitative Grenzen ersetzt. Damit wird zur größeren Transparenz in dem bisher unüberschaubaren System von verschiedenen Subventionen beigetragen.[48]

Die EU spielt in diesem Bereich eine besondere Rolle, indem sie von dem Instrument der Exportsubventionen deutlich mehr Gebrauch macht als die anderen WTO-Mitglieder.[49] Diese Situation hängt eng mit den bedeutenden Produk-

44 *Manegold* (Fn. 21), S. 9 f.

45 *Tangermann* (Fn. 18), S. 264 ff.

46 *Manegold* (Fn. 21), S. 10.

47 Vgl. *Manegold* (Fn. 21), S. 10.

48 *Tangermann* (Fn. 18), S. 265.

49 Seit 1995 entfällt allein auf die EU rund 90 Prozent (Schweiz 5,6 %, USA 1,3 %) der weltweit gezahlten Ausfuhrsubventionen, wobei der erlaubte Prozentsatz nach der Uruguay-Runde bei 64 Prozent liegt. Dazu *Manegold* (Fn. 21), S. 10 und *Tangermann*,

tionsüberschüssen zusammen, die nur mit Hilfe der Exportsubventionen auf dem Weltmarkt zu Weltmarktpreisen angeboten werden können. Folgendes Schaubild zeigt die Nutzung der festgelegten Obergrenzen für Exportsubventionen der EU. Die Überschreitung der Grenze bei vielen Produkten bestätigt die Aussage von *Stefan Tangermann*, dass in diesem Bereich die WTO-Verpflichtungen bereits bei vielen Produktgruppen „beißen".[50]

Schaubild 3: Nutzung der Grenzen für Exportsubventionen in der EU, 1999/2000

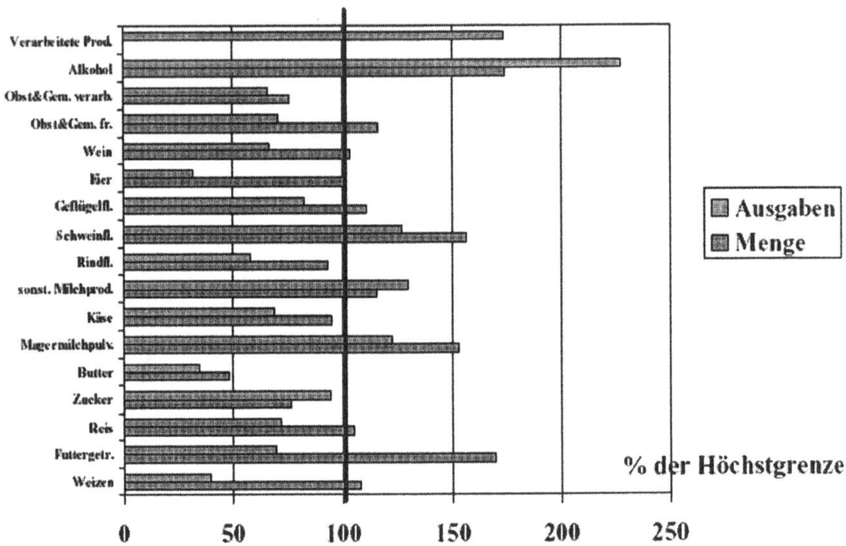

Quelle: WTO, Committee on Agriculture, Notification: EU Export Subsidy Commitments, G/AG/N/EEC/23. Genf, 9. März 2000

Bei einem Blick auf das Schaubild wird deutlich, dass das Exportpotenzial der EU bei vielen Agrarprodukten die zugelassenen Grenzen übersteigt. Das Problem der Überschüsse ist nicht neu und es wurden in der EU bereits mehrere Bemühungen zu deren Abbau unternommen: mit der *McSharry*-Reform im Jahre 1992, mit der Agenda 2000 und zuletzt mit der vom Agrarministerrat im Juni 2003 verabschiedeten Reform. Das Problem wurde dadurch zwar nicht vollstän-

Auswirkungen der WTO-Verhandlungen auf die deutsche Landwirtschaft. Vortrag auf der RKL-Tagung in Neumünster am 4.1.2001, S. 42; abrufbar unter www.gwdg.de.

50 Vgl. *Tangermann* (Fn. 49), S. 38.

dig gelöst,[51] die Reformschritte haben die EU jedoch in die Lage versetzt, auch ohne Ausfuhrsubventionen künftig auf dem Weltmarkt wettbewerbsfähig zu sein (zumindest bei geeigneten Weltmarktkonditionen, d.h. höheren Weltmarktpreisen).[52]

Aus dem folgenden Schaubild ist abzulesen, dass dies bereits bei einigen Agrarprodukten teilweise gelungen ist, die auch ohne Subventionen auf dem Weltmarkt konkurrenzfähig sind. Bei anderen Erzeugnissen (v.a. Milchprodukte, Rindfleisch und in den letzten Jahren auch Weizen) bedarf die Gemeinsame Agrarpolitik weiterer Reformen.

Schaubild 4: Anteil der nicht-subventionierten Exporte aus der EU

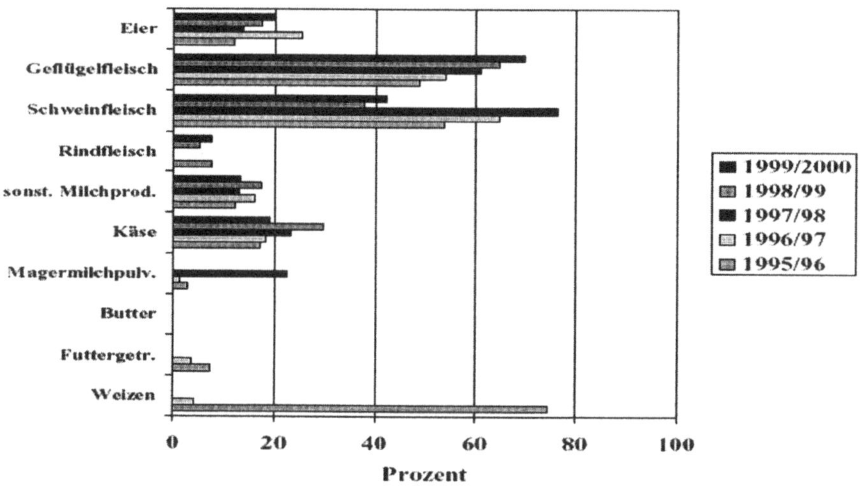

Quelle: WTO, Committee on Agriculture, Notification: EU Export Subsidy Commitments, G/AG/N/EEC/23. Genf, 9. März 2000

Die Aufmerksamkeit der EU-Unterhändler richtet sich jedoch auch auf die Reformierung der bestehenden WTO-Bestimmungen. Die EU hat sich zwar bereit erklärt, über weitere Absenkungen der Ausfuhrerstattungen zu verhandeln, als *quid pro quo* verlangte sie für die künftigen Verhandlungen jedoch, dass auch

51 Mit der Agenda 2000 wurde zwar die Senkung vom Exportpotenzial erzielt, weiterhin wird jedoch die WTO-Obergrenze überschritten.

52 *Tangermann* (Fn. 20), S. 205.

andere potenziell wettbewerbsverfälschende Ausfuhrsubventionen (subventionierte Ausfuhrkredite, missbräuchlicher Einsatz der Nahrungsmittelhilfe und Praktiken der Staatlichen Handelsunternehmen) strikten Regeln unterworfen werden.[53]

Die Exportkredite, von denen vorwiegend in den USA Gebrauch gemacht wird[54], stellen für den Welthandel eine einseitig verursachte Wettbewerbsverzerrung dar. Ihre Auswirkungen sind daher den Exportsubventionen gleichzusetzen und die Kredite sollten als wettbewerbswidrig abgelehnt werden.[55]

Eine ähnliche Situation entsteht bei den staatlichen Handelsunternehmen (state trading enterprises – STE), die in Form von Exportagenturen von der Regierung zur Umsetzung ihrer Politik beauftragt werden.[56]

Als dritter Weg der Industriestaaten sich von den Produktionsüberschüsse zu befreien, haben sich die unterschiedlichen Nahrungshilfeprogramme erwiesen. Erst in der Uruguay-Runde wurde versucht, minimale Regeln für eine Disziplin in diesem Gebiet zu finden, um die willkürlichen Praktiken mancher Staaten zu bremsen.[57] Man konnte noch bei den Verhandlungen über die GAP-Reform sehen, dass viele EU-Agrarexperten gerne zu diesem Instrument als mögliche Lösung des Überschussproblems greifen würden, ohne die Konsequenzen für die Bauern in den Entwicklungsländern zu bedenken.[58]

III. Inländische Stützung

Dass die Subventionen der nationalen Regierungen vor der Uruguay-Runde starke und nachhaltige Auswirkungen auf die Verzerrung des Weltmarktes hatten, war offensichtlich. Es musste für diesen politisch höchst sensiblen Bereich eine auch für die traditionell stark subventionierenden Vertragsparteien (die Eu-

---

53 *Europäische Kommission, DG Agri* (Fn. 28), S. 1; vgl. dazu auch WTO-Committee on Agriculture (2000): EC Proposal on Export Competition, G/AG/NG/W/34, 18 September 2000, S. 1.

54 Zu den wichtigsten US-Programmen zur Exportsteigerung gehören das Export Enhancement Program (EEP), Targeted Export Assistance Credit guarantees und Food for Peace Program. Dazu ausführlich *Breen,* Negotiations in Agriculture, in: Steward (Hrsg.), The GATT Uruguay Round, New York/London 1993, S. 142 ff.

55 *Manegold* (Fn. 21), S. 11.

56 Als Beispiel ist „the Canadian Wheat Board" zu nennen, der als einzige Verkäuferorganisation im Bereich Weizen in Kanada tätig ist; vgl. *Tangermann* (Fn. 20), S. 206 und *Manegold* (Fn. 21), S. 11.

57 Vgl. Art. 10 Abs. 4 des AoA.

58 Eigene Beobachtung der Autorin aus den Verhandlungen über die bevorstehende GAP-Reform in der Europäischen Kommission in Brüssel.

ropäische Union, Japan und die USA) akzeptable Kompromisslösung gefunden werden.[59]

Zwar wurde bereits in der sog. Tokio-Runde das Subventionsabkommen (Agreement on Subsidies and Countervailing Measures) abgeschlossen, das sowohl für inländische als auch für exportbezogene Subventionen Regeln geschaffen hat.[60] Die Regeln bezogen sich allerdings nur auf die industriellen Produkte. Im Agrarbereich sind die inländischen Stützungsmaßnahmen erstmalig im Agrarabkommen zum selbstständigen Gegenstand internationaler Vereinbarungen (Art. 6, 7 AoA) geworden.

Der gefundene Kompromiss hat die in die Landwirtschaft fließenden Subventionen ihren mutmaßlichen Handelswirkungen nach in drei Gruppen eingeteilt. Die sog. „red box“ (prohibited) enthielt eindeutig den Wettbewerb verzerrende Maßnahmen, in die „amber box“ (actionable) kamen befristet tolerierbare Maßnahmen und der „green box“ (non-actionable) wurden alle handelsneutralen bzw. nur minimal handelswirksamen Maßnahmen zugeordnet (Anhang 2 des Agrarabkommens).[61] Später wurde diese Teilung verändert, indem die „red box“ und „amber box“ zusammengefasst und als „amber box“ weitergeführt und eine weitere, im Industriebereich nicht vorkommende Kategorie der sog. „blue box“ (Art. 6.5 AoA) eingeführt wurden.[62] Auf Drängen der EU wurde vereinbart, dass die in die „blue box“ eingebrachten Stützungsmaßnahmen bis 2003 vor rechtlichen Schritten anderer WTO-Mitglieder geschützt sein sollten (sog. Friedenspflicht – Peace Clause, Art. 13 AoA).[63]

Die handelsverzerrenden Maßnahmen (amber box) sollten innerhalb von sechs Jahren um zwanzig Prozent vermindert werden. Betragen die produktgebundenen internen Beihilfen jedoch weniger als fünf Prozent des Produktionswertes (in den Entwicklungsländern unter zehn Prozent), müssen diese nicht abgebaut werden (sog. *De-minimis*-Regel, Art. 6:4 AoA).[64] Bei den Berechnungen wurde vom durchschnittlichen Subventionsniveau (Aggegate Measurement of

---

59 Allein auf diese drei Länder entfielen zusammen über 90 Prozent der in der OECD gezahlten Subventionen, siehe *Manegold* (Fn. 21), S. 11.

60 Dazu *Desta* (Fn. 9), S. 378.

61 Dazu zählen allgemein staatliche Beiträge für Forschung, Ausbildung, Beratung, Kontrolle, Marktinformation und Infrastrukturleistungen, öffentliche Lagerhaltung und Nahrungsmittelvorsorge, direkte Einkommensbeihilfen, Zahlungen bei Naturkatastrophen, Ruhestands-Programme und Umwelt- und regionale Hilfsprogramme.

62 Über die Blue-Box-Kategorie wurde erst im letzten Moment der Verhandlungen in dem zwischen der EU und den USA abgeschlossenen „Blair House Accord“ (20. November 1992) entschieden; siehe *Desta* (Fn. 9), S. 392 f.

63 *Manegold* (Fn. 21), S. 11.

64 Vgl. *Anderegg*, Grundzüge der Agrarpolitik, München u.a. 1999, S. 283 f.

Support, AMS) von 1986-88 ausgegangen, was vom Producer Support Estimate (PSE), das von der OECD angewendet wird, zu unterscheiden ist.[65]

Die meisten Autoren weisen dem bis zum jetzigen Zeitpunkt erfolgten Stützungsabbau jedoch eine eher geringe Bedeutung zu.[66] Dies bestätigen auch die Ergebnisse der jüngsten OECD-Studie.[67] Bezugnehmend auf das folgende Schaubild, lag der durchschnittliche Producer Support Estimate (PSE) zwischen 2000-2002 nur in Australien und Neuseeland unter 5 Prozent des Bruttoeinkommens der Agrarproduzenten und unter 25 Prozent in Kanada, den Visegrád-Staaten und den USA. In der EU haben die Werte mehr als 35 Prozent, in Island, Japan, Korea, Norwegen und der Schweiz sogar mehr als 60 Prozent erreicht. Bis auf wenige Ausnahmen sind die heimischen Subventionen im Vergleich zu den Jahren 1986-88 jedoch gesunken.

Schaubild 6: „Producer Support Estimate" in verschiedenen Ländern (in Prozenten vom Bruttoeinkommen im Agrarsektor)

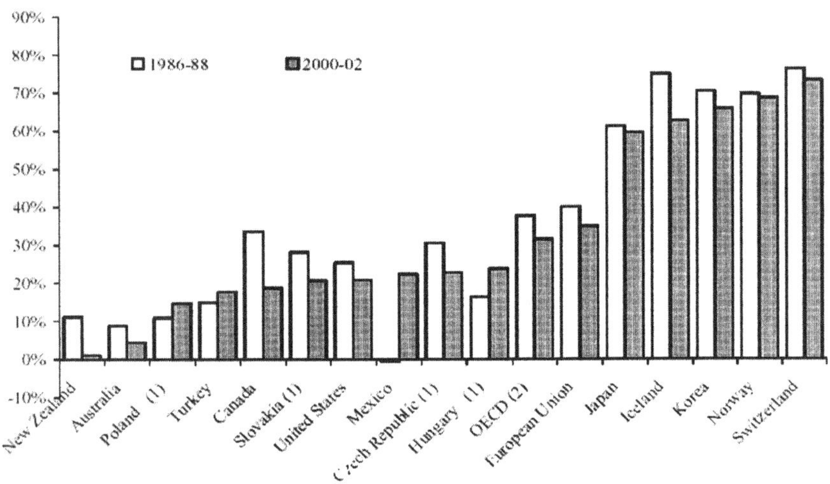

Quelle: OECD (siehe Fn. 67), S. 9

65 Zur Unterscheidung und Kalkulation von AMS und PSE *Desta* (Fn. 9), S. 396 ff.

66 Vgl. *Tangermann* (Fn. 18), S. 278 f. und *Josling* (Fn. 40), S. 106 f. *Manegold* spricht dagegen vom Erfolg des Subventionsabbaus, „zumal offenbar alle Länder ihre Abbauverpflichtungen eingehalten haben und voraussichtlich auch ihre für 2001 vorgegebenen Ziele erreichen werden"; *Manegold* (Fn. 21), S. 12.

67 *OECD*, Agricultural Policies in OECD Countries, Monitoring and Evaluation 2003, 2003, S. 9 ff.

Weiterhin wurde in der OECD-Studie festgestellt, dass in den Ländern mit hohem Stützungsniveau die von den Konsumenten zu bezahlenden Preise im Durchschnitt zweimal die Weltmarktpreise übersteigen und dass das Einkommen der Bauern durch diese Maßnahmen dreimal höher ist als es ohne jegliche Unterstützung seitens des Staates wäre.

In den letzten Jahren ist immer stärker eine Tendenz in den WTO-Mitgliedstaaten zu verzeichnen, den Abbau der Amber-Box-Subventionen durch die Ausweitung von Blue- bzw. Green-Box-Subventionen zu kompensieren,[68] um sich dadurch den Abbauverpflichtungen in der ersten Kategorie zu entziehen. Diese Subventionsumwandlung, die allerdings völlig mit den formulierten langfristigen Reformprinzipien im Einklang steht, widerspricht anscheinend der andauernden niedrigen Marktorientierung im Agrarhandel verbunden mit hohem Stützungs- und Protektionsniveau.[69] Diese Aussage wird durch mehrere empirische Untersuchungen bestätigt, die zum Ergebnis kommen, dass „die angeblich handelsneutralen Maßnahmen den Welthandel mit Agrarerzeugnissen in Wirklichkeit doch stärker negativ beeinflussen als in der Uruguay-Runde unterstellt."[70]

Die blaue Box soll an dieser Stelle kurz erläutert werden, um ihre spezielle Position in den bereits aufgenommenen Verhandlungen zu verstehen. Die Blue-Box-Kategorie ist – wie bereits oben erwähnt – erst im Blair-House-Abkommen als Ergebnis eines politischen Kompromisses zwischen der EU und den USA zu Stande gekommen und man würde für sie vergebens ein entsprechendes Äquivalent im industriellen Sektor suchen.[71] Der Hauptgrund für die Schaffung dieser neuen Kategorie lag offensichtlich darin, dass sie die Fortsetzung der amerikanischen Direktzahlungen (deficiency payments) und der durch die McSharry Reform 1992 eingeführten europäischen Kompensationszahlungen möglich machte. Nach der gründlichen Reform der Agrarpolitik in den USA 1996 (sog. Fair

---

68 *Manegold* (Fn. 21), S. 12; der Anteil an den meist handelsverzerrenden heimischen Stützungen bleibt in Japan und Korea weiterhin übermäßig hoch, wobei in anderen OECD-Ländern es zur Änderung der Struktur seit den Basisjahren 1986-88 gekommen ist. Siehe dazu *OECD* (Fn. 67), S. 11, Schaubild I.5.

69 Vgl. *OECD* (Fn. 67), S. 9.

70 *Manegold* (Fn. 21), S. 12; Im Hinblick auf die nichtreduktionspflichtigen Stützungsmaßnahmen wird die Forderung geäußert, dass sie den Handel nicht oder nur geringfügig verzerren dürfen (Anhang 2, Ziff. 1 des AoA). Diese Formulierung erweckt nach *Senti* den trügerischen Anschein, dass neben den handelsverzerrenden auch produktions- und handelsneutrale Subventionen vorkommen. „Aus ökonomischer Sicht ist (jedoch) festzuhalten, dass Betriebsbeiträge [...] längerfristig immer kosten- und preiswirksam sind und über den Preis den Außenhandel beeinflussen bzw. verfälschen." *Senti* (Fn. 5), S. 488.

71 Vgl. *Senti* (Fn. 5), S. 482 f.

Act),[72] die diese Zahlungen von der Produktion vollständig entkoppelt hat[73] und sie damit von der blauen Box in die grüne Box übertrug, üben die Vereinigten Staaten in den WTO-Verhandlungen auf die EU einen steigenden Druck aus, die fragwürdigen und mit dem Geist der WTO-Regeln nicht im Einklang stehenden Blue-Box-Maßnahmen abzuschaffen.[74]

Zum Zweck der Vereinfachung der Regeln in diesem Bereich schlugen die Vereinigten Staaten in ihren Entwurf vor, lediglich zwei Kategorien der internen Stützung zu schaffen: „exempt" und „non-exempt". Die erstgenannten vom Abbau ausgenommenen Maßnahmen sollten keine oder nur minimale handelsverzerrende Wirkung haben und würden u.a. „income safety-net and risk management tools, domestic food aid, environmental and natural resource protection, rural development, new technologies, and structural adjustment which promote economically sustainable agricultural and rural communities" umfassen. Die Maßnahmen der anderen Kategorie sollten zum Objekt der Reduktionsverpflichtungen werden.

Diesen Bemühungen, die blaue Box abzuschaffen, stand jedoch die Stellungnahme der EU gegenüber, die sich mit dem bisherigen System zufrieden erklärte. In ihrem Verhandlungsvorschlag[75] zeigte sie zwar Bereitschaft, über neuerliche Kürzungen in den internen Subventionen zu verhandeln, jedoch unter der Voraussetzung, dass „the concept of the blue and green boxes will continue". Hinsichtlich der von den anderen WTO-Mitglieder heftig kritisierten Kategorie der blauen Box betonte die EU salomonisch, dass „its trade impact has proved to be less trade distorting than market price support and than payments based on output or on variable input use."

Die Bedeutung der Aufrechterhaltung der blauen Box in der europäischen Agrarpolitik verdeutlicht folgendes Schaubild. Da dem Abbau der Subventionen

---

72 Dazu ausführlich *OECD* (Fn. 67), S. 22 ff. oder auch *Wietzke,* Das 1995er US-Farmgesetz: Ein Vorbild für die Reform der Gemeinsamen Agrarpolitik, in: Agrarwirtschaft 45, 1996, S. 221 f., der das US-Farmgesetz als mögliches Vorbild für die Reform der gemeinsamen Agrarpolitik der EU sieht.

73 Der relativ neue Begriff „Entkopplung" (decoupling) wurde folgendermaßen definiert: „If neither the implementation nor removal of a payment has any effect on production, the payment is fully decoupled." *Breen* (Fn. 54), S. 191.

74 Vgl. *Langhammer,* The WTO and the Millennium Round: Between Standstill and Leapfrog, in: Kieler Diskussionsbeiträge 352, Kiel 1999, S. 16; *Kenneth* (Fn. 26), S. 1074. *Tangermann* argumentiert jedoch, dass die Kritik der USA an den Blue-Box-Maßnahmen seit Mitte 1999 offensichtlich abnimmt. Den Grund könnten die enormen Zahlungen an die amerikanischen Bauern in den Jahren 1998 und 1999 darstellen, die nicht unbedingt „green" waren; dazu *Tangermann* (Fn. 20), S. 207.

75 WTO Committee on Agriculture: EC Comprehensive Negotiating Proposal, G/AG/NG/W/90, 14 December 2000, S. 3 f.

nur die Maßnahmen unter der gelben Box unterliegen, hat die blaue Box bisher einen ausreichenden Spielraum für deren Kompensation geschaffen.

Schaubild 7: Heimische Stützung in der EU

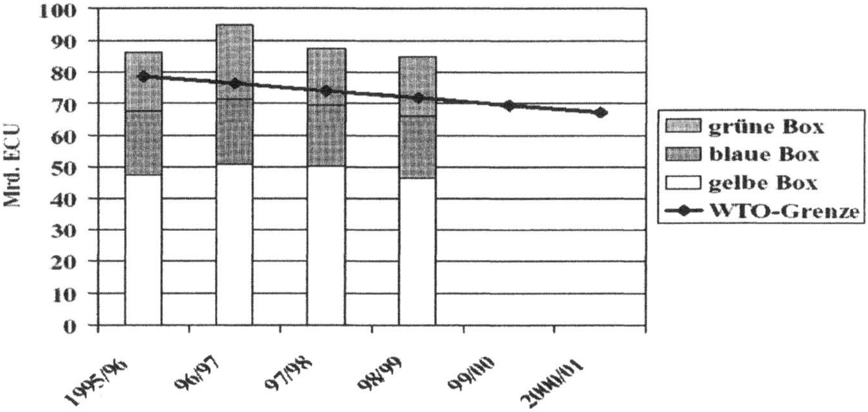

Quelle: WTO, Committee on Agriculture, Notification: EU Domestic Support Commitments, G/AG/N/EEC/26. Genf, 21. Juni 2000

Zusammenfassung

Die Landwirtschaft stellt in den multilateralen Verhandlungen einen „Evergreen" dar. Während noch vor der achten multilateralen Uruguay-Runde (1986-1994) der Agrarsektor als typisches Beispiel des Versagens der GATT-Verhandlungen präsentiert wurde,[76] stimmten viele Autoren überein, dass sich die Landwirtschaft nach dieser Runde endlich auf den Weg gemacht hat, ein „normaler" Sektor zu werden.[77] Die Uruguay-Runde endete mit einem Agrarabkommen, in dem die Agrarzölle gebunden, die Exportsubventionen beschränkt und für die heimische Stützung Höchstgrenzen geschaffen wurden.

76 Vgl. *Dam,* The GATT: Law and International Economic Organization, 1970, S. 257.

77 Siehe u.a. *Tangermann* (Fn. 20), S. 199; *Goyal/Mohd* (Fn. 4), S. 371 und *Senti* (Fn. 5), S. 464.

Trotz gewisser Liberalisierungsschritte in der Uruguay-Runde ist jedoch nach wie vor von einer fortdauernden Existenz zahlreicher Barrieren und Verzerrungen im Handel mit Agrargütern auszugehen, die maßgeblich auf die nationale Handelspolitik und die internen Unterstützungsmaßnahmen zurückzuführen sind.

Die großen Erwartungen, die man sich von der Ministerkonferenz in Cancún erhofft hat, bleiben zunächst unerfüllt. Das Scheitern und der Vorwurf, die WTO bewege sich zu langsam und man einige sich dort immer auf den kleinsten Nenner,[78] hat in vielen Ländern ein handelspolitisches Umdenken eingeleitet und man fängt an, sich für die „zweitbeste" Lösung – für die bilateralen Liberalisierungsschritte – zu interessieren. Solche Schritte würden zweifellos die Wirksamkeit der Welthandelsorganisation auf Dauer in Frage stellen.

78 Asiaten schlagen neue Handelswege ein, Handelsblatt, 5.11.2003, S. 9.

Autoren

Jens Bergstein
geb. 1979 in Offenbach; Studium der Wirtschaftswissenschaften an der Universität Hohenheim; Gründungsmitglied der studentischen Initiative POLImotion an den Universitäten Mannheim und Hohenheim

Daniel Kroupa
Mgr.; geb. 1949 in Prag/Tschechische Republik, Studium der Philosophie an der Karls-Universität Prag; aktiv in der Charta 77; 1990–1992 Abgeordneter der Föderalen Versammlung der ČSFR; 1992 Mitglied der Kommission zur Ausarbeitung der tschechischen Verfassung; seit 1996 Abgeordneter; seit 1998 Senator des tschechischen Parlaments bis 2004; zwischen Mai und Juli 2004 einer der ersten 24 tschechischen Mitglieder des Europäischen Parlaments

Jana Lednárová
MBA, MEuS; born 1975 in Bratislava/Slovakia; 1993–1999 Master of Business Administration, City University Bellevue, Bratislava/Slovakia; 1998–1999 Postgraduate Program European Studies, Academia Istropolitana Nova, Slovakia; 2002–2003 Master of European Studies, Eberhard Karls Universität Tübingen

Ivo Maryška
M. A.; geb. 1979 in Kaplice/Tschechien; Studium der Politikwissenschaft und Neueren Geschichte an der Eberhard-Karls-Universität Tübingen; Studium der Rechtswissenschaft an der Westböhmischen Universität Pilsen/Tschechien; Präsident des Klubs der Jungen Europäer Tschechiens; Präsidiumsmitglied der Europa-Union Tschechiens; Publikationen in Tschechien und Deutschland zum Thema der europäischen Integration, insbesondere der Regionalpolitik; seit 2000 Teilnahme an zahlreichen Veranstaltungen, Seminaren und Konferenzen zum Thema EU

Veronika Olehlová
Dipl.-Ing., MEuS; geb. 1978 in Liberec/Tschechien; 2002 Studiumsabschluss an der Wirtschaftsfakultät der Böhmischen Landwirtschaftsuniversität in Prag; 2003 Master of European Studies an der Eberhard Karls Universität Tübingen; zurzeit ist sie in der Wirtschaftsabteilung der Deutschen Botschaft in Prag tätig und arbeitet zugleich an ihrer Dissertation zum Thema Weltagrarhandel

Martin Pfeiffer
geb. 1938 in Welzheim; Kirchenrat i.R.; Theologiestudium in Tübingen und Heidelberg; nach Vikariaten (Dettenhausen, Stuttgart-Feuerbach, Kirchheim/Teck) von 1967–1977 Pfarrer in HDH-Schnaitheim und Bezirksbeauftragter für Mission und Ökumene; 1977-1992 Studienleiter im Referat Politik und Recht der Evangelischen Akademie Bad Boll; 1979–1988 Umweltbeauftragter der Evangelischen Landeskirche in Württemberg; 1992–2001 Beauftragter der Evangelischen Landeskirchen in Baden und Württemberg bei Landtag und Landesregierung; 2001–2003 Beauftragter beider Landeskirchen für Europafragen

Michael Romancov
PhDr., Ph.D.; born 1969 in Prague/Czech Republic; 1991–1998 Studies in Political Science at Charles University Prague; Head of European Studies Department at Faculty of Human Sciences, University of West Bohemia, Pilsen/Plzeň; he also teaches at the Institute of Political Sciences of Charles University, Prague; he focuses on political geography and geopolitics

Gerald G. Sander
Dr. iur., M. A., Mag. rer. publ.; geb. 1966 in Hamburg; Studium der Rechts-, Politik-, Wirtschafts- und Verwaltungswissenschaften in Tübingen, Kiel und Speyer; wiss. Mitarbeiter am Institut für Rechtswissenschaften an der Universität Hohenheim; Lehrbeauftragter für deutsches öffentliches, europäisches und internationales Recht sowie deutsche Rechtssprache an den Universitäten Tübingen, Budweis und Pilsen; seit 2002 Vorsitzender des Kreisverbandes Tübingen der Europa-Union Deutschland

Oliver Schlodder
geb. 1980 in Offenbach, Studium der Betriebswirtschaftslehre an der Universität Mannheim mit den Vertiefungsfächern Marketing und Controlling; Gründungsmitglied der studentischen Initiative POLImotion an den Universitäten Mannheim und Hohenheim

Peter Simon
Rechtsassessor; geb. 1967 in Mannheim; Stadtrechtsdirektor; Leiter des Europabüros der Stadt Mannheim und Vorsitzender der Arbeitsgemeinschaft der Europakoordinatoren des Städtetages Baden-Württemberg; 2002/2003 als gemeinsamer Vertreter der Deutschen Kommunalen Spitzenverbände für den EU-Verfassungskonvent und die anschließende Regierungskonferenz ins Auswärtige Amt abgeordnet; Vorstandsmitglied der Europa-Union Mannheim; Mitglied des Fördervereins des Europa-Zentrums Baden-Württemberg, Stuttgart

Florian Ziegenbalg
M. A.; geb. 1977 in Wiesbaden; Studium der Politikwissenschaft, Rechtswissenschaft und Neuere Geschichte in Mainz, Straßburg/Frankreich und Tübingen; 2002 Mitglied des Europäischen Jugendkonvents; 2003 Mitarbeiter im Arbeitsstab Konvent des Staatsministeriums Baden-Württemberg; 2001-2003 Vorsitzender der Politischen Kommission „Konvent" der JEF Europa; seit 2002 Landesvorsitzender der Jungen Europäer – JEF Baden-Württemberg; Vorstandsmitglied des Kreisverbandes Tübingen der Europa-Union Deutschland; seit 2004 Postgraduierten-Studium am College of Europe, Brügge